DOS PROLETÁRIOS UNIDOS À GLOBALIZAÇÃO DA ESPERANÇA

Um estudo sobre internacionalismos e a Via Campesina

DOS PROLETÁRIOS UNIDOS À GLOBALIZAÇÃO DA ESPERANÇA

Um estudo sobre internacionalismos e a Via Campesina

Flávia Braga Vieira

Copyright© 2011 Flávia Braga Vieira

Publishers: Joana Monteleone/ Haroldo Ceravolo Sereza/ Roberto Cosso
Edição: Joana Monteleone
Editor Assistente: Vitor Rodrigo Donofrio Arruda
Assistente de produção: Marília Reis
Revisão: Flávia Yacubian
Projeto gráfico, capa e diagramação: Fernanda Pedroni Portijo/ Sami Reininger
Imagem da capa: Representação da Liga Campesina

CIP-BRASIL. CATALOGAÇÃO-NA-FONTE
SINDICATO NACIONAL DOS EDITORES DE LIVROS, RJ

V713D

Vieira, Flávia Braga
DOS PROLETARIADOS UNIDOS À GLOBALIZAÇÃO DA ESPERANÇA:
UM ESTUDO SOBRE INTERNACIONALISMOS E A VIA CAMPESINA
Flávia Braga Vieira.
São Paulo: Alameda, 2011.

Inclui bibliografia
ISBN 978-85-7939-031-9

1. Trabalhadores – Atividades políticas. 2. Organizações internacionais dos trabalhadores.
3. Globalização. 4. Capitalismo. I. Título.

10-1849.   CDD: 331.88
                           CDU: 331.105.44

018654

ALAMEDA CASA EDITORIAL
Rua Conselheiro Ramalho, 694 – Bela Vista
CEP 01325-000 – São Paulo – SP
Tel. (11) 3012-2400
www.alamedaeditorial.com.br

Dedico este livro a todos os militantes que doam suas vidas para a construção de um mundo melhor, mais justo e igualitário. Em especial, às mulheres que não se contentam com a pátria e lutam por uma verdadeira "frátria" internacional de trabalhadores e trabalhadoras.

SUMÁRIO

PREFÁCIO	11
INTRODUÇÃO	15
1.1 Campo problemático	15
1.2 Objeto e questão central	17
1.3 Pesquisa e metodologia	19
1. CAPITALISMO MUNDIAL	27
1.1 O debate	27
1.2 As "velhas" teorias	40
1.2.1 Imperialismo	40
1.2.2 Teoria da Dependência	46
1.2.3 Sistema-mundo	53
1.3 O que há de novo?	58
1.3.1 Economia e política da globalização	59
1.3.2 Cultura e ideologia da globalização	66
2. ARTICULAÇÕES INTERNACIONAIS NA CONTEMPORANEIDADE	75
2.1 Globalização "desde baixo"	75
2.2 Sociedade civil global	81
2.2.1 Teorias da ação coletiva	82
2.2.2 Ação coletiva global	89
2.3 Movimentos antiglobalização	99
2.3.1 Teorias dos novos movimentos sociais	100
2.3.2 Movimentos antiglobalização	108

3. ARTICULAÇÕES INTERNACIONAIS NO PASSADO 119

3.1 Internacionais 121

3.1.1 A I Internacional 122

3.1.2 A II Internacional 126

3.1.3 A III Internacional 131

3.1.4 A IV Internacional 142

3.1.5 O Movimento Anarquista Internacional 146

3.2 Questão agrária e camponesa 152

3.2.1 De Marx à II Internacional 153

3.2.2 Bolcheviques e a política da III Internacional 158

4. VIA CAMPESINA 173

4.1 Surgimento e consolidação 173

4.1.1 Contexto de surgimento 175

4.1.2 Antecedentes e processo de consolidação 180

4.2 Um novo ator 199

4.2.1 Via Campesina por dentro 199

4.2.2 Via Campesina para fora 214

4.2.3 O projeto alternativo: soberania alimentar 224

4.2.4 A Reconstrução do conceito de campesinato 232

4.3 Permanências e rupturas 242

Conclusão 253

Referências 263

Apêndice A 287
Entrevistas feitas pela autora com militantes da Via Campesina

Apêndice B 291
Lista das organizações que compõem a Via Campesina

Agradecimentos 299

LISTA DE SIGLAS E ABREVIATURAS

AFL-CIO – American Federation of Labor-Congress of Industrial Organizations

AIT – Associação Internacional dos Trabalhadores

Alca – Área de Livre Comércio das Américas

Anamuri – Asociación Nacional de Mujeres Rurales e Indígenas

Asocode – Asociación de Organizaciones Campesinas Centroamericanas para la Cooperación y el Desarrollo

ATC – Asociación de Trabajadores del Campo

Attac – Associação pela Tributação das Transações Financeiras para Ajuda aos Cidadãos

CCI – Comitê Coordenador Internacional

Cepal – Comissão Econômica para a América Latina e Caribe

CGT – Central General de los Trabajadores

CI – Comitê Internacional da Quarta Internacional

Cloc – Coordinadora Latinoamericana de Organizaciones del Campo

CMB – Comissão Mundial de Barragens

Comintern – Internacional Comunista

CPE – Coordenação Camponesa Europeia

CPT – Comissão Pastoral da Terra

Crestintern – Internacional Camponesa Vermelha

EUA – Estados Unidos da América

EZLN – Ejército Zapatista de Liberación Nacional

FAI – Federação Anarquista Ibérica

FAO – Organização das Nações Unidas para Agricultura e Alimentação

Feab – Federação dos Estudantes de Agricultura do Brasil
Fian – Foodfirst Information and Action Network
FMI– Fundo Monetário Internacional
FSM– Fórum Social Mundial
FSPI – Federasi Serikat Petani Indonesia (Federação dos Sindicatos Camponeses da Indonésia)
Gatt – General Agreement on Tariffs and Trade
Ifap – International Federation of Agricultural Producers
KMP – Kilusang Magbubukid ng Pilipinas (Movimento Camponês das Filipinas)
LCI – Liga Comunista Internacional
MAB – Movimento dos Atingidos por Barragens
MMC – Movimento de Mulheres Camponesas
MOPR – Socorro Vermelho Internacional
MPA – Movimento de Pequenos Agricultores
MST – Movimento dos Trabalhadores Rurais Sem Terra
Nafa – North American Farm Alliance
Nafta – North American Free Trade Area
NEP – Nova Política Econômica
NFU – National Farmers Union
OLP – Organização para Libertação da Palestina
OMC – Organização Mundial do Comércio
ONG – Organização Não Governamental
ONU– Organização das Nações Unidas
PCUS – Partido Comunista da União Soviética
POSDR – Partido Operário Social Democrata Russo
Profintern – Internacional Sindical Vermelha
SI– Secretariado Internacional da Quarta Internacional
UNAC – União Nacional de Camponeses
UNAG – Unión Nacional de Agricultores y Ganaderos
Unesco – Organização das Nações Unidas para a Educação, a Ciência e a Cultura
URSS – União das Repúblicas Socialistas Soviéticas
USFA – United States Farmers Association

PREFÁCIO

Em janeiro de 2001, junto com a autora deste livro, participei, na Kennedy School of Government, da Harvard University, de evento cujo título ao mesmo tempo apontava uma problemática e lançava uma convocação: "Construindo a Sociedade Civil Transnacional". Reunindo pesquisadores e militantes de ONGs e redes internacionais, a maioria sediada nos países centrais, o evento pretendia fazer um balanço do processo de construção do que seus organizadores entendiam ser uma sociedade civil transnacional. Fundados na convicção, também esperança, de que, em virtude dos avanços da "globalização", os estados nacionais são uma instituição inexoravelmente condenada à irrelevância, quando não ao desaparecimento, os promotores do evento pretendiam extrair da fusão da experiência prática dos militantes e do saber teórico dos pesquisadores as estratégias e táticas aptas a favorecer, de um lado, o fortalecimento da sociedade civil transnacional e, de outro, a democratização das instituições e agências multilaterais (FMI, Banco Mundial, ONU, etc).

A identidade compartilhada era inquestionável: todos ali se sentiam, se comportavam e se projetavam como parte da sociedade civil transnacional e como responsáveis pela sua construção. E, como é comum neste tipo de associação, impunha-se construir uma história comum, compartilhada por todos, vindos de diferentes países e com trajetórias particulares. O relato desta história comum ficou a cargo de um participante, programado para traçar um, melhor seria dizer o histórico das redes transnacionais, ou, como ele pretendia, da solidariedade internacional.

Esta história, segundo o palestrante, tem suas origens na Sociedade Anti-Escravista, constituída na Inglaterra em meados do século XIX. A partir daí, a solidariedade internacional emerge como uma sucessão, crescente, de ações e organizações voltadas para a filantropia, para a ajuda a vítimas de violência e, mais recentemente, para a defesa dos direitos humanos, meio ambiente e grupos discriminados – não necessariamente nesta ordem.

Enquanto se ouvia o relato moralizante e moralista, eu examinava com atenção fotos penduradas nas paredes do luxuoso salão, que lembravam personalidades que haviam estado naquele lugar: o ex-presidente Reagan, a Rainha Elizabeth, Gorbachev, entre tantos outros líderes mundiais. Sem dúvida, estávamos, por assim dizer, no centro do mundo, um lugar onde se constrói a história mundial – não como experiência coletiva dos povos, mas como narrativa acerca destes mesmos povos e de suas experiências. E a narrativa com que o palestrante brindava a plateia não era inócua, nem irrelevante, pois fundava-se num esforço sistemático e consciente de apagar qualquer vestígio da tradição revolucionária dos internacionalismos socialista, comunista, anarquista. A cortina de silêncio ia mais longe, e apagava da história também eventos marcantes do internacionalismo jacobino, de que foram símbolos, para citar apenas alguns exemplos, Garibaldi, que lutou em dois continentes, ou Lord Byron, morto de febre contraída nos campos de batalha em que gregos lutavam pela independência do Império Turco.

A tese de doutorado de Flávia Braga Vieira, que ora sai em livro, constitui, por assim dizer, um elaborado e consistente desafio a estes exercícios de apagamento. Calcada em sólida revisão da literatura acerca do processo contemporâneo de internacionalização do capital e de suas formas de dominação, a autora vai estudar uma das mais ricas experiências de organização internacional dos subalternos – a Via Campesina.

Antes, porém, de abordar a trajetória, princípios estruturantes e formas de organização da Via Campesina, a autora fornece amplo panorama do que foi a experiência das internacionais – desde a Associação Internacional dos Trabalhadores até a III Internacional, a Internacional Comunista, liderada por Lênin. Esta perspectiva histórica oferece ao leitor os resultados de uma instigante investigação/reflexão acerca das especificidades da Via Campesina. Em que medida representa uma continuidade? Em que medida retoma esforços anteriores de organização da solidariedade internacional dos trabalhadores? O que traz de novo?

A pesquisa acerca das permanências e rupturas nas formas da solidariedade internacional dos trabalhadores, porém, não se consome nas análises formais ou modelos, mas consagra-se a uma busca histórica do que, nas modalidades contemporâneas da globalização capitalista, é permanência e é novidade.

Se, como sugere a autora com pertinência, há mais permanências que rupturas no capitalismo de nossos dias, o mesmo talvez não se possa dizer da Via Campesina, enquanto forma de articulação da identidade e solidariedade dos que constituem o "outro" do capital. A começar pelo seu explícito chamado aos camponeses/campesinos, muito embora, como a leitura do livro esclarece, este conceito seja acionado de modo suficientemente flexível para incorporar as mais diferenciadas situações e realidades econômicas e culturais: pequenos agricultores familiares, trabalhadores assalariados, sem-terra, indígenas, etc.

Mas esta originalidade não obscurece o fato de que lideranças da Via Campesina, mesmo se de maneira implícita e nem sempre consciente, acionam valores que estiveram presentes desde as primeiras manifestações do internacionalismo revolucionário. Em primeiro lugar, avulta a convicção de que a emancipação dos trabalhadores, dos explorados e dos oprimidos, será sua obra, e não de filantropos ou reformadores bem intencionados. Assim, por exemplo, a Via Campesina, não obstante um extraordinário investimento na constituição de amplas alianças políticas, rejeita a associação das chamadas organizações não-governamentais. Por outro lado, embora o uso da expressão "classe" neste caso constitua um evidente abuso, se se toma como referência o marxismo assumido de vários dirigentes, vista a já referida ambiguidade com que a noção de "campesino" ou "camponês" é acionada, o fato é que pelas formas de adesão e funcionamento, a Via Campesina, por muitos aspectos, lembra a Associação Internacional dos Trabalhadores. Com efeito, ao contrário de suas sucessoras, a II e III Internacionais, que operaram como verdadeiros partidos internacionais centralizados, a AIT era também bastante flexível quanto à natureza das organizações associadas e reconhecia sua autonomia. Enquanto as Internacionais Socialista e Comunista admitiam apenas uma única "sessão nacional", a Via Campesina, a exemplo da AIT, admite várias organizações em um mesmo país ... desde que efetivamente sejam movimentos sociais "de base", reunindo "campesinos".

Este e outros temas da maior relevância são abordados com clareza neste trabalho. Estamos diante de uma tese de doutorado que, como reconheceu a banca examinadora, preenche na plenitude todos os requisitos do rigor e consistência que se podem exigir de um trabalho acadêmico. Mas estamos também, agora, diante de um livro que ultrapassa os muros da academia, para ser conhecido, lido e discutido por todos aqueles que acreditam que a história é um processo aberto, em que processos insurgentes podem apontar para transformações emancipatórias... cujo sujeito serão os dominados, oprimidos, discriminados e não os que se arvoram a falar em seu nome.

Carlos Vainer
(Professor Titular do Instituto de Pesquisa e
Planejamento Urbano e Regional da
Universidade Federal do Rio de Janeiro – IPPUR/UFRJ)

05 de abril de 2010

INTRODUÇÃO

I.1 CAMPO PROBLEMÁTICO

Atualmente, não há exemplar de jornal, de revista, de panfleto político--partidário ou sindical, de cartilha de movimento social, de manual empresarial que, ao analisar a conjuntura nacional e internacional, não utilize o termo globalização nos mais diferentes sentidos e significados. Nos ambientes acadêmicos o termo globalização é também bastante recente e se tornou um conceito significante a partir do final dos anos 1980. Desde então, uma gama extensa de reflexões teóricas destinou-se a analisá-lo e interpretá-lo.

> [...] cabe lembrar que o tema e seu vocabulário conexo comparecem com igual intensidade na mídia, mostrando que já transcenderam de muito o universo dos especialistas, cientistas e políticos, analistas e praticantes da ação política. Para matar a curiosidade, fiz uma rápida e despretensiosa pesquisa nas edições da *Folha de São Paulo* do mês de setembro (2005): a palavra globalização apareceu 32 vezes, assim distribuídas nas diversas seções: Sessão Dinheiro, 10 vezes; Folha Ilustrada, 10 vezes (gastronomia, livros, assuntos gerais); Sessão Mundo, 5 vezes; Caderno Mais, 2 vezes; Cadernos Especiais, 2 vezes; Sessão Brasil, 1 vez; Sessão Esporte 1 vez; Sessão Emprego, 1 vez. Em *O Globo*, no mesmo período, o termo globalização apareceu 26 vezes, igualmente distribuídas da

Editoria de Economia até a Editoria do Caderno Ela. Certamente não há como por em dúvida a força da presença do tema [...] nos dias que correm (Vainer, 2005b, p. 3-4).

Todo guru dos negócios fala sobre ele. Nenhum discurso político é completo sem referência a ele. No entanto, até o final da década de 1980 o termo quase não era usado, seja na literatura acadêmica ou na linguagem cotidiana. Surgiu de lugar nenhum para estar em quase toda parte (Giddens, 2000, p. 18).

Neste sentido, a percepção do "global" enquanto escala a ser analisada e compreendida vem ganhando força nos debates acadêmicos e, segundo Octavio Ianni (1996), "a sociedade global é o novo objeto das ciências sociais". A pluralidade de interpretações e, ao mesmo tempo, a disseminação sem fronteiras do conceito em questão, fazem de sua análise um trabalho árduo.

No campo do planejamento urbano e regional a questão também se coloca. As decisões sobre o planejamento foram historicamente tomadas na escala nacional, contudo, cada vez mais envolvem interesses de corporações multinacionais/globais. A estruturação dos espaços locais e regionais envolve a ação, o encontro e o confronto de atores que, eles também, cada um a seu modo, se constroem e desdobram em múltiplas escalas. Nesse sentido, a compreensão dos novos desafios do planejamento dos espaços urbanos e regionais é, necessariamente, algo que passa pelo entendimento da ação dos diferentes atores nas diferentes escalas, tanto local, quanto regional, nacional e internacional/global.

A caracterização do curso do capitalismo a partir do terceiro quartel do século xx não constitui um trabalho passível de ser realizado individualmente. Mas também não é um trabalho que possa se empreendido sem colocar em questão certas posições frequentemente tomadas como dadas e resolvidas.

Rever esse debate, interpelando alguns de seus supostos e algumas de suas conclusões a partir, tanto de uma revisão histórica, quanto de um caso empírico concreto, pode ajudar a lançar luz sobre algumas dimensões da problemática. É nesse sentido que se desenvolveu esta pesquisa. Lembrando o que nos ensina Bourdieu:

> O que conta na realidade é a construção do objeto, e a eficácia de um método de pensar nunca se manifesta tão bem como [...] na sua capacidade de reconstruir cientificamente os grandes objetos socialmente importantes, apreendendo-os de um ângulo imprevisto (Bourdieu, 1998b, p. 20).

1.2 OBJETO E QUESTÃO CENTRAL

A pesquisa de tese que originou esse livro insere-se na linha de pesquisa "Globalização e Movimentos Sociais", do Laboratório Estado, Trabalho, Território e Natureza – Ettern/Ippur/UFRJ, coordenado pelo Prof. Carlos Vainer. A pesquisa dá continuidade, em termos teóricos e temáticos, a uma trajetória iniciada em 1998. Na ocasião, ingressei no Ettern como bolsista de iniciação científica e passei a trabalhar com pesquisa e assessoria ao Movimento dos Atingidos por Barragens – MAB. Inicialmente, me dediquei ao acompanhamento da participação desse movimento social em um processo global, a Comissão Mundial de Barragens – CMB.

A CMB foi um fórum global independente, com participação de diversos atores políticos, tais como empresas, Organizações não Governamentais, movimentos sociais e governos, que teve duração de dois anos (1998/2000). A comissão envolveu cerca de 790 pessoas ou entidades em suas atividades. Seu relatório final foi lançado em novembro de 2000, contendo o resumo do processo, além de recomendações sobre a construção de barragens. É considerado na literatura recente como um caso exemplar de *global multistakeholder process* inclusivo e participativo.

Ao mesmo tempo em que desenvolvia a pesquisa no Ippur, cursei, entre 1999 e 2001, o mestrado em Sociologia do Programa de Pós-graduação em Sociologia e Antropologia – PPGSA, da UFRJ. Como desdobramento desse duplo trabalho, defendi em setembro de 2001, a dissertação "Do confronto nos vales aos fóruns globais: um estudo de caso sobre a participação do MAB na Comissão Mundial de Barragens", sob orientação dos professores Elina Pessanha e Carlos Vainer. Nesse trabalho, analisei a participação do MAB na CMB buscando entender, a partir de um caso concreto, os limites e possibilidades da participação dos movimentos populares em fóruns mistos, isto é, com governos, empresas e organizações da sociedade civil.

A partir de 2004, sempre no Ettern, integrei-me à equipe do projeto "Espaços públicos globais e atores políticos: estudo de caso sobre a Comissão Mundial de Barragens", que, no âmbito do que designamos sociologia da globalização, pretendeu traçar e analisar o perfil social dos participantes do processo deflagrado pela criação da CMB, além de revisar a literatura sobre a sociedade civil global. Uma série de questões foi surgindo dessa revisão e não apenas as que estavam diretamente dentro do escopo do projeto.

Paralelamente, continuei participando das tarefas de assessoria ao MAB. Em algumas dessas atividades fui me aproximando da Via Campesina, da qual o MAB participa. O contato foi tanto com a Via Campesina Brasil quanto com a Internacional (através de eventos do Fórum Social Mundial).

Uma atividade específica aumentou as possibilidades de realização da presente pesquisa. Entre julho de 2003 e agosto de 2005, fui aluna da primeira turma de especialização da Escola Nacional Florestan Fernandes, escola de formação de militantes do Movimento dos Trabalhadores Rurais Sem Terra (MST), em parceria com a Universidade Federal de Juiz de Fora, cujo tema era "Estudos Latino-Americanos". Integravam essa turma, além dos militantes do MST, militantes dos outros movimentos da Via Campesina Brasil e representantes de movimentos filiados à Via Campesina do Paraguai e Chile. Fui aluna dessa turma, pois o MAB me convidou a ocupar uma de suas vagas. Mais do que aprender com osconteúdo do curso, considero essa experiência como primeiro trabalho de campo desta pesquisa.

Aos poucos, então, foi parecendo que um estudo mais aprofundado da Via Campesina poderia lançar luz às questões e lacunas com as quais eu vinha me deparando na literatura sobre a globalização e a articulação internacional dos "de baixo". Surgiu, assim, a presente pesquisa.

Este livro adota a ideia de que nem tudo no momento atual é absolutamente novo e que, ao lado das permanências, existem rupturas no processo histórico. Entende também que a maneira mais fértil de reconhecer as novidades do processo de globalização é perceber o que existe de continuidade em relação a outros momentos. Na impossibilidade de estabelecer como objeto de uma tese de doutorado a identificação de tudo o que há de novo na nova ordem mundial, buscou-se responder a uma pergunta mais precisa e limitada: o que há de novo na ação internacional dos trabalhadores?

A Via Campesina, enquanto processo atual, particular, de articulação internacional popular é, portanto, o caso escolhido para refletir sobre o que há de novo, confrontando essa experiência, de um lado, com as análises sobre as demais formas contemporâneas de articulação internacional e, de outro lado, com experiências passadas de internacionalismo dos trabalhadores.

1.3 PESQUISA E METODOLOGIA

O acúmulo respeitável de estudos sobre as novas formas de produção e reprodução do capital e de sua dominação fornece várias indicações do que é permanência e do que é novo nas formas de dominação e exploração capitalistas. Numerosos autores vêm trabalhando sobre o que identificam como inexorabilidades do processo (Beck, 1999; Giddens, 1999 e 2000; Ianni, 1996, 1997 e 1999; Robertson, 2000) e outros que apontam os componentes ideológicos das teorias sobre as "inexorabilidades" (Bourdieu, 1998 e 2001; Bourdieu e Wacquant, 2000 e 2005; Batista Jr., 1998 e 2002). Está, assim, disponível farto material para reconhecer as permanências e, consequentemente, a realidade nova.

O capítulo 1 desse livro revê a literatura recente sobre a globalização, assim como busca, em teorias produzidas em outros momentos históricos, análises sobre o capitalismo mundial, suas dinâmicas e características. Nesse domínio, foram revistas, em especial, as teorias sobre o imperialismo, sobre a dependência e sobre o sistema-mundo. O objetivo principal dessa revisão foi localizar a problemática de pesquisa numa perspectiva histórica que permitisse compreender os processos econômicos, políticos, ideológicos e culturais que compõem a chamada "globalização" ou, nos termos que se preferiu adotar para esse trabalho, o "capitalismo mundial".

Na análise sobre as respostas à globalização é muito mais vasta a literatura que se debruça sobre as novidades, isto é, que reafirma a ruptura sem indicar as permanências (Ianni, 1996; Keck e Sikkink, 1996; Vieira, 1998). Alguns autores, no entanto, já indicam que há uma pluralidade de respostas a essa nova etapa do capitalismo (Drainville, 1998; Brechter, Costello e Smith, 2002). A maioria dos que criticam a ideia da sociedade civil global, porém, ainda não aprofundam a pesquisa sobre essas outras formas de articulação internacional.

O capítulo 2 analisa os trabalhos sobre a chamada sociedade civil global (Edwards e Gavenda, 2001; Florini, 2000; Khagram et alli, 2002), assim como as leituras do que vem sendo enunciado como movimento antiglobalização (Aguiton, 2002; Houtart, 2003; Santos, 2005). Em ambos os casos, buscou-se nas teorias sociológicas da segunda metade do século xx as bases conceituais de tais análises, em especial as teorias norte-americanas da ação coletiva e a chamada teoria dos novos movimentos sociais.

Para complementar essas análises recorreu-se a um resgate das formas passadas de articulação dos trabalhadores. Uma breve revisão sobre a tradição socialista-comunista (e também anarquista) de internacionalismo pôde apontar algumas características de articulação que sobrevivem até o presente e, por consequência, também aquilo que há de novo no momento atual. No capítulo 3 foi realizado esse resgate no intuito de preencher a lacuna e os silêncios dos recentes estudos sobre as articulações internacionais dos "de baixo".

O resgate da história das internacionais não pretendeu ser exaustivo, nem tampouco detalhar a história dos diferentes partidos e organizações que fizeram parte dess as articulações internacionais. De forma geral, buscou-se revisar as principais questões colocadas por e para estas experiências tentando reconhecer suas formas históricas de encontro e desencontro, isto é, as maneiras pela qual puderam lidar com os limites e as possibilidades da articulação internacional, tendo em vista a conjuntura histórica na qual estavam inseridas.

DOS PROLETÁRIOS UNIDOS À GLOBALIZAÇÃO DA ESPERANÇA   21

A historiografia sobre o movimento socialista-comunista e anarquista internacional trouxe, contudo, algumas dificuldades para o trabalho de pesquisa. Em geral os estudos foram escritos por militantes dos movimentos que, cada um ao seu modo, faziam parte de grupos ou frações destes movimentos. Assim, em muitos momentos foi difícil encontrar literatura de tipo acadêmico, isto é, que primasse pela objetividade na análise histórica. Em especial, na revisão sobre a IV Internacional e os movimentos anarquistas não se pôde fugir totalmente das leituras parciais de autores-militantes. Procurei, entretanto, seguir a indicação de Hájek acerca dessa dificuldade:

> Na historiografia do socialismo não se trata de tomar partido em bloco por um ou outro programa, nem sequer dentro de um partido; se trata, pelo contrário, de esclarecer aqueles pontos em que os programas ou frações se separam ou se unem nos marcos de um contexto histórico mais geral, no marco social, nacional ou internacional (Hájek, 1984, p. 11).

Buscou-se, nesse sentido, trabalhar principalmente com historiadores de vasta e reconhecida produção acadêmica, que, ao mesmo tempo, tivessem pesquisa sistemática sobre o assunto. Os 12 volumes da coleção História do Marxismo, organizada por Eric Hobsbawm, foram fonte especial de artigos e análises para este Capítulo. O arquivo virtual Marxists Internet Archive (www.marxists.org) foi a principal fonte de acesso aos documentos originais das polêmicas dentro de cada uma das experiências das Internacionais.

O capítulo 4 apresenta e discute a Via Campesina. No primeiro momento, analisa-se o contexto de surgimento e consolidação desta articulação internacional. Em seguida, apresenta-se a experiência da Via Campesina tanto do ponto de vista de sua constituição interna, como das suas relações externas. Por fim, discutem-se os elementos de permanência e ruptura dessa experiência em relação às formas de articulação internacional do passado.

O trabalho empírico (ou talvez fosse melhor dizer, o trabalho sobre o objeto empírico) buscou reconhecer os elementos constitutivos da cultura política dessa articulação: representações, práticas e relações internas e externas. O trabalho foi realizado de duas formas. A primeira forma foi a revisão da literatura já produzida a respeito da Via Campesina. Destacam-se os trabalhos de: Borras (2004), Desmarais (2002, 2003 e 2007), Edelman (2003), Patel (2004) e Rosset (2006). A maior parte desses trabalhos é de intelectuais militantes bastante comprometidos com a própria Via Campesina, o que se desdobra em duas questões. Por um lado, é preciso empreender uma vigilância contínua no que diz respeito a separar o que é a análise sobre os fenômenos e o que é o discurso da Via Campesina sendo reproduzido por tais autores, ou, em outras palavras, o que é categoria analítica e o que é categoria nativa transposta acriticamente para procedimentos que se pretendem analíticos. Na descrição sobre a Via Campesina realizada neste livro buscou-se o rigor com esse aspecto. Por outro lado, é importante compreender que alguns destes intelectuais influenciam o próprio discurso da Via Campesina. Saturnino Borras, por exemplo, foi dirigente da Via Campesina durante três anos e hoje trabalha em um *think tank* progressista na Holanda com projetos de interesse da Via Campesina.[1] Assim, a produção acadêmica desses autores influencia diretamente agendas e discursos da articulação que analisam.

A segunda forma pela qual realizei a pesquisa empírica sobre a Via Campesina foi a análise de fontes primárias. Boa parte das fontes primárias necessárias a esta pesquisa estava disponível no website da Via Campesina: declarações, comunicados, publicações, boletins, convocatórias, relatos de encontros etc. Alguns documentos, das campanhas em comum, foram encontrados nos sites de algumas ONGs parceiras da Via Campesina como o Focus on the Global South e a FoodFirst Information and Action Network – Fian. Existem, porém, documentos de circulação interna

---

1 Outro importante exemplo é o de Annette Desmarais que foi assessora da National Farmers Union (NFU) do Canadá. Atualmente é professora universitária e escreveu sua tese de doutorado, recentemente publicada, a respeito da Via Campesina. Gostaria de destacar que, ao entrar em contato por e-mail com a autora fui prontamente respondida e, sem que eu ao menos tivesse solicitado, recebi em minha casa seu livro com uma calorosa dedicatória da autora, entusiasmada com o desenvolvimento de outros trabalhos sobre o tema.

ou do começo da história da Via (onde ainda nem tudo era digitalizado) que não estão na internet. Para esses documentos a estratégia de pesquisa foi o contato com organizações-membro da Via Campesina com as quais eu tinha maior contato, em especial o MAB, o MST e a Asociación Nacional de Mujeres Rurales e Indígenas – Anamuri, do Chile. Juntamente com a análise de documentos, recorri largamente a entrevistas para analisar a Via Campesina. Algumas entrevistas de dirigentes da Via Campesina estão disponíveis na imprensa. Outros dirigentes foram entrevistados pessoalmente, ou através de meios eletrônicos como e-mail e Skype. O Apêndice A desse livro contém uma apresentação detalhada das entrevistas e conversas realizadas com os militantes da Via Campesina.

O uso de entrevistas gravadas, e muitas delas através de meio eletrônico, foram um desafio especial à pesquisa. Ainda não existe reflexão sistemática sobre as possibilidades e limitações do uso dessas ferramentas nas ciências sociais. No clássico texto de Maria Isaura Pereira de Queiroz sobre o uso do gravador nas ciências sociais, essa necessidade já estava indicada:

> As técnicas de registro em ciências sociais tiveram considerável avanço neste século, por várias razões, entre as quais o aparecimento de uma multiplicidade de invenções mecânicas [...] que permitem um contato muito estreito do pesquisador com o material, ou com os informantes, sem passar pelo intermediário muitas vezes incômodo que é a escritura. No entanto, a reflexão a respeito de sua utilização, que efetue um balanço das vantagens e perigos, praticamente não foi realizada ainda (Queiroz, 1983, p. 65).

Não realizarei tal empreitada a partir desta pesquisa. Parece-me interessante, contudo, registrar que em outros momentos históricos nos quais esses meios (e-mail, Skype) não estavam disponíveis, provavelmente eu não seria capaz de entrevistar um conjunto tão variado de dirigentes. Em alguns momentos desta pesquisa estive em minha casa, em frente à tela do computador conversando com um militante na África ou na América Central, pessoas que nunca encontrei pessoalmente, e nem teria recursos de pesquisa suficientes para encontrá-los. Nesse sentido, o avanço da técnica e dos meios de comunicação, que alguns autores identificam como fundamental para o processo de globalização, teve desdobramentos em minha pesquisa.

É importante destacar também que só me foi possível entrevistar militantes em diferentes partes do mundo porque, antes de meu primeiro contato com os mesmos, um e-mail de apresentação foi redigido e enviado por Rita Zanotto da secretaria da Via Campesina América do Sul. Ao apresentar minha pesquisa como de uma pesquisadora que assessora o MAB e, portanto, comprometida com os movimentos sociais, Rita me abriu, na Europa, na África, na América Latina e na Ásia, portas que provavelmente não seriam abertas com uma mensagem impessoal de uma pesquisadora brasileira desconhecida. Nesse sentido, meu engajamento anterior através do trabalho de pesquisa e extensão universitária foi fundamental para a execução da tese que originou esse livro.

Buscando reconhecer permanências e rupturas no processo histórico de internacionalização das lutas dos trabalhadores, me deparei com a internacionalização da pesquisa social. Buscando compreender cientificamente os processos políticos, econômicos, ideológicos e culturais da contemporaneidade, me deparei com as interseções entre minha militância-analítica e minha análise-militante. Dessa forma, este trabalho é permeado pelo encontro entre casos particulares (inclusive da pesquisadora) e processos sociais históricos. Como afirma Mills:

> A imaginação sociológica nos permite compreender a história e a biografia e as relações entre ambas, dentro da sociedade. Essa é a sua tarefa e a sua promessa. [...] É por isso, em suma, que por meio da imaginação sociológica os homens esperam, hoje, perceber o que está acontecendo no mundo, e compreender o que está acontecendo com eles, como minúsculos pontos de cruzamento da biografia e da história, dentro da sociedade (Mills, 1975, p. 13-14).

Assim, a Conclusão deste trabalho busca retomar as análises feitas nos capítulos anteriores e colocar as perguntas que permanecem em aberto após a pesquisa. Espero que as análises feitas e as questões em aberto possam servir tanto para o trabalho acadêmico, quanto para a ação política, e que possam ajudar, em especial os militantes da Via Campesina, a refletir sobre seu lugar social, enquanto cruzamento da "biografia" dessa articulação particular com a "história" das articulações internacionais dos trabalhadores, nos diferentes momentos do capitalismo mundial.

1. CAPITALISMO MUNDIAL

1.1 O DEBATE

Nas últimas décadas do século XX, o processo de internacionalização do capital assumiu novas formas. Verificou-se, a partir de então, uma profunda metamorfose, de tal maneira que o capital adquiriu novas condições e possibilidades de reprodução. Essa nova estrutura engendrou, de um lado, novas relações sociais nas diferentes escalas de ação; e, de outro lado, novos modelos analíticos para dar conta dessas realidades. Há, entretanto, um profundo debate entre os que se propõem a caracterizar o curso do capitalismo a partir do final do século XX.

Em geral, esse debate, seja teórico ou político, destaca as novidades contemporâneas da forma do capital, caracterizando-as sob o guarda-chuva do termo "globalização". Alguns autores têm, no entanto, enfatizado antes as continuidades das rupturas, lembrando que o processo de internacionalização do capital é uma característica permanente do capitalismo.

> Vem ocorrendo uma mudança abissal nas práticas culturais, bem como político-econômicas, desde mais ou menos 1972. Essa mudança abissal está vinculada à emergência de novas maneiras dominantes pelas quais experimentamos o tempo e o espaço. [...] Mas essas mudanças, quando confrontadas com as regras básicas

de acumulação capitalista, mostram-se mais como transformações da aparência superficial do que como sinais do surgimento de alguma sociedade pós-capitalista ou mesmo pós---industrial inteiramente nova (Harvey, 1994, p. 07)

De toda forma, parece haver uma certa convergência, nos diferentes campos do pensamento econômico e social, das percepções acerca da existência de um processo mundial que vem, a partir dos anos 1970, dando novo formato às relações sociais. A discordância estaria sobretudo no entendimento sobre a natureza e o sentido de tal processo. Inicialmente serão apresentadas as principais concordâncias e/ou ideias mais comuns associadas à noção de globalização para depois problematizar as divergências mais destacadas.

Um dos elementos de razoável concordância diz respeito ao aspecto econômico do processo. Não há quem discorde da ideia de que nas últimas duas ou três décadas, com o desenvolvimento acelerado da tecnologia de informação, a circulação do capital (especialmente o capital financeiro) teria alcançado níveis nunca antes vistos.

A velocidade do avanço tecnológico nas áreas de telecomunicação, informática e finanças – em associação com a diminuição dos custos de transporte e com a desregulamentação de controles e barreiras nos mercados nacionais – facilitaria, segundo vários autores, a internacionalização dos processos de produção em muitos setores. Além disso, nas últimas décadas, o comércio internacional viria crescendo quase sempre mais do que a produção mundial. E, por fim, a expansão dos fluxos financeiros teria se expandido de tal forma que criaria uma espécie de economia virtual que gira pelo mundo quase instantaneamente.[1]

> É a partir da unicidade das técnicas, da qual o computador é uma peça central, que surge a possibilidade de existir uma finança universal, principal responsável pela imposição a todo o globo de uma mais-valia mundial (Santos, 2001, p. 27).

---

1 Muitos são os autores que analisam a face econômica da globalização desta forma, entre os quais se pode citar: Beck, 1999; Giddens, 1999 e 2000; Ianni, 1996, 1997 e 1999; Robertson, 2000.

A mudança mais importante é o papel ampliado dos mercados financeiros que operam cada vez mais em tempo real. Mais de um trilhão de dólares por dia são girados em transações de câmbio monetário. [...] A globalização econômica, portanto, é uma realidade e não se trata apenas de uma tendência de anos anteriores ou de uma reversão a elas. [...] Mercados financeiros que operam 24 horas por dia dependem de uma fusão de tecnologias de satélite e computador, afetando muitos outros aspectos da sociedade também (Giddens, 1999, p. 19).

Além dos aspectos econômicos, o aumento da velocidade e da capacidade dos meios de comunicação engendraria, segundo esses autores, fenômenos de outras ordens. O incremento das tecnologias, em especial as da informação, criaria novos meios de comunicação, bem como conferiria maior importância à informação como fonte de valor. Em decorrência, estaria ocorrendo uma "compactação do tempo e do espaço", uma verdadeira "compressão do mundo", suprimindo as distâncias de comunicação entre os diversos locais do globo.[2]

À medida que o espaço se encolhe para se tornar uma "aldeia global" de telecomunicações e uma "espaçonave planetária" de interdependências econômicas e ecológicas – para usar apenas duas imagens familiares e cotidianas – e à medida que os horizontes temporais se encurtam até o ponto em que o presente é tudo o que existe, temos que aprender a lidar com um sentimento avassalador de compressão de nossos mundos espaciais e temporais (Harvey, 1994, p. 240).

Nesta perspectiva, o processo de globalização teria sido alavancado e sua existência dependeria de um desenvolvimento muito rápido dos meios de comunicação principalmente a partir da década de 1970. Como principais desdobramentos desse processo comparecem sempre referências ao advento das comunicações por satélite, à

---

2 Sobre os fenômenos de comunicação e culturais na globalização ver, em especial: Bauman, 1999; Hall, 2004; Harvey, 1994; Ortiz, 2003; Santos, 2000.

30   FLÁVIA BRAGA VIEIRA

televisão que se popularizou de forma avassaladora nesse período e, mais recentemente à Internet, à tecnologia de fibra ótica. Cada nova tecnologia teria um alcance maior que as anteriores numa velocidade também cada vez maior.

> O alcance das tecnologias de mídia está crescendo com cada onda de inovação. Foram necessários 40 anos para que o rádio atingisse nos Estados Unidos uma audiência de 50 milhões. O mesmo número de pessoas estava usando computadores apenas 15 anos após a introdução destas máquinas. Depois que a Internet se tornou disponível, foram necessários meros quatro anos para que 50 milhões de americanos a estivessem utilizando regularmente (Giddens, 2000, p. 22).

Ainda segundo essas análises, ao possibilitarem a transmissão de informações e imagens para qualquer parte do planeta, tais tecnologias, e seu crescente poder de alcance, alterariam a natureza das relações sociais e dos fatos históricos na forma como são vividos e organizados por cada um dos indivíduos.

> Tudo se globaliza e virtualiza, como se as coisas, as gentes e as ideias se transfigurassem pela magia da eletrônica. A onda modernizante não para nunca, espalhando-se pelos mais remotos e recônditos cantos e recantos dos modos de vida e trabalho, das relações sociais, das objetividades, subjetividades, imaginários e afetividades (Ianni, 1996, p. 37).

> A associação entre a tirania do dinheiro e a tirania da informação conduz, desse modo, à aceleração dos processos hegemônicos, legitimados pelo "pensamento único", enquanto os demais processos acabam por ser deglutidos ou se adaptam passiva ou ativamente, tornando-se homogeneizados (Santos, 2000, p. 35).

Desta forma, para muitos, a globalização consagraria uma homogeneização dos hábitos e do pensamento. As tecnologias de comunicação, ao aproximarem as pessoas, tornariam o mundo cada vez menor e idêntico. Viveríamos hoje uma realidade na qual teria ocorrido uma estandardização dos produtos consumidos em escala mundial, homogeneizando as próprias necessidades humanas.

De fato, parece incontestável que, mais do que em qualquer outra época da história humana, há um universo social e cultural habitado por objetos compartilhados em grande escala. As corporações multinacionais, com seus produtos mundializados e suas marcas facilmente identificáveis, balizam o imaginário mundial: McDonald's, Coca-Cola, Nike, Reebook, Budweiser, Nestlé, Esso, Sony, Ford e tantas outras marcas "familiares" no mundo todo.

Sem essa modernidade-objeto, que impregna os aeroportos internacionais (são idênticos em todos os lugares), as ruas do comércio (com suas vitrinas e mercadorias em exposição), os móveis de escritório, os utensílios domésticos, dificilmente uma cultura teria a oportunidade de se mundializar (Ortiz, 2003, p. 107).

Quanto mais a vida social se torna mediada pelo mercado global de estilos, lugares e imagens, pelas viagens internacionais, pelas imagens da mídia e pelos sistemas de comunicação globalmente interligados, mais as identidades se tornam desvinculadas – desalojadas – de tempos, lugares, histórias e tradições específicos. [...] Foi a difusão do consumismo, seja como realidade, seja como sonho que contribuiu para esse efeito de "supermercado cultural" (Hall, 2004, p. 75).

Muitos desses mesmos autores, que tematizam a "compressão do mundo" e a "homogeneização cultural", identificam, contudo, um outro conjunto de fenômenos, contraditórios, que também caracterizaria a globalização. Segundo essa perspectiva, a globalização econômica, principalmente na forma da especialização flexível da produção e da estratégia de "competição de lugares",[3] na verdade explora a diferenciação local.

Em resposta a isso surgem movimentos de valorização do local e do lugar adaptados e inseridos na lógica da competição. De outro lado, porém, aparecem também movimentos de resistência local aos padrões internacionalmente difundidos. Assim, a globalização opera também

---

3 Sobre esse tema ver: Novais, 1999 e Vainer, 2000.

como propulsora do (res)surgimento de identidades locais em várias partes do mundo.

> O desenvolvimento de relações sociais globalizadas serve provavelmente para diminuir alguns aspectos de sentimentos nacionalistas ligados aos Estados-nação (ou alguns estados), mas pode estar causalmente envolvido com a intensificação de sentimentos nacionalistas mais localizados. [...] Ao mesmo tempo em que as relações sociais se tornam lateralmente esticadas, e como parte do mesmo processo, vemos o fortalecimento de pressões para a autonomia local e identidade cultural regional (Giddens, 1991, p. 70).

> Este "local" não deve, naturalmente, ser confundido com velhas identidades, firmemente enraizadas em localidades bem delimitadas. Em vez disso ele atua na lógica da globalização. Entretanto, parece improvável que a globalização vá simplesmente destruir as identidades nacionais. É mais provável que ela vá produzir, simultaneamente, novas identificações "globais" e novas identificações "locais" (Hall, 2004, p. 78).

Existem ainda análises que caracterizam o fenômeno da compressão espaço-tempo como um fenômeno desigualmente distribuído e que espelharia uma desigualdade intrínseca ao fenômeno da globalização. Esses argumentos tentam combater a ideia de que a globalização é composta por fluxos multidirecionais, não hierarquizados (tanto no aspecto econômico quanto cultural) e que as respostas locais e regionais convivem e retroalimentam esse processo. Esse conjunto de análises aponta para a configuração de distintas realidades conforme mecanismos de poder, dominação e exploração das relações sociais acionados pelos diferentes agentes.

> [...] em vez de homogeneizar a condição humana, a anulação tecnológica das distâncias temporais/espaciais tende a polarizá-la. [...] Para algumas pessoas ela augura uma liberdade sem precedentes face aos obstáculos físicos e uma capacidade inaudita de se mover e agir à distância. Para outras, pressagia a

impossibilidade de domesticar e se apropriar da localidade da qual têm pouca chance de se libertar para mudar-se para outro lugar. [...] alguns podem agora mover-se para fora da localidade – qualquer localidade – quando quiserem. Outros observam, impotentes, a única localidade que habitam movendo-se sob seus pés (Bauman, 1999, p. 25).

Um outro mito é o do espaço-tempo contraído graças, outra vez, aos prodígios da velocidade. Só que a velocidade apenas está ao alcance de um número limitado de pessoas, de tal forma que, segundo as possibilidades de cada um, as distâncias têm significações e efeitos diversos e o uso do mesmo relógio não permite igual economia de tempo (Santos, 2000, p. 41).

Essa caracterização geral do processo de globalização que teria como elementos principais a economia e a cultura vem acompanhada, na maioria das análises, de uma reflexão sobre o (novo) papel do Estado na contemporaneidade e nesse ponto reside um dos principais elementos de discórdia no debate contemporâneo.

Para muitos autores, paralelamente à unificação e homogeneização decorrentes da financeirização da economia e da expansão dos mercados, promovida por grandes corporações transnacionais, pode ser percebida uma unificação e homogeneização do espaço global. Um mundo antes dividido em Estados estaria dando lugar a um mundo sem fronteiras. A dissolução do poder dos Estados ou, como nos dizem muitos autores, a mudança de seu formato e desenvolvimento do mercado global seriam causa e consequência um do outro. Essa argumentação perpassa as análises de numerosos cientistas sociais ao redor do mundo bem como os discursos dos investidores do mercado financeiro, dos governantes das nações periféricas, dos ativistas de ONGs do Norte. É a visão mais comum sobre a globalização.

É como se, hoje, o capital, sob todas as suas formas, transcendesse fronteiras geográficas, regimes políticos, culturas e civilizações. Debilitado, vendo seu poder de intervenção dissolver-se progressivamente frente a novas e poderosas forças do mercado global, o Estado estaria gradativamente assistindo a passagem do poder decisório para, em primeiro lugar, as mãos das grandes empresas, corporações e conglomerados transnacionais e, em segundo lugar, para agências de intervenção e regulação, elas também transacionais, ou supernacionais, ou ainda se se prefere, multinacionais.

> Elas [as empresas] se constituem nos agentes e produtos da internacionalização do capital. Tanto é assim que as transnacionais redesenham o mapa do mundo, em termos geoeconômicos e geopolíticos muitas vezes bem diferentes daqueles que haviam sido desenhados pelos mais fortes Estados Nacionais (Ianni, 1996, p. 45).

Raras perspectivas analíticas, contudo, proclamam o fim total do Estado (ver, por exemplo: Ohmae, 1996), afirmando antes, uma mudança radical de seu formato e de suas esferas de ação, que podemos resumir na ideia da diminuição de seu poder. Mesmo para os mais convencidos da inexorável redução da esfera de ação dos Estados nacionais, haveria, porém, algumas esferas nas quais ele permaneceria muito presente, tais como o controle dos meios legítimos de violência e da territorialidade que não passariam à mão de nenhum outro agente da globalização.

> Não importa o quão grande possa ser seu poder econômico, as corporações industriais não são organizações militares (como algumas delas eram no período colonial), e não podem se estabelecer como entidades político/legais que governam numa determinada área territorial (Giddens, 1991, p. 77).

Nessas análises, em geral, o Estado permanece como um ator fundamental na esfera da política internacional. As instituições que norteiam e organizam o debate político internacional ainda são aquelas criadas a partir da segunda metade do século XX, tais como a ONU e o Banco Mundial, de caráter especificamente intergovernamental.[4] Esse tipo de abordagem, em geral, indica o surgimento de um espaço público transnacional que estaria sendo criado fora do, à margem ou em para-

---

4 Sobre esse tema ver: Kaldor, 2003; Khagram (et alli), 2002; O'Brien (et alli), 2004; Vieira, 1998.

lelo ao sistema estatal internacional, mas ainda de maneira incipiente, sendo os Estados, até o momento, os principais atores na política global.

Essas análises têm em comum um forte conteúdo de inexorabilidade e irreversibilidade, nas quais a globalização, entendida como processo de *fading* dos Estados nacionais, é vista como um processo sem volta. Há importantes autores, entretanto, que discordam totalmente da ideia do enfraquecimento ou destruição do Estado. O Estado não estaria perdendo força, ou sendo redirecionado, pelo processo de globalização, mas, ao contrário, a globalização operaria como uma justificativa para enfraquecer alguns Estados, em função de interesses econômicos. Seguiremos essa vertente crítica a partir das análises de Bourdieu (1998 e 2001).

Segundo Bourdieu, a globalização é o "mito justificador" da ideologia dominante, isto é, do neoliberalismo. É a "arma principal" contra as conquistas do Estado de bem-estar social, pois ao colocar em concorrência trabalhadores de todo o mundo, "nivela por baixo". Trabalhadores europeus veem-se obrigados a "flexibilizar" direitos conquistados, pois os operários asiáticos competiriam pelos mesmos empregos com ¼ de seus salários, trabalhando 12 horas por dia e sem sindicatos. A chantagem locacional operaria de maneira muito simples e direta: se o trabalhador francês não "flexibilizar", vê-se ameaçado com a mudança da empresa ou da fábrica para Ásia e a promessa de desemprego.

O Estado é entendido por Bourdieu não apenas como aparelho de dominação, mas também como espaço de conquistas sociais, razão pela qual seu processo de regressão significaria um processo de regressão dessas conquistas. O autor pondera que existem diferenças entre os países e suas tradições estatais e que, portanto, haveria diferenças também no significado e consequências da diminuição da esfera estatal, em função de resistências internas. Assim, Bourdieu acredita que não estaríamos assistindo propriamente uma diminuição do Estado, mas um enfraquecimento daquilo que chama de "mão esquerda" do Estado, isto é, daquelas instituições, regras, práticas e mecanismos de alocação de recursos que expressariam e seriam resultado de conquistas sociais, as quais se materializaram no Estado de bem-estar social.

O processo de regressão do Estado mostra que a resistência à crença e à política neoliberais é tanto mais forte nos diferentes países quanto mais fortes eram neles as tradições estatais (Bourdieu 1998, p. 46).

É notório que Bourdieu está preocupado em entender as constantes transformações por que vem passando o Estado social europeu em geral, o francês em particular, e a ênfase no Estado de bem-estar social só é possível onde, de fato, ele alguma vez existiu (o que não é verdade para a maioria dos países periféricos).

O autor ressalta, contudo, um outro aspecto: muitos Estados estariam perdendo poder na condução de suas políticas econômicas em função de seu lugar no sistema econômico mundial. O mercado internacional reduziria a autonomia dos mercados nacionais e constrangeria o direcionamento pelos Estados nacionais de suas economias.

A política de um Estado particular é largamente determinada pela sua posição na estrutura da distribuição do capital financeiro (que define a estrutura do campo econômico mundial). (Bourdieu, 1998, p. 54)

Nessa análise, um Estado ou grupo de Estados dominam o campo internacional, sendo aos outros relegado um papel subordinado, o que se entenderia à luz das teorias sobre as coações estruturais dentro dos campos e entre os campos que Bourdieu há muito empreende.[5] Essa perspectiva se contrapõe às análises para as quais o enfraquecimento dos Estados, seria um fenômeno que atingiria a todos de forma indiscriminada, totalizante e inexorável.

[...] a globalização não é uma homogeneização, mas, ao contrário, é a extensão do controle de um pequeno número de nações dominantes sobre o conjunto das praças financeiras nacionais (Bourdieu, 1998, p. 54).

---

5 Ver Bourdieu, 1997 e 1998-b.

Para o sociólogo francês, graças à diminuição de um certo número de controles jurídicos e ao aprimoramento dos meios de comunicação modernos, que acarretariam a diminuição dos custos de comunicação, caminhar-se-ia, sim, para um mercado financeiro unificado, o que não quer dizer homogêneo. Esse mercado financeiro é dominado por certas economias, isto é, pelos países mais ricos, e particularmente pelo país cuja moeda é utilizada como moeda internacional de reserva e que, com isso, dispõe de grande margem de liberdade. O mercado financeiro é um campo no qual os dominantes, os Estados Unidos, em primeiro lugar, nesse caso particular, ocupam posição a partir da qual podem definir em grande parte as regras do jogo.

Por fim, a análise de Bourdieu traz à tona uma terceira dimensão da globalização: o imperialismo cultural norte-americano. Para o autor, a difusão do mito justificador – a globalização – é um dos aspectos de um processo de imperialismo cultural que dá força aos aspectos econômicos e políticos dessa mesma dominação. A difusão de conceitos como "flexibilidade", "governança", "exclusão", "fragmentação", e o mais forte deles, "globalização", é parte de um processo de universalizar particularismos vinculados a uma experiência histórica singular, a norte-americana.

A difusão desta nova bíblia planetária – da qual estão notavelmente ausentes capitalismo, classe, exploração, dominação, desigualdade e tantos vocábulos decisivamente revogados sob o pretexto de obsolescência ou de presumida impertinência – é produto de um imperialismo simbólico (Bourdieu e Wacquant, 2000, p. 08).

A naturalização do pensamento norte-americano e neoliberal, principalmente através do mito da globalização, faria com que o enfraquecimento dos Estados, a mercantilização dos bens públicos e a generalização da insegurança salarial fossem aceitos com resignação, dadas sua objetividade e fatalidade. Mais ainda: a globalização pode ser acionada sempre que esses interesses precisem ser justificados, sem a necessidade de colocá-los às claras.

Bourdieu, no entanto, não é o único autor a trabalhar a dimensão simbólica da globalização e o seu poder enquanto mito. Num elucidativo

38   FLÁVIA BRAGA VIEIRA

artigo sobre a globalização, Paulo Nogueira Batista Jr. (1998) desenvolve
uma tese parecida. Para ele:

> [...] a globalização é um mito. Um fenômeno ideológico nem sem-
> pre muito sofisticado, que serve a propósitos variados. No plano
> editorial, por exemplo, ajuda a vender jornais, revistas e livros su-
> perficiais. Nos planos econômico e político contribui para apa-
> nhar países ingênuos e despreparados na malha dos interesses
> internacionais dominantes (Batista Jr., 1998, p. 125).

Segundo Batista Jr., toda ideologia funda seu sucesso em um substrato de realidade e conexões com os fatos. Desta forma, a globalização
enquanto mito está construída a partir de e em referência a processos e
fatos reais. A elaboração ideológica opera, entretanto, uma deformação/
conformação das representações desses processos e fatos que, no caso em
exame, acaba estabelecendo uma associação causal unilateral, direta e
mecânica, entre o avanço tecnológico, em áreas como informação e com-
putação, e a suposta, quase sempre desejada, tendência geral à supressão
das fronteiras e à desintegração dos Estados.

Essas análises indicam, assim, que teria havido uma alteração nos
padrões das relações sociais em virtude de um rearranjo do cenário internacional a partir dos anos 1970 e, mais ainda, essa alteração teria sido fruto de mudanças no capitalismo. A "generalização da insegurança salarial",
nos termos de Bourdieu, não poderia ser desprezada em uma análise a
respeito do padrão nas relações de trabalho atuais. Também não poderia
ser desprezado o crescente acionamento de motivos internacionais para
justificar as ações de governos nos mais variados setores econômicos e
sociais. Os Estados definiriam cada vez mais seu papel em função de sua
participação no sistema internacional. Enfim, a movimentação internacional do capital alteraria os padrões das relações econômicas, políticas e
sociais em todas as escalas de ação.

Está claro também que as redefinições das relações de poder, dentro e fora das unidades produtivas, propiciam, favorecem e, mesmo, em
certos casos, são favorecidas pelo desenvolvimento das tecnologias de informação e comunicação. Ao contrário, porém, do que comumente é pro-

pagandeado, a comunicação não é livre e multidirecionada, pois conforme mostrou Bourdieu, há um direcionamento dos fluxos internacionais de capital e de informação, que obedece aos interesses das forças econômicas e políticas hegemônicas. Como desdobramento dessa hegemonia, conforme analisado anteriormente, há um certo grau de homogeneização cultural da vida social no planeta.

> No campo da tecnologia, a tendência para a homogeneização é muito forte. [...] Os mecanismos operacionais foram padronizados, organizados em âmbito global, e dependem da mesma língua, o inglês (Hobsbawn, 2000, p. 17).

A nova arquitetura do mundo, da qual resulta a globalização a que estamos assistindo, se funda na universalidade de um único sistema técnico. E, nas condições atuais, tudo o que se refere a ações hegemônicas na vida econômica, política e cultural parece se dizer em inglês (Santos, 2000).

Mais do que o padrão-dólar, a transformação do inglês em idioma universal opera na direção de uma homogeneização de boa parte das relações sociais, culturais, políticas que envolve desde a constituição de novos atores políticos até a construção de grupos identitários, sistemas de classificação e representação sociais, produção de sensibilidades e expectativas que configuram, ao fim e ao cabo, a experiência e vivência sociais. Assim, se a globalização não é "natural" nem "inexorável", a construção social – econômica, política, cultural – da globalização coloca em marcha alterações reais nas relações sociais vigentes, conferindo verossimilhança à retórica globalitária.

O debate sobre a chamada globalização não pode, entretanto, ser considerado unicamente do ponto de vista da contemporaneidade. Essa tem sido, na maioria dos casos, a principal lacuna para pensar teoricamente a questão, isto é, a ausência de um resgate das várias teorias que se debruçaram ao longo do século XX sobre as características do sistema global.

Um vasto campo de trabalhos organizados na disciplina acadêmica das relações internacionais discute o sistema global como sendo o conjunto das relações entre os Estados nacionais e das organizações e instituições transnacionais. A globalização seria, portanto, uma reconfiguração desse sistema global de Estados. Como será abordado mais à frente é a partir dessa perspectiva que se constroem análises sobre a globalização que enfatizam a diminuição do poder dos Estados e a construção de uma sociedade civil global *vis-à-vis* desse novo cenário.

Considerar, no entanto, o Estado nacional como o único ator, ou pelo menos o mais importante, no sistema mundial de relações sociais, não dá conta dos muitos aspectos que estão sendo apontados no presente trabalho, a saber: os processos de dominação e exploração em nível mundial e as respostas aos mesmos.

Mais férteis e mais completas no que dizem respeito à diversidade de aspectos que abrangem, são as diferentes teorias que se dedicaram a entender o funcionamento do capitalismo em escala mundial. Embora em alguns casos pecando por um excesso de economicismo, essas abordagens têm, no entanto, reunido reflexões sobre a economia, a política (e, portanto, sobre o papel dos Estados), e algumas, ainda, sobre os elementos de dominação ideológico-cultural que parecem contribuir para elucidar a natureza e o sentido das transformações em curso.

Sem pretender esgotar uma revisão sobre um século de teorias complexas, profundas e polêmicas, passar-se-á ao exame das principais correntes (teorias sobre o imperialismo, a dependência e o sistema-mundo) buscando nas mesmas os elementos que contribuem para compreender a contemporaneidade.

1.2 AS "VELHAS" TEORIAS

1.2.1 Imperialismo

Até o momento, neste trabalho, realizou-se uma revisão sobre o debate acerca do conceito de globalização. Foi visto que, apesar de muitas divergências na análise do tema, existe concordância em torno da ideia de que as formas de valorização capitalista (e, portanto também as formas de exploração e dominação) se alteraram no final do século xx. Ademais, foi possível concluir provisoriamente que esse novo formato do capitalismo é o que, de fato, vem sendo chamado pelo nome de globalização.

Em outro momento histórico, contudo, mais precisamente na virada do século XIX para o século XX, o capitalismo também teve um formato marcadamente internacionalizado. Naquele período, e posteriormente, um conjunto de autores lançou-se à tarefa de explicar suas características. A seguir, será apresentada uma revisão dessa literatura, isto é, a respeito do chamado imperialismo.

> A grande indústria criou o mercado mundial [...]. O mercado mundial acelerou enormemente o desenvolvimento do comércio, da navegação, dos meios de comunicação. [...] Pela exploração do mercado mundial, a burguesia imprime um caráter cosmopolita à produção e ao consumo em todos os países. Para desespero dos reacionários, ela roubou da indústria sua base nacional. As velhas indústrias nacionais foram destruídas e continuam a ser destruídas diariamente. São suplantadas por novas indústrias, [...] que já não empregam matérias-primas nacionais, mas sim matérias-primas vindas das regiões mais distantes e cujos produtos se consomem não somente no próprio país, mas em todas as partes do mundo. Ao invés das antigas necessidades, satisfeitas pelos produtos nacionais, surgem novas demandas, que reclamam para sua satisfação os produtos das regiões mais longínquas e de climas os mais diversos. No lugar do antigo isolamento de regiões e nações autossuficientes, desenvolvem-se um intercâmbio universal e uma universal interdependência das nações. E isto se refere tanto à produção material como à produção intelectual (Marx e Engels, 1998, p. 43).

Essa longa citação do *Manifesto Comunista* é expressivamente atual. Marx e Engels apresentam um cenário que poderia ser claramente entendido como o da globalização contemporânea. Muitos dos temas definidores do que hoje chamamos de globalização se encontram no documento.

Por exemplo, a unificação dos mercados em escala planetária: "a grande indústria criou o mercado mundial. [...] Pela exploração do mercado mundial, a burguesia imprime um caráter cosmopolita à produção e ao consumo em todos os países". Também aparece a temática da destruição das empresas nacionais e sua substituição pelas transacionais, isto é, a internacionalização do processo produtivo: "[...] ela roubou da indústria sua base nacional. As velhas indústrias nacionais foram destruídas e continuam a ser destruídas diariamente. São suplantadas por novas indústrias, [...] que já não empregam matérias-primas nacionais, mas sim matérias-primas vindas das regiões mais distantes e cujos produtos se consomem não somente no próprio país, mas em todas as partes do mundo". Outro tema levantado é o da criação de necessidades induzidas: "Ao invés das antigas necessidades, satisfeitas pelos produtos nacionais, surgem novas demandas, que reclamam para sua satisfação os produtos das regiões mais longínquas e de climas os mais diversos". E, finalmente, o fim do isolamento e a interdependência: "No lugar do antigo isolamento de regiões e nações autossuficientes, desenvolvem-se um intercâmbio universal e uma universal interdependência das nações. E isto se refere tanto à produção material como à produção intelectual".

Marx não desenvolveu, entretanto, um estudo sistemático do fenômeno do imperialismo. Seus escritos sobre o modo de produção capitalista e os *insights* sobre a conformação do mercado mundial permitiram que alguns autores marxistas, posteriormente, desdobrassem e aprofundassem esta análise.

De todos os conceitos da teoria marxista, o conceito de imperialismo é provavelmente aquele usado de forma mais eclética. O uso mais comum refere-se à relação econômica e política entre países capitalistas "adiantados" e "atrasados", muitas vezes chegando a se tornar sinônimo da opressão dos países fracos pelos poderosos. Apesar dessa visão aparecer na obra de alguns marxistas, como Kautsky, aqui será trabalhada outra definição, a partir, principalmente, dos estudos de Lenin (1980b) e, secundariamente, de Bukharin (1969).

Para esses autores, o capitalismo do final do século XIX sofreu algumas mudanças que inauguraram a nova fase do capitalismo, isto é, o imperialismo. Para eles, a mudança principal do capitalismo nos países industriais (nos quais centram suas análises) nesse período é a passagem da livre concorrência[6] para o monopólio. Esta alteração

---

6 Para uma visão aprofundada sobre o período de livre concorrência (mercado autorregulável) que antecedeu a fase monopolista ver o clássico livro de Karl Polanyi (Polanyi, 2000).

qualitativa na estrutura econômica trouxe consequências para todas as esferas da sociedade.

Esse novo caráter que adquire a estrutura econômica do sistema capitalista nasce de fusões e aquisições de empresas, formando conglomerados industriais. Assim, surge um forte processo de concentração e centralização industrial e bancária que implica no surgimento de um novo sistema de relações econômicas no qual umas poucas empresas e bancos controlam a maior parte do processo produtivo na sociedade. A concentração e centralização características do período de monopólio assumiriam duas formas básicas para os autores citados: vertical, integrando desde a matéria-prima até a elaboração e comércio do produto; e horizontal, integrando diferentes empresas de manufatura do mesmo produto. O alto grau de concentração e centralização monopólicas conduziria, segundo Lenin e Bukharin, que retomam as teses de Hilferding, ao domínio da economia pelo capital financeiro. Esse capital passa a ser então o motor de valorização do sistema. Para os autores, o capital financeiro surge da fusão do capital industrial com o bancário e, nessa fusão, o capital bancário assume um papel dominante.

> Uma parte cada vez maior do capital industrial – escreve Hilferding – não pertence aos industriais que o utilizam. Podem dispor do capital unicamente por intermédio do banco, que representa para eles os proprietários desse capital. Por outro lado, o banco também se vê obrigado a fixar na indústria uma parte cada vez maior do seu capital. [...] Este capital bancário – por conseguinte capital em forma de dinheiro – que por esse processo se transforma de fato em capital industrial é aquilo a que chamo capital financeiro. (Lenin, 1980b, p. 610; citando Hilferding, *O capital financeiro*, Moscou: 1912p. 338-339).

Assim, Lenin define a história do aparecimento do capital financeiro e das relações que este conceito encerra da seguinte forma: concentração e centralização do capital, monopólios resultantes da mesma, fusão ou junção dos bancos com a indústria. Tanto Lenin quanto Bukharin afirmam, contudo, que há um predomínio do capital bancário dentro do capital financeiro. Por meio de diversas formas de crédito, posse e ge-

44 FLÁVIA BRAGA VIEIRA

renciamento de ações etc. o capital bancário opera como organizador da indústria, determinando o comportamento geral do capital financeiro.

> À medida que vão aumentando as operações bancárias e se concentram num número reduzido de estabelecimentos, os bancos se convertem, de modestos intermediários que eram antes, em monopolistas onipresentes, que dispõem de quase todo o capital-dinheiro do conjunto dos capitalistas e pequenos patrões, bem como da maior parte dos meios de produção e das fontes de matéria-prima de um ou de muitos países. Esta transformação dos numerosos modestos intermediários num punhado de monopolistas constitui um dos processos fundamentais da transformação do capitalismo em imperialismo capitalista [...] (Lenin, 1980b, p. 597).

Nessa passagem novamente pode-se perceber a atualidade das análises. Tanto o papel dos bancos é ressaltado (assim como muitas vezes nas análises sobre a globalização) quanto seu papel dominante frente às outras formas de capital aparece de forma decisiva. Além disso, o poder do capital bancário não se dá apenas em relação aos outros capitais, mas também em relação às "fontes de matéria-prima de um ou de muitos países", como na mercantilização contemporânea de bens como água e energia ou sementes agrícolas.

Na análise dos clássicos marxistas surge ainda um terceiro elemento que se junta à concentração/monopólio do capital industrial e à formação do capital financeiro na caracterização do imperialismo como fase superior do capitalismo: o desenvolvimento de relações econômicas internacionais. Na etapa imperialista do capitalismo haveria, segundo Lenin, um extraordinário desenvolvimento das relações econômicas internacionais, chegando a um elevado grau de monopolização que implicaria o controle do comércio mundial e do movimento dos capitais por um grupo reduzido de países industrializados e, dentro deles, de um número pequeno de empresas e conglomerados.

As relações econômicas internacionais estariam baseadas, segundo essas análises, na exportação de capitais, que adquiriria nessa fase um caráter necessário e regular para o funcionamento do conjunto da economia mundial. A exportação de capitais experimentava, então, substancial incremento, o que teria levado os autores a argumentarem a respeito de um novo caráter das relações econômicas internacionais, distinto da época da livre concorrência quando o traço marcante era a exportação de mercadorias.

A forma mais clara de exportação de capitais, segundo os autores, é aquela denominada financiamento. Essa seria constituída fundamentalmente por empréstimos públicos e privados cujo destino é o financiamento (originado em países industrialmente desenvolvidos) de indústrias e conglomerados extrativos ou agrário-exportadores nos países atrasados. Novamente, é um quadro bastante parecido com as formas de exportação de capitais que se reconhece hoje quando das análises sobre a globalização.

Lenin, no entanto, sugere que juntamente com a exportação de capitais para "zonas atrasadas", haveria também uma luta entre os grandes monopólios no âmbito dos próprios países capitalistas avançados, gerando entre eles enormes fluxos de capitais.

> O que é característico do imperialismo é precisamente a tendência para a anexação não só das regiões agrárias, mas também das mais industriais (apetites alemães a respeito da Bélgica, dos franceses quanto à Lorena), pois, em primeiro lugar, estando já concluída a divisão do globo, isso obriga, para fazer uma nova partilha, a estender a mão sobre todo tipo de territórios [...](Lenin, 1980b, p. 643).

Assim, a análise sobre o imperialismo desenvolvida pelos clássicos do marxismo parece capaz de descrever e encontrar raízes do processo de transformação do sistema capitalista em um sistema mais claramente mundial. Isto é, a economia mundial se constitui como um fenômeno concreto, produto necessário do desenvolvimento do sistema. Dessa forma, as relações de intercâmbio internacional adquirem um caráter necessário e permanente, tendo rebatimentos diretos em todos os países.

Atualmente, todo o debate sobre o capitalismo mundial parece conter elementos em comum com essas análises sobre o imperialismo o que nos permite retomar aspectos teóricos e metodológicos dos clássicos para enfrentar a problemática da globalização. Ao confrontar essas análises sobre o imperialismo com aquelas sobre a globalização, podemos perceber que as mesmas características – internacionalização e financeirização – estão presentes nos dois períodos.

1.2.2 Teoria da Dependência

Marx, como assinalado anteriormente, não desenvolveu uma teoria do sistema global, apesar de seu trabalho ter guiado Lenin e outros em suas tentativas de construir uma teoria do imperialismo. A teoria leninista do expansionismo capitalista é geralmente considerada a posição marxista mais clássica. Porém, mesmo as ideias de Lenin continuando válidas para muitos fenômenos em nível mundial, a versão mais difundida sobre a teoria do imperialismo acabou sendo a que enfocava as relações de dominação entre nações, notadamente os debates acerca dos processos que culminaram nas duas grandes guerras. Essa versão foi popularizada pelas teses e políticas da III Internacional que serão analisadas em capítulo mais à frente.

Por volta dos anos 1950 e 1960 o sistema capitalista global havia mudado tanto que muitos marxistas sentiram necessidade de criar novas teorias para explicar o que estava acontecendo, em especial nos países da periferia do capitalismo. A principal inovação conceitual para a análise do sistema global foi a teoria da dependência.

Desenvolvida por vários grupos de cientistas sociais latino--americanos, a teoria da dependência teve seu ápice nas décadas de 1960 e 1970 e, apesar das inúmeras críticas recebidas, continua gerando frutos até hoje. Muitos analistas subdividem a teoria da dependência em várias versões. Neste trabalho optou-se por analisar de forma sucinta apenas considerando dois grandes grupos de trabalhos, como apresentado mais à frente.

Segundo Bresser-Pereira (2005), a teoria da dependência surge depois dos golpes militares e da associação da burguesia aos militares e aos Estados Unidos (que viabiliza esses golpes), constituindo-se em uma crítica à forma dependente do capitalismo se manifestar na América Latina. Não negava a exploração da periferia pelo centro desenvolvido, mas acentuava que essa exploração não podia ser atribuída apenas às potências estrangeiras. Para esses autores, as elites dos países dominados, revelando sua dependência (ou subordinação) em relação às elites centrais, associavam-se a elas. Dessa forma, a teoria da dependência analisa a expansão mundial do capitalismo atribuindo um papel ativo às burguesias dos países dominados.

> A expressão "dependência", na periferia, é a contrapartida da palavra "imperialismo", no centro. Muitos, por isso, são levados a crer que as duas teorias são equivalentes. Na verdade, a teoria da dependência só existe, só constitui uma novidade, porque se opôs à teoria do imperialismo de duas maneiras. Primeiro, afirmando que a causa do atraso dos países subdesenvolvidos não está apenas na exploração do centro imperial, mas também, senão principalmente, na incapacidade das elites locais, especificamente da burguesia, de serem nacionais [...]. Em segundo lugar, a teoria da dependência [...] afirmava que a teoria do imperialismo equivocava-se ao afirmar que o centro seria contrário à industrialização. [...] As empresas multinacionais e o capital financeiro internacional não impedem, mas condicionam perversamente o desenvolvimento econômico (Bresser-Pereira, 2005, p. 217-218).

A principal origem da teoria da dependência é a crítica às teorias dualistas da Cepal (Comissão Econômica para a América Latina e Caribe da Organização das Nações Unidas). Essa instituição, criada em 1949, tinha o objetivo de coordenar as políticas direcionadas à promoção do desenvolvimento econômico dos países da América Latina. Os principais representantes desse pensamento são Raul Prebisch e Celso Furtado.

Prebisch desenvolveu a ideia de que a difusão do progresso técnico e a distribuição de seus ganhos na economia mundial aconteciam de forma desigual. No centro, a difusão do progresso técnico teria sido mais rápida e homogênea, atingindo a produtividade de todos os setores da economia, já na periferia, o progresso técnico só teria atingido setores ligados à exportação de insumos ao centro, formando economias duais, isto é, ilhas de produtividade em meio ao atraso do restante do sistema produtivo. Em outras palavras, no centro estariam os países que possuíam um desenvolvimento homogêneo e diversificado tecnologicamente, enquanto na periferia haveria um desenvolvimento heterogêneo e especializado.

Dessa relação entre processos produtivos desiguais nasceria uma tendência ao intercâmbio desigual em benefício das economias centrais, a partir da subordinação dos produtos e preços da periferia aos preços dos produtos das economias mais avançadas que, com seus domínios, teriam condições de estabelecer as regras vigentes no jogo da troca no comércio internacional. Esse intercâmbio desigual, por sua vez, se agudizaria por uma tendência à deterioração dos termos de troca, ou seja, tendência à diminuição do poder de negociação da periferia no comércio internacional. Esse elemento funcionaria no sentido de ampliar as diferenças de poder – econômico, político, militar e ideológico – entre as nações centrais e as periféricas.

Para estancar o processo de deterioração dos termos de troca, a Cepal defendia a industrialização das economias periféricas por meio de políticas protecionistas, baseadas na figura central do Estado planejador, executor, desenvolvimentista. Esse pensamento vigorou até a segunda metade dos anos 1960 quando um processo recessivo se instalou na América Latina como um todo, e no Brasil em especial, inaugurando o ciclo desenvolvimentista autoritário. Surge então a teoria da dependência, a qual tem muitas diferenciações. As principais vertentes são a teoria original (mais marcadamente marxista) e a chamada teoria da dependência associada.

A versão original surge justamente na conjuntura de crise dos anos 1960 e afirmava a impossibilidade de um desenvolvimento capitalista na América Latina. Os principais autores dessa vertente marxista são André Gunder Frank, Rui Mauro Marini e Theotônio dos Santos.

Para esses autores não haveria meio termo para países subordinados no concerto capitalista mundial. Somente a revolução socialista poderia libertar esses países do subdesenvolvimento e da estagnação a que estariam condenados, enquanto satélites das grandes potências. O imperialismo retiraria dos países colocados sob o seu raio de ação boa parte do excedente, deixando recursos insuficientes para que se instaurasse um verdadeiro e autônomo, isto é, nacional, processo de acumulação. No máximo, poderia haver o "desenvolvimento do subdesenvolvimento", conforme afirma André Gunder Frank.

André Gunder Frank caracteriza o sistema capitalista mundial e as relações entre os centros avançados ou metrópoles e os países periféricos ou satélites (Mantega,1997 e Santos, 1996). Nesse contexto, ele procurou demonstrar que o subdesenvolvimento é uma permanente criação e recriação do imperialismo, uma vez que as metrópoles se apropriam sistematicamente do excedente produzido pela exploração dos trabalhadores da periferia, subtraindo todo o potencial de acumulação destes últimos. Para Gunder Frank, a América Latina sempre foi capitalista, mas um tipo de capitalismo específico. A colonização europeia teria sido puramente mercantil e, portanto, capitalista, implantando na região um modelo capitalista exportador de produtos primários.

> Gunder Frank vai se apoiar nestas pesquisas para incitar a uma mudança de paradigma ao afirmar que não se podia falar de uma economia feudal na região, mas sim de modalidades de expansão do capitalismo comercial, e depois do capitalismo industrial. Frank ofereceu [...] um modelo de interpretação destas relações internacionais que procurava articular os vários níveis de colonização interna e de extração de excedentes para o exterior desde as regiões mais distantes, passando pelas centralizações locais, regionais e nacionais, para terminar nas mãos do capital internacional. Ele denunciava a existência de um processo brutal de extração de excedentes da região, inviabilizando o seu desenvolvimento econômico. [...] o domínio do capital internacional produzia um processo de expropriação de suas riquezas, em vez de ser um fornecedor de capital e colaborador do desenvolvimento econômico da região (Santos, 1996, p. 10).

Além disso, a metrópole provocaria formas de exploração na periferia, fazendo com que se repetisse, no interior desta, o mesmo esquema metrópole-satélite. Assim, no caso brasileiro teríamos polos de desenvolvimento expropriadores (o Centro-Sul) e os polos de subdesenvolvimento expropriados (o Nordeste, por exemplo). Isso não impediria que se estabelecesse um processo de industrialização nos setores mais avançados dos satélites. Trata-se, porém, de uma industrialização incipiente, que se mantém dependente de importações de bens de intermediários e bens de capital. Em resumo, a industrialização da periferia não tem chances de se completar, seja pela constante expropriação do excedente, seja pela estreiteza do mercado consumidor devida, na explicação de Marini, à superexploração do trabalho.

Com efeito, coube a Rui Mauro Marini, outro expoente dessa vertente, elaborar a tese da superexploração do trabalho e do subimperialismo brasileiro. Em seu livro *Dialética da Dependência* (Marini, 2000), sustenta que as burguesias dos países periféricos tinham de explorar duplamente a força de trabalho de seus países para poder transferir boa parte do excedente para as metrópoles e ainda reter uma parte dele para valorizar o seu capital. Essa superexploração da força de trabalho, num país com uma estrutura agrária atrasada, resulta num mercado consumidor incipiente para realizar a produção industrial. A saída era ocupar os mercados de países menos desenvolvidos que o Brasil, tentando reproduzir em escala local a relação metrópoles-satélites.

> Segundo Marini, a especificidade dos países dependentes consistiria em que, ao contrário do que acontecia nos países centrais, a reprodução do capital se fazia através da superexploração, e não apenas da exploração da força de trabalho. Em outras palavras: na periferia capitalista a força de trabalho seria remunerada abaixo do seu valor (Vainer, 2005, p.16).

Marini defende ainda que o papel que a América Latina joga no capitalismo global tem também outra faceta. Além de suprir as economias dos países desenvolvidos com matérias-primas para a indústria tecnologicamente avançada, os países dependentes da América Latina também são responsáveis pelo fornecimento de alimentos. Como a força de trabalho nos países dependentes é superexplorada o valor dos alimentos cai, contribuindo para diminuir os salários dos trabalhadores dos países dominantes e, portanto, aumentando o lucro dos capitalistas destes países.

O efeito dessa oferta (ampliado pela depressão dos preços dos produtos primários no mercado mundial) será o de reduzir o valor real da força de trabalho nos países industriais, permitindo assim que o incremento da produtividade se traduza ali em cotas de mais-valia cada vez mais elevadas. Em outras palavras, mediante sua incorporação ao mercado mundial de bens-salário, a América Latina desempenha um papel significativo no aumento da mais-valia relativa nos países industriais (Marini, 2000, p. 115-116).

Se o desenvolvimento capitalista não tem condições de se realizar nos países subdesenvolvidos, propõe Theotônio dos Santos, outro expoente dessa corrente, só restariam duas alternativas para os países submetidos à dominação do capitalismo central: permanecer subdesenvolvidos ou enveredar para uma revolução socialista. Por outro lado, a superexploração dos trabalhadores conduziria a uma agudização do conflito social, que se viabilizaria somente com regimes de força, vale dizer com o fascismo. A sociedade brasileira estaria, portanto, numa encruzilhada entre o fascismo e o socialismo, conforme sugere o título de um de seus trabalhos (Santos, 1972). Sua análise não se limita a esse aspecto e constitui, como a dos outros dois autores, uma crítica ao que caracterizaram como modelo latino-americano subdesenvolvido, dependente e autoritário.

Com relação à dependência, Theotônio dos Santos identifica três formas históricas: a dependência colonial, comercial-exportadora; a dependência financeiro-industrial, que se consolida no final do século xix; e a dependência tecnológico-industrial do período do pós-guerra, exercida através de empresas multinacionais.[7] Este último tipo de dependência dá origem a um tipo de desenvolvimento "desigual e combinado", pois o subdesenvolvimento seria caracterizado por desigualdades profundas, relacionadas com a superexploração da força de trabalho.

A versão da teoria da dependência chamada de dependência associada surge na sociologia da usp. Segundo Bresser-Pereira (2005), sua análise é, de um lado, uma reação aos golpes militares no Cone Sul, a partir de 1964, e, de outro, uma reflexão sobre o "milagre econômico" que

---

7 Theotônio dos Santos. *Dependência y Cambio Social*. Santiago do Chile: Ceso, 1970. Citado em Bresser-Pereira, 2005, p. 221.

começa no Brasil em 1968. Nesse período, segundo os autores dessa corrente, surge um novo pacto político que unia a burocracia de Estado com empresários industriais e empresas multinacionais, excluindo os trabalhadores. Assim, o novo modelo de desenvolvimento que aparece no final dos anos 1960, seria dependente e associado, autoritário no plano político e concentrador de renda, no econômico.

A segunda vertente da teoria da dependência, chamada teoria da dependência associada, cujo principal trabalho é o ensaio de Cardoso e Faletto (1970), pode ser resumida na ideia de que, não podendo contar com uma burguesia nacional, os países latino-americanos eram conduzidos a se associar ao sistema dominante e a buscar aproveitar as brechas que ele oferece para seu desenvolvimento. Assim, a teoria da dependência associada compartilhava com a teoria da superexploração capitalista o pressuposto da impossibilidade de uma burguesia nacional, só que dava mais ênfase à possibilidade de algum desenvolvimento dentro do próprio sistema de dependência.

O trabalho de Cardoso e Falleto enfocava a articulação da análise interna com a externa e desfazia a ilusão num desenvolvimento capitalista nacional e numa burguesia nacional. Através de uma análise histórica dos processos de constituição do capitalismo e do Estado na América Latina fugiam de um certo economicismo predominante no período.

As duas vertentes da teoria da dependência são distintas tanto no diagnóstico, quanto no projeto de superação do subdesenvolvimento. Convergem, no entanto, na análise sobre o papel que jogariam as classes sociais na conformação do sistema capitalista global. Ao contrário de muitas versões da teoria do imperialismo que analisam as relações entre nações, a teoria da dependência foca o olhar sobre as burguesias, sobre o projeto dos capitalistas e, também, sobre os diferenciados papéis que assumem trabalhadores em uma ou outra parte do mundo no contexto de um sistema de exploração e dominação que transcende necessariamente as fronteiras nacionais. A ênfase é na exploração de classes e não de nações.

Para o presente trabalho, esse enfoque sobre o desenho das classes sociais no sistema capitalista global parece muito pertinente, uma vez que a maioria das análises sobre a globalização considera apenas o papel

DOS PROLETÁRIOS UNIDOS À GLOBALIZAÇÃO DA ESPERANÇA 53

das nações (e seu enfraquecimento) na leitura sobre o sistema global. O Estado nacional, como peça mais importante desse sistema, é substituído nas interpretações contemporâneas pelas corporações transnacionais ou pelos organismos multilaterais, mas é raro encontrar menção às relações de classe e às reconfigurações destas. Mais à frente, na discussão sobre a mudança do lugar da agricultura (e do campesinato) na economia mundial, esse ponto será retomado.

1.2.3 Sistema-mundo

Em paralelo com a teoria da dependência, mas distanciada dessa teórica e empiricamente por diferenças de interpretação, está a abordagem do "sistema-mundo", cujas origens podem ser encontradas nos trabalhos de Immanuel Wallerstein. Os teóricos do sistema mundial desenvolveram uma análise sistemática e de grande alcance baseada numa divisão do trabalho entre os países centrais, periféricos e semiperiféricos dentro da órbita do que chamaram de capitalismo histórico mundial, ou economia-mundo capitalista.

A abordagem do sistema-mundo foi desenvolvida inicialmente por Gunder Frank, ainda no contexto do debate sobre feudalismo/capitalismo na América Latina, e, portanto, no universo das teorias do subdesenvolvimento. Em seguida, vieram os trabalhos de Wallerstein, Samir Amin, Giovanni Arrighi, Christopher Chase-Dunn, entre outros. Muitos analistas identificam duas principais fontes para esta abordagem: de um lado a discussão neomarxista sobre o desenvolvimento e de outro a Escola dos Annales (especialmente os trabalhos de Fernand Braudel que se difundiram nos anos 1980).

De forma geral, pode-se dizer que a abordagem do sistema-mundo estuda o surgimento, desenvolvimento e desintegração de sistemas sociais históricos, pesquisados por meio do método comparativo. Sistemas sociais históricos são conjuntos de estruturas, simultaneamente sistêmicos e históricos, cujas coexistência e sucessão representam o próprio conteúdo do mundo social. (Wallerstein, 1991).

Tais conjuntos de estruturas abarcam, além de processos econômicos, processos igualmente políticos e culturais, e apresentam-se relativamente autônomos, no sentido de que sua continuidade é garantida pelos acontecimentos que têm lugar no seu próprio interior. Wallerstein afirma que:

> A característica definidora de um sistema social é a existência dentro dele de uma divisão do trabalho, de tal maneira que os vários setores ou áreas dependem das trocas para o atendimento regular e contínuo das necessidades da área (Wallerstein, 2000, p. 74).

O adjetivo "sistêmico" remete, assim, à rede de processos econômicos, políticos e culturais que figuram na base de coesão dos sistemas históricos. O qualitativo "histórico", por seu turno, traduz o entendimento de que esses sistemas são delimitados temporalmente, isto é, tem início e fim. Atualmente, viveríamos em um sistema-mundo – a economia-mundo capitalista.

Wallerstein (2001) afirma que o capitalismo é um sistema social histórico cuja originalidade consiste na utilização do capital (entendido como "riqueza acumulada") com o objetivo da sua autoexpansão, ou seja: investe-se capital para se adquirir mais capital. No capitalismo reina a lei do valor: a economia é governada pela intenção racional de maximizar a acumulação incessante de capital.

O autor descreve o capitalismo histórico como um sistema que articula uma divisão internacional do trabalho e um sistema de Estados hierarquizado, no qual se organizaram longas cadeias mercantis que quebram o encontro imediato entre o produtor inicial e o consumidor final. A economia de mercado não explica o movimento histórico do capitalismo, já que a norma nesse sistema foi a integração vertical (desde as companhias de comércio do século XVI até as corporações transnacionais do século XX) e a manipulação da oferta e da procura: será a definição política dos preços que distribuirá o excedente ao longo desses "mercados intermediários". O cerne do capitalismo passa a ser uma outra lógica oculta: as trocas desiguais. Para compreendê-lo é preciso desvendar não o processo produtivo, mas as relações internacionais. É a criação da escassez de uma mercadoria pelo Estado que possibilita o deslocamento contínuo do excedente de determinadas regiões perdedoras (a periferia) para regiões vitoriosas (o centro).

> [o sistema de Estados] não é algo que esteja separado da economia-mundo capitalista [...]. Trata-se de dois aspectos do sistema-mundo moderno – isto é, o sistema do capitalismo histórico – que é um sistema-mundo integrado. Para que o capitalismo funcione como sistema, há que existir instituições políticas de um tipo que chamamos de sistema de Estados (moderno). Por sua vez, qualquer tentativa de transformar o sistema de Estados de maneira significativa sempre fracassou, por causa das contrapressões exercidas pelas forças de mercado através da ação política do estrato empresarial. De qualquer modo, o sistema de Estados e a economia capitalista mundial nasceram no mesmo momento histórico, o que significa que, se tivessem origens separadas, seria uma incrível coincidência (Wallerstein, 2002, p. 10).

Apesar de o Estado ser a estrutura política mais poderosa na economia-mundo capitalista, seu poder é limitado. Em outras palavras, o Estado aparece aos atores políticos como o caminho mais promissor para melhorar a correlação de forças a seu favor, mas é, ele mesmo, submetido a restrições. Os movimentos antissistêmicos são organizações que buscam uma redistribuição material mais igualitária, menos opressiva e injusta. Suas duas principais formas foram os movimentos trabalhistas-socialistas e os movimentos nacionalistas. Ao centrarem sua estratégia política na tomada do poder de Estado, esses movimentos teriam feito da sua força a sua fraqueza. Os limites do poder de Estado são insuperáveis dentro de uma economia-mundo capitalista. Por mais que tenham alcançado reformas do sistema, sua atuação redundou no fortalecimento do próprio sistema ao qual se opunham em nome de uma nova sociedade.

Em última instância, podemos dizer que, para Wallerstein, dentro da lógica da economia-mundo capitalista não há política antissistêmica. A superação do sistema-mundo moderno só será possível quando o seu desenvolvimento histórico de longo prazo ultrapassar seu funcionamento normal e atingir os seus limites como sistema histórico. Segundo o diagnóstico do autor e de outros teóricos da corrente (Wallerstein, 2002; Amin, 2006), seria o momento que estamos vivendo contemporaneamente.

Um sistema histórico articularia ritmos cíclicos – que repõem seu equilíbrio constantemente – com tendências seculares – as quais não podem se prolongar indefinidamente. O capitalismo, assim, teria nascimento, desenvolvimento e, necessariamente, morte. Sua definição como sistema histórico seria a infindável acumulação de capital. Essa lógica compulsiva encontraria seu limite em três tendências seculares que estariam hoje se aproximando de uma contradição final (Amin, 2006), a saber:

1. Uma relação de produção essencial que define um estatuto particular da alienação do trabalhador e um estatuto das leis econômicas que é específico do capitalismo.

2. Uma polarização em escala mundial sem igual na história que condena a maioria dos povos do mundo a não poder se beneficiar dos níveis de vida que ele oferece à minoria.

3. Uma incapacidade de pôr fim à destruição dos recursos naturais em uma escala que ameaça o futuro da humanidade.

Esse quadro teria como consequência a crise terminal da economia-mundo capitalista, agravada pela perda de legitimidade dos Estados, que perderiam a capacidade de assegurar quase-monopólios (fonte dos lucros significativos) bem como de domar as classes "perigosas", os movimentos antissistêmicos. Para os teóricos do sistema-mundo, a acumulação de capital já teria encontrado limites estruturais e intransponíveis. Assim, afirmam a existência de uma crise histórica atual, que abriria uma transição, sem resultado certo e definido, mas com alternativas políticas para o futuro.

Se no ciclo de vida, a estrutura do capitalismo absorveu as políticas antissistêmicas, a imprevisibilidade do resultado dessa transição abre espaço para a luta verdadeiramente política. A ação e o livre-arbítrio entram em cena e poderão implicar em grandes consequências (Wallerstein, 2001). Nessa longa transição (que pode ser para um ou vários outros sistemas), a arena política seria dividida em dois campos: aqueles que querem manter os privilégios de formas diferentes e aqueles que buscam criar um sistema histórico significativamente mais democrático e mais igualitário. Assim, a intervenção e a criatividade humana só passam a importar quando a erosão da estrutura capitalista se consolida e se torna irreversível.

O esforço teórico dessa corrente está, principalmente, em incluir o Estado na formulação de uma economia política do sistema mundial, algo presente no marxismo clássico apenas no processo de acumulação primitiva (Marx) ou então nas análises posteriores acerca do capitalismo monopolista (algo efetuado pelos teóricos do imperialismo, no início do século xx). Nesse sentido, desenvolvem a ideia de que o Estado é fundamental para a compreensão da acumulação de capital no decorrer de toda a história do capitalismo, e não algo restrito a algumas de suas etapas. O lugar oculto que desvenda o segredo da criação de lucros apropriados pela classe capitalista não está na produção (como para Marx), mas nas "trocas desiguais" (Wallerstein). O capitalismo nunca teria sido uma economia concorrencial, mas sim um sistema social fundado na conquista e na exploração de posições monopólicas. A origem dessa análise compartilhada pela teoria do sistema-mundo está, como enunciado anteriormente, na obra do historiador Fernand Braudel.

Em *A dinâmica do capitalismo* (1987), Braudel objetiva discernir claramente dois conjuntos de atividades: a economia de mercado e o capitalismo. O capitalismo é por ele caracterizado como o contramercado, uma vez que as leis do mercado são contornadas e falseadas a todo momento, por meio de longas cadeias comerciais que quebram a relação entre o produtor inicial e o consumidor final, e nas quais os preços são arbitrariamente fixados por monopólios. Trata-se, portanto, de uma esfera diferenciada de circulação, na qual um pequeno número de grandes comerciantes opera como uma cúpula que se recusa a se especializar: suas escolhas visam a maximização de lucros extraordinários, porém sempre preservando uma margem de flexibilidade. Daí decorre uma organização autoritária do espaço mundial, que divide estruturalmente os privilegiados dos não privilegiados. Dessa forma, o capitalismo sempre se apoiou em hierarquias e em monopólios. Braudel se afasta de Marx no momento em que a sua análise da origem dos lucros capitalistas não passa pela esfera produtiva e pela exploração da força de trabalho, mas se encontra na esfera da circulação (a distorção de preços que Marx tanto combateu como fator explicativo).

A consequência da adoção dessa concepção de capitalismo pelos teóricos do sistema-mundo acaba sendo, portanto, uma teoria quase fatalista. Para Wallerstein, a política só aparece como possibilidade real no momento em que a economia-mundo capitalista começa a se tornar insustentável. Para os autores, existiria uma estrutura (o sistema-mundo moderno), que nasceria, se desenvolveria e acabaria por morrer. A estrutura do sistema é fechada em si mesma, a ponto de os movimentos antissistêmicos serem por ela absorvidos. Somente quando as tendências chegassem a uma contradição final, é que a intervenção humana poderia se efetivar e o livre-arbítrio teria importância na definição dos rumos da transição sistêmica que hoje estaríamos vivendo.

1.3 O QUE HÁ DE NOVO?

Até aqui, foram apresentadas as principais posições no debate moderno acerca da globalização, bem como as teorias que ao longo do século XX desenvolveram análises sobre a estrutura mundial do capitalismo. A partir de agora o intuito é discutir, de forma comparativa, o que há de novo no capitalismo mundial.

Tanto o senso comum como o discurso acadêmico contêm muitas divergências a respeito do significado do termo globalização. Já se pôde indicar na primeira parte deste capítulo que um estudo mais fértil sobre a globalização deve deixar clara uma distinção entre duas dimensões inseparáveis da contemporaneidade. De um lado, a globalização como conjunto de relações econômicas e políticas da presente fase do capitalismo mundial e, de outro lado, os discursos ideológicos que utilizam as ideias de competição e integração globais para justificar ações e políticas.

Dessa forma, analisaremos primeiro as alterações concretas nas relações econômicas e políticas e, em seguida, a retórica justificadora que instaura novos padrões de dominação em nível mundial, utilizando aspectos culturais muito significativos.

1.3.1 Economia e política da globalização

Seguindo a classificação de Martins (2004), serão apresentadas quatro[8] grandes interpretações dos aspectos econômico e político da globalização. Cada enfoque interpretativo em suas linhas mais gerais, compreende diferenças significativas entre seus principais autores. É importante ressaltar que se busca dialogar tanto com as vertentes contemporâneas a respeito da globalização, quanto com a continuidade das "velhas" teorias a respeito do capitalismo mundial.

A primeira interpretação é a que Martins (2004) denomina de globalista. Essa interpretação parte da suposição de que a globalização estabeleceu um novo objeto para as ciências sociais: a sociedade global. O global se apresenta como uma novidade radical e uma nova era que engloba o nacional e o local. Na base dessa realidade está o novo paradigma tecnológico que, ao fundir as tecnologias eletrônicas e de comunicação, permite a integração financeira e produtiva em escala planetária.

O resultado desse processo seria a constituição de novos atores dominantes na economia mundial: as empresas e as forças do mercado global que subjugam os Estados nacionais mediante suas dimensões tecnológicas planetárias e a velocidade do capital circulante. Cria-se um regime de acumulação desterritorializado, afirmando o predomínio da riqueza financeira sobre a produtiva, convertendo a era global em era do capital financeiro. As corporações multinacionais se transformam em empresas globais atuando em conjunto com os fundos de investimento e de pensão e os grandes bancos, condicionando, assim, as políticas estatais a seus objetivos de rentabilidade. Os direitos trabalhistas e de proteção social se tornam obsoletos.

Se há nos globalistas uma razoável coincidência quanto à descrição dos elementos mais gerais da era global, eles divergem amplamente sobre seus efeitos. Pode-se subdividi-los em dois grupos: aqueles que

---

8 O autor identifica uma quinta interpretação que seria a da teoria da dependência em versão marxista. Nos parece que as principais conclusões desse grupo de trabalho estejam muito próximas dos teóricos do sistema-mundo e, portanto, optou-se por apenas quatro classificações.

veem nesse processo a tendência à sincronia, harmonia e integração, uma vez assimilada a nova cultura da competitividade; e os que, inversamente, qualificam esse processo de polarizante e diacrônico. No primeiro caso, podemos incluir autores como Kenich Ohmae (1996) e Francis Fukuyama (1992) e, no segundo, autores como Octávio Ianni (1996, 1997, 1998), René Dreifuss (1996 e 1999), Michael Hardt e Antonio Negri (2001).

A segunda interpretação da globalização é formulada pelas teorias que percebem a globalização como continuidade de um processo de internacionalização de longo prazo. Aqui podemos inserir autores como Paul Hirst e Grahame Thompson (1998), Batista Jr. (1998) e Anthony Giddens (1999 e 2000). Essa visão questiona a tese dos globalistas de que as novas tecnologias dos anos 1970 construíram uma sociedade global. Ela vê nas novas tecnologias uma mudança de grau no processo de internacionalização e não uma ruptura qualitativa. Destaca a cumulatividade desse processo e seus importantes antecedentes como, por exemplo, o telégrafo, introduzido na segunda metade do século XIX, a partir dos cabos submarinos intercontinentais, que possibilitou o compartilhamento de informações em tempo próximo ao real, viabilizando tecnicamente um sistema comercial capaz de determinar diariamente os preços mundiais.

Para esses autores, a globalização aumentou o grau de internacionalização da economia mundial. As empresas capitalistas, no entanto, apesar de atuarem mundialmente permanecem nacionais, pois são organizações competitivas que buscam concentrar em suas bases nacionais de origem os ativos estratégicos que permitem sua projeção sobre a economia mundial. Os Estados-nacionais continuam, portanto, sendo os atores fundamentais da realidade. Eles oferecem às empresas externalidades que constituem serviços indispensáveis à estruturação e potencialização da acumulação de capital. Entre esses serviços estão: a segurança, centralizada no poder público mediante os aparatos de coerção e de regulação jurídica; a absorção parcial dos custos de produção da infraestrutura de transportes e comunicações, ou da qualificação da força de trabalho; e a referência de identidade cultural que permite ao capital reduzir a mobilidade da força de trabalho e explorar em seu benefício os laços de solidariedade nacionais.

Há também algumas fortes divergências entre esses trabalhos. Hirst e Thompson, assim como Batista Jr., defendem a ideia de que apesar de algumas mudanças na economia e na arquitetura da política internacional, a principal novidade contemporânea é o uso da internacionalização como ideologia de legitimação das estruturas de dominação.[9] Giddens, por seu lado, defende que a elevação do grau de internacionalização aumenta os fluxos de bens e capitais através das fronteiras dos Estados nacionais e pode levar a um descolamento da articulação entre Estado e capital provocando uma crise da governabilidade internacional. Ao Estado caberia reformular-se para articular-se de uma nova forma às dimensões locais e internacionais. Essa reformulação levaria a novos marcos de regulação, fundados no desenvolvimento de regimes internacionais baseados em tratados e agências de regulação supranacionais, na formação de blocos de integração regional e na cooperação intergovernamental. A reformulação do Estado implicaria, ainda, no aprofundamento da sua democratização e permeabilidade às demandas locais, em razão da maior capacidade de organização da sociedade civil proporcionada pelas tecnologias de informação.

A terceira interpretação é a estabelecida pelo que Martins (2004) chama de neodesenvolvimentistas. Alguns autores que se destacam são: François Chesnais (1996), Samir Amin (2006), José Luis Fiori (1997, 2001a, 2001b), e Celso Furtado (2000). Esse grupo entende a globalização como um fenômeno principalmente financeiro, fundado na integração mundial dos mercados. Embora destaquem a base tecnológica da integração financeira, indicam que nem de longe se pode mencionar a existência de um sistema produtivo mundial. Entretanto, da globalização financeira seria incorreto extrair consequências como o fim da soberania e da autonomia do Estado nacional. Ao contrário, afirmam que na origem da globalização financeira está a ofensiva dos Estados Unidos para manter e expandir sua condição hegemônica.

Ao ser ameaçado pela competição tecnológica de outros polos mundiais, os Estados Unidos recorreriam à força de sua moeda e de suas armas para captar a liquidez da economia mundial e financiar seu pró-

---

9 Mais à frente o debate será aprofundado, retornando a esses autores.

62 FLÁVIA BRAGA VIEIRA

prio desenvolvimento mediante a criação de um regime de acumulação mundial financeirizado. Para isso, imporiam uma nova regulação: o neoliberalismo. O resultado é a projeção dos Estados Unidos de uma condição hegemônica para outra, quase imperial, sobre uma economia internacional que funciona mediante baixas taxas de crescimento.

Diante desse cenário, a preocupação dos neodesenvolvimentistas é a de restabelecer um regime de acumulação que priorize o investimento produtivo. Mas as respostas para isso variam amplamente. François Chesnais aposta na regionalização como uma alternativa de reconstrução ligada à formação de importantes blocos continentais. Samir Amin afirma a necessidade da transição ao socialismo através de processos de desconexão e reconexão à economia mundial. José Luis Fiori e Celso Furtado mencionam a necessidade de construção de um capitalismo organizado capaz de gerar centralização financeira interna para impulsionar, através do setor bancário público e privado, o desenvolvimento da burguesia industrial local. Celso Furtado dá ainda grande ênfase à organização de um padrão de consumo que priorize o desenvolvimento tecnológico nacional e o mercado interno dos países semiperiféricos, como o Brasil.

A quarta interpretação da globalização é a desenvolvida pelos teóricos do sistema-mundo. Os principais autores são Immanuel Wallerstein (1991, 2000, 2001, 2002) e Giovanni Arrighi e Beverly Silver (1999). Esse grupo procura enfatizar as continuidades da globalização, compreendendo-a como parte do movimento de expansão sistêmica.

Como visto anteriormente na caracterização dos teóricos do sistema-mundo, sua análise se apoia na obra de Fernand Braudel. Particularmente, nos conceitos de ciclos sistêmicos e de tendências seculares. Os ciclos sistêmicos estão ligados à ascensão e queda de Estados hegemônicos que organizam uma economia mundial desigual e polarizada em centros, semiperiferias e periferias. Nos períodos de ascensão e consolidação, o moderno sistema mundial, ou capitalismo histórico, se expandiria, mas durante a decadência prevaleceria a crise, que exige a reestruturação.

Enquanto as tendências seculares do moderno sistema mundial seriam capazes de absorver suas contradições, novos ciclos sistêmicos poderiam ser desencadeados, redirecionando os caminhos do desenvolvimento. A globalização é vista como a etapa final de uma longa continuidade. Ela é o período de máxima realização do moderno sistema mundial e, simultaneamente, de esgotamento de sua capacidade em conter suas tendências antissistêmicas. O resultado seria a crise derradeira e a transição da humanidade para outra forma sistêmica a ser estabelecida pelas lutas sociais. Essa transição traria uma única certeza: o fim do capitalismo histórico que dirige o moderno sistema mundial e que, nessa última fase, esteve sob hegemonia dos Estados Unidos.

As quatro distintas visões da globalização apresentadas trazem importantes contribuições para pensar o que há de novo no capitalismo mundial nas suas facetas econômica e política. Quase todas percebem o atual momento como uma agudização (mais radical e transformadora para uns do que para outros) de processos históricos que datam pelo menos do fim do século xix.

A interpretação globalista é a única que acentua a presença de rupturas no momento atual, apontando para uma nova etapa da história, a qual necessitaria de novos paradigmas para sua interpretação. A primazia conferida à dimensão financeira expõe a fragilidade de sua análise, quando confrontada à produção dos teóricos do imperialismo do início do século xx, que já indicavam a preponderância absoluta do capital financeiro sobre o capital produtivo. Como apontam os autores da segunda linha interpretativa, a mudança tecnológica e a financeirização da economia sofrem atualmente de alterações quantitativas, mas não qualitativas.

Dessa forma, a atual economia altamente internacionalizada tem precedente e é uma das diversas conjunturas do capitalismo mundial que existiram desde que uma economia baseada na tecnologia industrial moderna começou a ser generalizada a partir dos anos 1860. Em certos aspectos, a economia internacional atualmente é menos aberta e integrada do que o regime que prevaleceu de 1870 a 1914. A seguinte citação de Paul Hirst e Grahame Thompson (1998)[10] é bastante elucidativa.

_____

10 Todo o trabalho de Hirst e Thompson (1998) é destinado a analisar em detalhes os dados econômicos e institucionais (posicionamento de países, organizações

A economia da Belle Époque de 1870 a 1914 foi extraordinaria-
mente internacionalizada, e só hoje começamos a voltar àqueles
níveis de abertura. [...]. A medida-chave é exportações e importações combinadas como proporção do PIB. Por exemplo, em 1913,
o comércio do Reino Unido foi de 44,7% do seu PIB; depois de
uma dramática queda no período entre guerras, ele cresceu para
39,3%, em 1973, e seu nível ainda não se igualou ao do período
pré-Primeira Guerra Mundial, atingindo 40,5% em 1993 (Hirst e
Thompson, 1998, p. 339).

Os chamados neodesenvolvimentistas acrescentam um componente
importante para essas afirmações, qual seja, a importância do Estado nacional
para a configuração das relações econômicas e políticas. Segundo esses autores, o Estado segue sendo um ator fundamental para a valorização do capital
e a novidade estaria na preponderância total de um único Estado, os Estados
Unidos, que direciona a financeirização e internacionalização da economia
exatamente para reforçar sua dominação. Ainda que não se concorde aqui
com as soluções apontadas nesses trabalhos para o questionamento dessa
hegemonia, parece convincente o argumento de que nunca antes uma nação
hegemônica tirou tamanho proveito da economia internacional (incluindo
as instituições políticas e militares) para sua dominação.

Por fim, os teóricos do sistema-mundo veem como novidade o
declínio dessa hegemonia dos Estados Unidos. Entendem a atual conjuntura não mais como um ciclo hegemônico que será substituído dentro dos marcos do capitalismo histórico, mas como seu fim. Carecendo
de elementos para comprovação empírica de sua tese, seus prognósticos
são herdeiros e continuadores de uma tradição que projeta, quase sempre para um futuro próximo, anseios revolucionários de derrocada final
do capitalismo, o que talvez explique que seus trabalhos inspirem muitos
movimentos de questionamento à chamada globalização.[11]

---

multilaterais etc.) desde o final do século XIX e não deixa dúvidas quanto às conclusões
que apresentamos neste capítulo.

11 No capítulo 2 será apresentada a força que têm tais teorias nos chamados movimentos
antiglobalização.

É possível, então, afirmar que hoje há uma continuidade do capitalismo mundial mas que, em decorrência da agudização de alguns de seus aspectos, colocam-se novas problemáticas a serem enfrentadas tanto do ponto de vista da teoria social, quanto do ponto de vista das ações políticas. As acomodações do capitalismo mundial, que surgiram com o Estado de bem-estar social (e o keynesianismo econômico), significaram um momento excepcional engendrado por circunstâncias de guerras mundiais, revoluções socialistas e avanços poderosos nas reivindicações e mobilizações dos trabalhadores. Hoje a globalização e o neoliberalismo trazem de volta à cena aspectos do capitalismo liberal anterior às grandes guerras mundiais do século xx, se bem que renovados e fortalecidos.

Wallerstein (2002) chega a afirmar que houve um "interlúdio comunista" entre os anos 1917 (a Revolução de Outubro) e 1991 (dissolução da URSS). Nesse interlúdio as lutas políticas e as dinâmicas econômicas (assim como a dinâmica militar) eram fortemente influenciadas pelo temor dos países dominantes do sistema-mundo moderno em relação ao "espectro do comunismo".[12] A derrocada do regime soviético na Rússia e Europa Oriental veio retirar de cena as causas – reais ou imaginárias – do temor, possibilitando às forças dominantes o abandono de práticas e institucionalidades que teriam servido para amortecer esse perigo.

Dessa forma, as permanências estão claras, mas ainda precisamos seguir perseguindo o que há de novo. Na primeira parte deste capítulo, pôde-se perceber pelo menos um indício importante da novidade, que diz respeito ao caráter ideológico que assume hoje a internacionalização do capitalismo. Se a materialidade das relações e movimentos internacionais do capital é muito parecida (mesmo que hoje renovada pelas experiências do "interlúdio" e aprofundada quantitativamente), é verdade também que apenas agora esta internacionalização é utilizada como elemento fundamental da retórica de dominação dessa materialidade, como veremos a seguir. Se por muito tempo o internacionalismo foi o território ideológico do pensamento contestatório e revolucionário – socialista ou anarquista – e o nacionalismo o terreno preferido da retórica conserva-

---

12 Retomando a clássica figura de Marx e Engels no *Manifesto* (Marx e Engels, 1998).

dora, hoje, ao contrário, a reivindicação do globalismo como terreno e dinâmica virtuosos por importantes forças e porta-vozes do pensamento conservador parece reverter o quadro geral das lutas intelectuais, políticas, culturais e ideológicas.

1.3.2 Cultura e ideologia da globalização

Paralelamente às transformações econômicas e políticas que se delineiam na contemporaneidade, um conjunto de práticas culturais e ideológicas novas também se instaura. Ainda mais nebulosos que os estudos sobre os aspectos econômico e político, os trabalhos que se propõem a analisar as mudanças culturais na chamada globalização são imprecisos e, embora baseados em fatos empíricos bastante verificáveis, carecem de conceitualização mais precisa.

Ortiz (2003) afirma que são poucos os antropólogos que têm se interessado pelo processo de mundialização. Segundo o autor, a herança intelectual das ciências sociais tende a ressaltar aspectos específicos de cada cultura e, metodologicamente, os estudos antropológicos foram sempre construídos de forma a entender o "outro". Assim, a categoria cultura dá conta da pluralidade dos modos de vida e de pensamento. Como então pensar uma realidade mundial a partir da problemática cultural?

A maior parte dos esforços teóricos tem sido feita no intuito de analisar a homogeneização cultural, quase sempre identificada com a difusão dos valores da cultura norte-americana para o resto mundo, e o consumismo, como prática cultural e ideológica. De toda forma, a maioria dos autores entende que esta cultura mundializada não implica no desaparecimento das outras manifestações culturais, mas sim, coexiste e, em grande medida, se alimenta delas, como será visto a seguir.

Muitos autores que estudam o caráter cultural da globalização se localizam dentro do debate sobre a modernidade e a pós-modernidade.

> [...] a quarta postura [sobre a globalização] (que considero mais interessante do que as outras três) postula um novo ou terceiro estágio multinacional do capitalismo, do qual a globalização é

uma característica intrínseca e que tendemos fortemente, gostemos ou não, a associar com esta coisa chamada pós-modernidade (Jameson, 2001, p. 11).

Dessa forma, a leitura dos aspectos culturais da globalização complementa as análises sobre as transformações econômicas e políticas que entendem o momento atual como de reafirmação e aprofundamento dos atributos do capitalismo enquanto sistema mundial.

Stuart Hall (2004), por exemplo, analisa as mudanças culturais na globalização como reiteração das mudanças incessantes que caracterizam a modernidade desde sempre. O autor afirma que as sociedades modernas são por definição, sociedades de mudança constante, rápida e permanente, diferenciando-se das sociedades tradicionais onde a permanência e a continuidade do passado estruturam as práticas sociais e culturais. O mundo pós-moderno seria, portanto, o ápice do processo de mudanças e a globalização estaria alterando, inclusive, as principais identidades culturais que se forjaram ao longo da modernidade.

Segundo Hall, na história moderna, as culturas nacionais dominaram e as identidades nacionais se sobrepuseram a outras fontes de identificação cultural. A transformação que a globalização acarreta seria exatamente na identidade nacional, vista enquanto identidade cultural mais importante da modernidade.

Surgem dessa problemática, então, duas situações opostas e complementares. De um lado, as identidades nacionais se desintegram, como resultado da homogeneização cultural e do pós-moderno global; de outro lado, as identidades nacionais e outras identidades locais estão sendo reforçadas pelas resistências à globalização. Como visto na primeira parte deste capítulo, estas duas características opostas não constituiriam um paradoxo, mas sim, uma característica da "dialética das identidades"[13] na modernidade e na sua continuidade pós-moderna.

[...] o que está sendo discutido é a tensão entre o "global" e o "local" na transformação das identidades. As identidades nacionais [...]

---

13 Segundo a análise de Hall, 2004.

representam vínculos a lugares, eventos, símbolos, histórias particulares. [...] Sempre houve uma tensão entre essas identificações e
identificações mais universalistas [...] (Hall, 2004. p. 76).

Para muitos autores a marca maior é, no entanto, a homogeneização cultural do mundo. Esta se dá principalmente em função do fenômeno que Harvey (1994) chamou de "compressão do espaço-tempo"
ao analisar o "encolhimento do mundo" provocado pelo desenvolvimento
dos sistemas de comunicação, transporte e informação.

> Uso a palavra "compressão" porque se pode argumentar fortemen-
> te que a história do capitalismo tem sido caracterizada pela acele-
> ração do ritmo da vida, ao mesmo tempo que por uma superação
> de barreiras espaciais de tal forma que o mundo às vezes parece
> estar implodindo sobre nós (Harvey, 1994, p. 240).

Alguns autores caracterizam o fenômeno da compressão do espaço-tempo como um fenômeno desigualmente distribuído e que espelha,
portanto, a desigualdade intrínseca à globalização. Na primeira parte desse capítulo foram rapidamente apresentadas as leituras de Bauman (1999)
e Santos (2000), que identificam o "encolhimento do mundo" como realidade percebida e experimentada vivencialmente apenas por indivíduos e
grupos sociais selecionados.

Ribeiro (2000), entretanto, coloca o debate em outros termos. Para
ele, a compressão do espaço-tempo, se encarada como um processo com
intensidades e desenvolvimentos desigualmente distribuídos, pode ser
entendida como algo ao qual indivíduos e grupos têm exposição diferentes, mas que tende à expansão.

> [...] um funcionário do Banco Mundial tem uma maior exposição
> a esse processo do que, por exemplo, um meeiro de uma fazenda
> relativamente isolada no Pará. Se, além de ser um processo, tam-
> bém está em evolução, pode-se acreditar que o "encolhimento" só
> tende a progredir (Ribeiro, 2000, p. 41).

DOS PROLETÁRIOS UNIDOS À GLOBALIZAÇÃO DA ESPERANÇA   69

Algumas análises a respeito da homogeneização cultural do mundo, contudo, estão profundamente marcadas pelas ideias de poder e dominação. Tais estudos negam a abordagem do aspecto cultural da globalização tanto como "fluxos não hierarquizados" de contatos culturais, quanto como simples "suporte cultural" da dominação política e econômica de uma nação (no caso, os Estados Unidos).

Ortiz (2003) afirma que uma certa tradição antropológica culturalista evita a ideia de conflito, resumindo o choque de civilizações ao que se convencionou chamar de "contato intercultural". A leitura da globalização que surge de tais linhas teóricas carece, portanto, de uma visão real dos mecanismos de dominação exercidos em escala global. "Quero reafirmar a importância do tema da dominação, sem o que cairíamos numa visão idílica na qual relações [culturais] mundializadas seriam apenas a expressão indiferenciada do movimento de globalização" (Ortiz, 2003, p. 97).

Na outra ponta, Jameson (2001) procura evitar a simplificação do entendimento a respeito da dominação cultural norte-americana no mundo contemporâneo. Ao contrário do que muitos afirmam, a difusão da cultura norte-americana para o mundo não seria o complemento ideológico de uma dominação econômica, mas a associação entre estas duas esferas – e sua retroalimentação – que caracterizaria o padrão de dominação em nível mundial que vem sendo chamado de globalização.

Retomando as análises da Escola de Frankfurt sobre a indústria cultural e os debates sobre a cultura de massa, o autor demonstra como a transformação do econômico em cultural e, conjuntamente, do cultural em econômico é um dos atributos fundamentais do atual estágio do capitalismo. Acrescenta, ainda, que essa dupla combinação não é aleatória, mas determinada pelos esquemas de dominação vigentes.

> É por isso que a insistência dos EUA em derrubar as barreiras das quotas de cinema em outros países não deve ser vista como uma excentricidade cultural norte-americana – como a violência ou as tortas de maçã – mas sim uma necessidade prática comercial: uma necessidade econômica formal independente do conteúdo cultural frívolo (Jameson, 2001, p. 18).

Jameson segue identificando os mecanismos por meio dos quais a cultura norte-americana, enquanto cultura específica, se transforma ideologicamente[14] num padrão cultural universal. Em sua análise, pelo do cinema hollywoodiano (e cada vez mais também pelas das grandes redes de televisão e sua programação) se realiza o aprendizado de uma cultura específica, de um cotidiano enquanto prática cultural: "uma prática cuja expressão estética são narrativas transformadas em mercadoria, de tal maneira que a população em questão apreende ambas ao mesmo tempo" (Jameson, 2001, p. 22).

Soma-se a esse mecanismo da cultura de entretenimento, a circulação de representantes de grandes corporações multinacionais e transnacionais – a maioria delas sediada nos Estados Unidos – que transmitem a forma-padrão da vida material norte-americana (mercadorias e marcas), junto com seus valores e formas culturais. Assim, uma vasta gama de práticas culturais se expande e adquire caráter mundial, com destaque para a ideologia-cultura do consumismo (Sklair, 1995).

O consumismo é, segundo Sklair, a combinação entre informação, entretenimento e a promoção de produtos. Essa combinação molda as necessidades e atrela bens a imagens, promovendo a associação entre valores e produtos. O resultado desses processos é um novo conceito de estilo de vida que altera os hábitos e práticas culturais vigentes para dar lugar mundialmente a algo semelhante ao estilo de vida norte-americano (Sklair, 1995, p. 93).

Assim, mais do que em qualquer esquema de dominação anterior, particularismos ligados a uma tradição histórica singular foram universalizados de forma que não são reconhecidos como tal. Potencializam-se pela poderosa combinação entre dominação econômica e dominação cultural, mas principalmente pela coesão interna que alcançaram.

> [...] há um tipo de cegueira no centro [...]. A cegueira norte-americana pode ser demonstrada, por exemplo, pela tendência que

---

14 O autor afirma que seu trabalho busca analisar o conceito de globalização ou, mais propriamente, sua estrutura ideológica "partindo da premissa de que a palavra ideologia não é pejorativa, e que um conceito pode ser ideológico e, ao mesmo tempo, correto e verdadeiro" (Jameson, 2001, p. 12).

temos em confundir o universal com o cultural, assim como em assumir que, em qualquer conflito geopolítico, todos os elementos e valores são até certo ponto iguais e equivalentes; em outras palavras, não são afetados pelas desproporções de poder (Jameson, 2001, p. 16).

[...] os americanos sempre ficam chocados quando estrangeiros insinuam que direitos humanos, valores feministas e mesmo a democracia parlamentar não devam ser necessariamente considerados universais, mas meras características culturais locais dos Estados Unidos que foram exportadas como práticas válidas para todos os povos do mundo (Jameson, 2001, p. 23).

Bourdieu e Wacquant (2005) afirmam que na luta pelo monopólio da produção da visão do mundo social que é universalmente reconhecida como universal, os Estados Unidos são excepcionais e atingem um lugar absolutamente proeminente.

Como resultado de uma inversão simbólica baseada na naturalização dos esquemas do pensamento neoliberal, cuja dominação foi imposta durante vinte anos pelo solapamento incansável executado pelos *think tanks* conservadores e seus aliados nos campos político e jornalístico, a reforma das relações sociais e práticas culturais nas sociedades avançadas conforme o padrão estadunidense [...] é hoje aceita resignadamente como o resultado inevitável da evolução das nações [...] (Bourdieu e Wacquant, 2005, p. 212).

Porto-Gonçalves (2006) afirma que a força da globalização não pode ser separada da força da "imagem" da globalização. Segundo o autor, diferentes visões – desde o iluminismo burguês, passando pelo marxismo, o anarquismo, até as recentes correntes ecologistas – construíram progressivamente o fascínio da ideia de globalização como superação de fronteiras e barreiras locais e nacionais. Os últimos trinta anos são a consagração dessa imagem, quando à imagem soma-se a imposição de um mesmo discurso em escala planetária. Esse discurso fundamenta e é fundamentado pelo estabelecimento de um verdadeiro "oligopólio mundial das fontes de comunicação".[15]

A imagem do mundo globalizado dá, portanto, substrato ideológico à dominação política e econômica do capitalismo mundial na sua atual fase. Esse substrato ideológico não é um apêndice cultural ou simbólico de uma materialidade, mas é, ele próprio, uma das principais diferenças dessa fase em relação aos formatos anteriores do sistema.

Como visto anteriormente, para vários autores a globalização é um "mito" e como todo mito se apoia em um substrato de realidade. Segundo Batista Jr. (1998, 2002) e Hirst e Thompson (1998), o grau de internacionalização econômica observado nas últimas décadas tem precedentes históricos, sendo comparável, e em alguns aspectos até inferior, ao observado no período anterior à Primeira Guerra. Citando documento do FMI, Batista Jr. afirma que "a liberalização dos fluxos comerciais e financeiros resultou gradualmente em um nível de integração semelhante em alguns aspectos ao que era conhecido no início do século".[16]

A possibilidade de construção do mito decorre do fato de que a integração alcançada nas últimas décadas é significativa quando comparada ao baixo grau de abertura das economias logo após a Segunda Guerra. Na comparação comumente realizada – que não observa a história por mais de 40 ou 50 anos – há, portanto, um processo de internacionalização econômica.

Mais importante, contudo, do que as mudanças de grau que permitem a construção do mito (progresso técnico nas áreas de comunicação e transporte, aumento de tendências econômicas em nível internacional verificadas desde o final do século XIX etc.) são suas consequências. Um dos efeitos práticos do mito da globalização é impor constrangimentos às iniciativas nacionais ou locais, na medida em que estas seriam sempre ineficazes frente às forças econômicas globais.

---

15 "[...] aquele mundo que o Maio de 1968 também quisera sem fronteiras verá surgir, em julho de 1969, a sua própria contraimagem, com a afirmação de mais um mundo a ser colonizado, conquistado [...]. Na Lua finca-se uma bandeira e não é a bandeira do mundo – é a bandeira dos EUA!" (Porto-Gonçalves, 2006, p. 14).

16 IMF, World Economic Outlook: globalization, opportunities and challenges, Washington DC, maio. 1997, p. 4. Citado em Batista JR., 2002, p. 40.

Para Bourdieu e Wacquant (2005) a noção de globalização tem a função de envolver os efeitos do imperialismo econômico num ecumenismo cultural ou fatalismo econômico e de apresentar as relações transnacionais de poder como necessidade neutra. A utilização contemporânea da palavra globalização teria, assim, um sentido normativo, capaz de enquadrar as diferentes sociedades e culturas numa única política econômica.

Segundo os autores, esse processo de unificação econômico-ideológica, baseado nas particularidades históricas de uma tradição social particular, a da sociedade norte-americana, se encontra instituído como projeto político de liberação universal, quase como fim de uma evolução natural.

> A palavra globalização é [...] um pseudoconceito ao mesmo tempo descritivo e prescritivo [...]. Essa palavra (e o modelo que exprime) encarna a forma mais acabada do imperialismo do universal, a que consiste, para uma sociedade, em universalizar sua própria particularidade ao instituí-la tacitamente como modelo universal (Bourdieu, 2001, p. 102-103).

Por isso, a ideia de globalização, isto é, esta ideologia de um caminho comum a qual nenhuma sociedade poderia escapar, caracteriza como nenhuma outra o momento atual do capitalismo mundial. Este momento de agudização das tendências internacionalizantes do capitalismo, sob hegemonia de uma nação, os Estados Unidos, assume uma dimensão ideológico-cultural específica que a difere, portanto, dos momentos anteriores.

****

Que balanço pode-se fazer dessas distintas visões sobre a globalização, seus efeitos e resultados? Neste capítulo não se pretendeu mapear ou seguir exaustivamente os enfoques sobre a globalização, mas, sobretudo, construir um referencial teórico-metodológico para interpretar suas transformações e dimensioná-las. O conjunto das interpretações se apresenta inicialmente como uma gigantesca Babel: sociedade global, sistema mundial, imperialismo estadunidense, hegemonia compartilhada, crise de hegemonia, fim da soberania nacional, desconexão, capitalismo organizado, socialismo, financeirização, produção mundial, ruptura, mudança de grau... Expressões que designam diferenças importantes na avaliação dos conteúdos da globalização, de seus efeitos ou das respostas a ela.

A ampla diversidade de interpretações, contudo, parece confirmar a sugestão de Arrighi e Silver (1999) de que estaríamos vivendo um período de crise e transição. Eles nos chamam a atenção para a imensa diversidade de enfoques sobre um mesmo fenômeno como um elemento indicativo da própria realidade histórica em que vivemos. Veem nisso um sinal de transição, onde a inflexão para o caos predomina num sistema ainda hegemônico, antes que as forças sociais emergentes consigam suficiente acumulação para superar a inflexão negativa por outra positiva. A crise dos paradigmas científicos é uma expressão ideológica da crise que alcança, como veremos a seguir, dimensões muito mais extensas a partir das respostas socialmente organizadas.

2. ARTICULAÇÕES INTERNACIONAIS NA CONTEMPORANEIDADE

2.1 GLOBALIZAÇÃO "DESDE BAIXO"

Juntamente com o debate sobre o processo de globalização frequentemente encontramos uma discussão a respeito da construção de uma sociedade civil global, ou transnacional, ou internacional. Em geral, este enfoque está calcado na premissa de que se Estado e capital assumem papéis diferenciados em virtude da globalização também as organizações da sociedade o estão assumindo. Complementando a ideia de sociedade civil global, muitas vezes aparecem noções com a de cidadania global e a de um sistema político global.

> Acreditamos que existem, no entanto, evidências suficientes de mudanças nas relações entre atores, instituições, normas e ideias para fazer do sistema político mundial, mais do que uma sociedade internacional de estados, o nível apropriado de análise (Keck e Sikkink, 1996, p. 212).

Inicialmente faz-se necessária uma rápida apresentação da perspectiva mais comum sobre esta problemática. É comum entre teóricos, militantes e formuladores políticos a ideia de que a partir dos anos 1960, e principalmente após os anos 1980, vem ocorrendo um processo de construção de uma sociedade civil global. Esse processo é identificado como resultado de dois fatores que se complementam.

O primeiro deles diz respeito ao enfraquecimento dos Estados como espaços de decisão política e a transferência desse poder para organismos inter-governamentais como as instituições de Bretton Woods e a Organização das Nações Unidas (ONU). Nesta perspectiva, a sociedade estaria sendo impelida a se organizar de forma desterritorializada para democratizar as instâncias inter-estatais e influenciar nos rumos da política mundial.

> Quando o Estado-Nação se debilita, devido ao alcance e à intensidade do processo de globalização das sociedades nacionais, emerge outra realidade, uma sociedade global, com suas relações, processos e estruturas (Ianni, 1996, p. 34).

O segundo fator diz respeito aos elementos que balizam a construção dessa sociedade civil global. Segundo essa perspectiva, uma sociedade civil global deve ser entendida juntamente com a noção de uma cidadania planetária que aciona valores universais a partir de uma crescente consciência de problemas marcadamente globais, pois dizem respeito ao "patrimônio comum da humanidade". Estes problemas são em geral relacionados aos direitos humanos e à questão ambiental.

> As redes da sociedade civil transnacional são frequentemente bastante eficientes para descrever a si mesmas como provedoras do bem. As coalizões alegam representar os mais duradouros interesses coletivos da humanidade. [...] alegam estar trabalhando para o interesse público global (Florini, 2000, p. 231).

Em suma, as teses sobre o enfraquecimento do Estado e sobre a transferência de seu poder para instâncias supranacionais e muitas vezes também subnacionais, faz com que surja uma sociedade civil global que, baseando suas ações em valores universais, enfrenta os problemas comuns a toda a humanidade, propondo soluções e influenciando as decisões dos organismos detentores do poder político e econômico global.

DOS PROLETÁRIOS UNIDOS À GLOBALIZAÇÃO DA ESPERANÇA   77

É relevante notar que essa perspectiva aparece em muitos casos como um projeto, pois na grande maioria das vezes é ressaltado o caráter ainda embrionário da sociedade global em função das dificuldades culturais, políticas e econômicas para a implementação de uma verdadeira cidadania global. Seria uma realidade ainda em construção.

Esse conjunto de análises – que compreendem autores de diferentes áreas das ciências sociais (sociologia, ciência política, relações internacionais, comunicação) com marcante predominância de autores dos países centrais e, dentre estes, os Estados Unidos e Reino Unido – parte da premissa anteriormente discutida de que há em curso um processo inexorável que atinge a todos igualmente e, assim, não comparece uma leitura sobre as formas de dominação.

Outros autores, como visto no debate sobre a globalização, caracterizam diferentemente o processo. Para estes, a ideia de patrimônio comum da humanidade, por exemplo, não pode ser entendida como um dado objetivo, mas como uma construção retórica. Na verdade, o universalismo retórico esconde e justifica a difusão de valores e verdades produzidas nos e a partir dos países centrais, entre as quais a própria verdade da existência de uma sociedade civil global. Assim,

> [...] os ativistas das redes do Norte tendem a se acomodar num processo de globalização que parece conferir-lhes, com a crescente erosão dos estados nacionais periféricos, papel crescente na determinação do que é bom e desejável para os povos do Sul (Vainer, 2001a, p. 7).

No mesmo sentido, Bourdieu e Wacquant advertem que o imperialismo cultural opera uma "violência simbólica que se apoia numa relação de comunicação coercitiva para extorquir a submissão". E acrescentam que o que especifica essa nova forma de violência "consiste em universalizar particularismos vinculados a uma experiência histórica singular, fazendo com que sejam desconhecidos como tais, e sejam reconhecidos como universais" (Bourdieu e Wacquant, 2000, p.8).

Mais uma vez encontramos a discordância teórica sobre o processo de globalização enquanto processo inexorável de concretização de uma realidade histórica, por um lado, e enquanto elemento justificador da dominação vigente no mundo, por outro. Embora não se possam anular as dinâmicas de dominação, também não se pode deixar totalmente de lado a compreensão de que há uma alteração real nas relações sociais vigentes.

Dessa forma, é preciso analisar que além de um novo desenho das formas de dominação do capital, a globalização também traz um novo desenho do "outro" do capital. Paralelamente à internacionalização do capital, compreendida como internacionalização do processo produtivo e das formas de dominação, ocorre a internacionalização das classes sociais em suas relações, reciprocidades e antagonismos. Mundializa-se o capital e mundializam-se as forças produtivas e as relações de produção.

> Esse é o contexto em que se dá a mundialização das classes sociais compreendendo suas diversidades internas, suas distribuições pelos mais diversos e distantes lugares, suas múltiplas e distintas características culturais étnicas, raciais, linguísticas, religiosas, e outras. Nesse sentido é que as classes sociais, por seus movimentos sociais, partidos políticos e correntes de opinião podem transbordar as nações e regiões, manifestando-se em âmbito cada vez mais amplo. O que já é verdade para grupos e classes dominantes, que se comunicam e articulam cada vez mais em escala mundial, pode tornar-se também realidade para os grupos e classes subalternas (Ianni, 1996, p. 39).

Segundo muitos autores, um dos principais espaços públicos internacionais de articulação e manifestação são os encontros e conferências temáticas da ONU. Anand (1999) traz dados que indicariam um expressivo crescimento na década de 1990 de tais encontros. Desde sua fundação até o começo da década de 1990 a ONU havia organizado 11 conferências globais temáticas. Durante a década de 1990 foram 12 eventos.

Para alguns autores essas conferências ter-se-iam tornado decisivas na articulação internacional dos "de baixo", pois as ONGs (em geral do Norte) estariam participando da formulação de suas pautas e agendas e influenciando decisivamente esses espaços.

[...] existem fortes indicações de que as ONGs tendem a desempenhar um papel crescente nas negociações internacionais, como catalisadoras de mudanças destinadas a incorporar a sociedade civil no processo de tomada de decisões, e como instrumento de uma emergente cidadania planetária enraizada em valores humanos universais. As organizações não governamentais que atuam no plano internacional poderão, assim, contribuir para a constituição de um nova institucionalidade política consubstanciada numa esfera pública transnacional (Vieira, 1998, p. 120).

Para os críticos, esse lugar atribuído às ONGs tem um aspecto verdadeiro no sentido que elas seriam, de fato, detentoras de conhecimentos e recursos que lhes permitiriam participar de maneira relevante do jogo internacional.[1] A diferença, porém, é que, nessas análises, o lugar preponderante não permite que as ONGs constituam um contraponto às forças do mercado e políticas globais, mas acabem voluntária ou involuntariamente, consciente ou inconscientemente, a fazer parte desse movimento e a legitimá-lo.

Drainville (1998), por exemplo, identifica as campanhas e programas internacionais das Bingos (Big International Non Governmental Organizations), como Greenpeace e Anistia Internacional, como um processo de produção de uma "fantasmagoria" sobre o seu próprio papel, que acabaria por lhes conferir poder excessivo, desproporcional a suas bases sociais reais. Assim, sua fonte de poder viria menos de sua origem e base social que de seu engajamento no sistema global, e do fato de ocupar um lugar que lhes é atribuído por esse mesmo sistema. Nesse sentido, Drainville apresenta as ONGS no mesmo espectro dos organismos de decisão política e econômica globais, chamando a todos

---

1 O sossiê "As Nações Unidas, as ONG e a Governabilidade Global" do Serviço de Ligação Não Governamental das Nações Unidas constata: "as ONGs deixaram de ser marginais e chegaram à maturidade. Seus recursos financeiros para desenvolvimento ultrapassam os da ONU. As ONGs contribuem para fixar agendas das Nações Unidas, influenciar suas decisões e mobilizar a opinião pública. A agenda de desenvolvimento humana elaborada durante as conferências da ONU representa, em grande medida, a agenda das ONGS". Citado em Vieira, 1998. No Brasil, o movimento financeiro das ONGS é estimado em 700 milhões de dólares por ano, segundo Gohn, 1997.

de "governança global", na medida em que compartilham a esfera da *problem-solving*. "Este primeiro tipo de movimento cresceu ao lado da governança global, e oferece um cosmopolitanismo desde baixo que, como veremos, complementa ao invés de desafiar o cosmopolitanismo liberal". (Drainville, 1998, p. 50)

Na perspectiva do autor, contudo, esse não é o único tipo de movimento transnacional na atualidade. Paralelo ao movimento elaborado e executado pelas ongs que lutam por uma "ordem mundial melhor" a partir da "solução de problemas", há um outro movimento que vem tomando forma a partir da articulação de uma variedade grande de movimentos sociais os quais têm sido cada vez mais tocados diretamente pela nova estruturação internacional da economia. O que os une é o fato de compartilharem a mesma experiência histórica e social.

> Visto que é organizado desde baixo, com pouca coerência estratégica e programática, esse relutante movimento transnacional não é, de fato, nem explicitamente internacionalista, nem um movimento no senso estrito. Está mais perto de uma plebe transnacional em revolta contra as injustiças da nova ordem do que do internacionalismo dos cidadãos do mundo que frequentam os encontros da onu (Drainville, 1998, p. 51).

A globalização "desde baixo"[2] é, assim, analisada de diferentes formas. Algumas análises identificam a formação de uma sociedade civil global formada fundamentalmente por ongs internacionais (isto é, com sede nos países do Norte e atuação em várias regiões do mundo) que articulam diferentes tipos de organizações sociais em campanhas pelos interesses comuns, tais como direitos humanos e a sobrevivência ecológica do planeta. A arena de atuação dessa sociedade civil são as conferências da onu ou as

---

2 A expressão "globalização desde baixo" aparece em diferentes textos sobre o tema, mas a sua consagração se deu com a publicação de: Brecher, Costello e Smith, *Globalization from below*: the power of solidarity. Cambridge, ma: Sound End Press, 2002. Esse livro se propõe a analisar experiências que aqui estão sendo consideradas como um segundo tipo de articulação internacional no mundo contemporâneo, embora não avance muito na discussão de experiências concretas.

consultas públicas do Banco Mundial. Dessa forma, como contraponto da nova governança global que substitui o Estado nacional estar-se-ia consolidando uma sociedade civil internacional. Para outros autores, a globalização não é o enfraquecimento dos Estados nacionais e sim o fortalecimento do poder de dominação do capital por meio de diferentes mecanismos (como as próprias instituições multilaterais) e, mesmo, do fortalecimento de alguns países. Nessa caracterização não haveria o surgimento de uma sociedade civil, mas a emergência de um movimento de resistência às novas formas de exploração e dominação. São as experiências dos movimentos antiglobalização, os Foros Sociais Mundiais, as redes de protesto nos encontros da Organização Mundial do Comércio (OMC). Dessas articulações participam ONGS de todas as partes do mundo, bem como movimentos populares dos mais diferentes tipos, sindicatos, associações.

2.2 SOCIEDADE CIVIL GLOBAL

Nas últimas décadas, houve um deslocamento do foco de análise das ciências sociais. Progressivamente a sociedade nacional passou a ser substituída por relações em nível internacional. Como visto no capítulo anterior, contudo, as teorias são divergentes e servem também como indicativo do momento de crise e transformação que parece se delinear.

> As teorias e quadros analíticos desenvolvidos pelas ciências sociais tiveram como unidade de referência as sociedades nacionais. Não admira, pois, que a intensificação das interações transnacionais e a consequente problematização das dicotomias em que assentava a teorização [...] tenham, por um lado, permanecido relativamente subteorizadas e tenham, por outro, submetido as teorias disponíveis a um questionamento crescentemente insistente. Por esse duplo processo, entramos num período de grande incerteza teórica, caracterizado pela subteorização dos fenômenos emergentes e pela obsolescência de teorias existentes. É este o período em que nos encontramos (Santos, 2005, p. 14).

82   FLÁVIA BRAGA VIEIRA

A literatura acerca da chamada sociedade civil global ou transnacional trabalha justamente na perspectiva de teorizar esse novo momento. Suas referências teóricas, contudo, são bastante variadas. Muitos
trabalhos têm como referência o campo acadêmico das relações internacionais, mas, principalmente, dialogam com as correntes das teorias
sobre a ação coletiva que se desenvolveram nos Estados Unidos ao longo
do século xx.

> [duas referências principais]: a literatura sobre transnacio-
> nalismo, regimes e normas nas relações internacionais, que é
> subcampo da ciência política; e a literatura sobre movimentos so-
> ciais na sociologia e na ciência política. [...] A literatura sobre mo-
> vimentos sociais desenvolveu proposições teóricas sobre quando os
> movimentos emergem, que formas assumem, os papéis que desem-
> penham na vida social, os tipos de impacto que têm, e (em menor
> grau) as condições nas quais podem ser eficazes. Porque esta litera-
> tura sempre esteve focada diretamente em atores não estatais, sua
> emergente síntese de conceitos e proposições teóricas provê fontes
> ricas de *insights* para o estudo das relações internacionais e da ação
> coletiva internacional (Khagram et alli, 2002, p.5).

Boa parte das análises contemporâneas transpõe para as articulações internacionais conceitos e categorias que foram desenvolvidos pela
ciência social norte-americana a respeito das diversas formas de ação
coletiva, e especialmente sobre os movimentos sociais. Não é objeto do
presente trabalho um estudo aprofundado sobre estas teorias, mas faz-se
necessária uma breve revisão para compreender as bases conceituais do
que vem sendo pensado como sociedade civil global e que na sequência
será analisado.

2.2.1 Teorias da ação coletiva

As teorias sobre ação coletiva nas ciências sociais norte-americanas
estão associadas à raiz da própria sociologia nesse país. Seu principal objetivo é a compreensão dos comportamentos coletivos. Segundo Gohn

(2004)[3] essas teorias, nas suas diferentes versões, desenvolveram explicações centradas nas estruturas dos sistemas sociopolítico e econômico e suas categorias básicas são: sistema, organização, ação coletiva, integração social etc. Derivando destas algumas noções analíticas tais como, escolhas racionais, mobilização de recursos, institucionalização de conflitos, ciclos de protestos, oportunidades políticas etc.

Os autores clássicos analisavam as ações coletivas, e mais especificamente os movimentos sociais, em termos de ciclos evolutivos em que o surgimento, crescimento e propagação ocorriam por intermédio de um processo de comunicação que incluía contatos, reações circulares e difusão das ideias. As mudanças decorrentes do avanço da sociedade industrial geravam insatisfações que irrompiam em reivindicações. Dessa forma, os comportamentos coletivos eram considerados como fruto de tensões sociais.

A maioria das visões clássicas continha um forte componente psicossocial e a ideia de anomia estava muito presente. Assim, os movimentos sociais eram fruto das frustrações e medos em relação à mudança e se caracterizavam como resposta coletiva às tensões da sociedade. O sistema tendia, no entanto, a um equilíbrio e à volta ao consenso na medida em que as reivindicações fossem incorporadas.

Essas teorias foram formuladas entre os anos 1940 e 1960. Alguns dos principais nomes das ciências sociais norte-americanas estão a elas associados como a Escola de Chicago (em especial Herbert Blumer), Eric Fromm, Rudolf Heberle, Erving Goffman, entre outros. A Escola de Chicago, especialmente, tem importante contribuição no desenvolvimento das teorias recentes sobre as ações coletivas globais, pois buscava os motivos da mudança social na criatividade e no individualismo. A ação coletiva surge assim das insatisfações individuais, após serem articuladas por processos comunicativos e de interação.

Nos anos 1960 as mudanças ocorridas na sociedade norte-americana propiciaram o desenvolvimento de uma nova corrente analítica que foi chamada de teoria da Mobilização de Recursos. Essas análises se ini-

---

3 Seguiremos a classificação de Gohn (2004) na revisão acerca das teorias norte--americanas da ação coletiva.

ciam com uma crítica à ênfase das teorias clássicas nos sentimentos dos grupos e à abordagem psicossocial centrada nas condições de privação do indivíduo. Os movimentos que surgiram nos anos 1960 nos Estados Unidos (direitos civis, contra a guerra do Vietnã, feminismo) não podiam ser explicados por estas perspectivas dos clássicos.

> [...] a Mobilização de Recursos emergiu de um esforço para analisar os movimentos sociais dos anos 60 e, como consequência, reflete suas condições de emergência, dinâmica e desenvolvimento, estrutura de organização etc., em contraste com as abordagens clássicas que procuravam explicar os movimentos de massa dos anos 20 e 30, os quais eram totalmente diferentes dos tipos de movimento dos anos 60 (Mayer, 1995, p. 182).

A teoria da Mobilização de Recursos entende os movimentos sociais como grupos de interesses e analisa-os como organizações. As ações coletivas mobilizam recursos humanos, financeiros, de comunicação e infraestrutura e os movimentos sociais surgem quando os recursos se tornam viáveis. "A ênfase toda é colocada numa visão exclusivamente economicista, baseada na lógica racional de interação entre os indivíduos, que buscam atingir metas e objetivos, e em estratégias que avaliam os custos e benefícios das ações" (Gohn, 2004, p. 51).

Dessa forma, os movimentos que alcançam mais sucesso são aqueles que melhor utilizam os recursos disponíveis. As estratégias de mobilização são planejadas e incluem tanto os recursos da base (demandatária) do movimento (*constituency*) como dos simpatizantes da causa que se envolvem (ação de *advocacy*). Recursos de comunicação como correio, mala direta, eventos, além da utilização de infraestruturas de apoio como escolas, igrejas, sindicatos e associações são instrumentos básicos para a mobilização, sempre inserida na lógica de custo-benefício e, portanto, da avaliação de eficácia.

> Criticando explicações anteriores sobre os movimentos sociais, que focavam nas crises societais, a teoria propôs que os recursos fazem a diferença para a mobilização e seu sucesso. Atores coletivos, juntamente com seus aliados e grupos-alvo, diferem em

DOS PROLETÁRIOS UNIDOS À GLOBALIZAÇÃO DA ESPERANÇA   85

termos dos recursos que comandam, sua capacidade de viabilizar recursos, e habilidade de usar os recursos de forma eficaz (Klandermans e Staggenborg, 2002, p. 10).

Muitas são as correntes da teoria da Mobilização de Recursos, mas um dos autores que mais se destacou, constituindo principal referência para a análise das ações coletivas e dos movimentos sociais é Charles Tilly. Seus trabalhos dos anos 1970 e 1980 (Tilly, 1978) estão inseridos no debate da Mobilização de Recursos, embora no final dos anos 1990 (Tilly, 1998; McAdam, Tarrow e Tilly, 2001) o autor tenha revisto essas análises e introduzido novos conteúdos.

Tilly foi responsável por acrescentar à teoria da Mobilização de Recursos uma perspectiva histórica. Uma de suas principais questões era tentar perceber como as mudanças estruturais na sociedade afetavam os modelos vigentes de ação coletiva. Além disso, demonstrou como o repertório das ações coletivas desenvolvidas historicamente tem relação com as novas formas que emergem. Assim, Tilly busca numa pesquisa histórica de longa duração (desde o século XVIII) os diferentes repertórios de ação coletiva.

> Repertórios preexistentes foram vistos como os recursos centrais para os movimentos sociais [...]. [...] Tilly enfatizou a importância dos vínculos e ligações sociais históricos assim como a necessidade de entender as formas pelas quais processos de larga-escala como a proletarização, urbanização e a formação do estado afetaram as identidades e interesses dos diferentes grupos (Hanagan, 1998, p. 10-11).

Esses repertórios são, no entanto, visto como recursos a serem mobilizados pelos atores coletivos e não como processos de aprendizagem das massas mobilizadas. Para ele, as ações coletivas são ocasiões nas quais um conjunto de pessoas aplica recursos, incluindo seus próprios esforços, para fins comuns. Inclui, portanto, tanto lutas históricas violentas, como negociações institucionalizadas, protestos e rebeliões, petições, marchas, manifestações coletivas etc. (Tilly, 1978).

A partir dos trabalhos de Tilly, desenvolveu-se um terceiro grupo de análises sobre as ações coletivas e os movimentos sociais nas ciências

86 FLÁVIA BRAGA VIEIRA

sociais norte-americanas. A nova abordagem buscava superar o enfoque econômico da Mobilização de Recursos enfatizando oportunidades políticas, o grau de organização dos grupos e interpretando os discursos dos atores dos movimentos.

Gohn (2004) classifica essa nova abordagem como a teoria da Mobilização Política, pois além dos recursos econômicos e comunitários – largamente estudados na abordagem instrumental-racionalista da Mobilização de Recursos –, também se passou a analisar o contexto político na formação das ações coletivas. Há nessa perspectiva uma retomada do exame dos descontentamentos, dos ressentimentos e das carências sociais, tal como havia sido feito nas teorias clássicas sobre a ação coletiva.

A teoria da Mobilização Política reintroduziu, dessa forma, a psicologia social como instrumento para compreensão dos comportamentos coletivos. Um dos pressupostos da Escola de Chicago, o interacionismo, ressurgiu na recuperação dos trabalhos de Goffman. Em especial, a nova abordagem partia da ideia de que as condições estruturais eram necessárias, mas não suficientes para explicar a ação coletiva. Assim, tanto o contexto político quanto as motivações advindas das interações entre indivíduos, passaram a completar o quadro analítico, ao lado dos recursos econômicos e comunitários.

> Em contraste com as teorias da mobilização de recursos dos anos 1960 e 1970, a nossa reconstrução de uma variedade de episódios na história da política contenciosa reafirma tanto as dimensões estruturais como retóricas do drama da interação política. [...] Transformações dramáticas nas oportunidades políticas abrem novas possibilidades para mudanças na ordem política e são necessariamente momentos de crise de identidade e redefinição coletiva. [...] A característica histórica específica da crise política cria novas oportunidades apenas para aqueles que conseguem se mobilizar de forma eficaz para a ação contenciosa (Hanagan, 1998, p. 24).

Sem que fosse abandonada, a questão da lógica na racionalidade das ações coletivas foi inserida num campo de disputas com variáveis mais amplas, entendendo-se que a objetividade das ações contém a subjetividade dos indivíduos. Além disso, o olhar sobre as ações coletivas como organizações (inspirada nos estudos sobre organizações econômicas) é substituído por uma abordagem sobre redes de articulações que criam as estruturas de oportunidades políticas.

Algumas correntes da teoria da Mobilização Política enfatizam também a construção de significados sociais, por meio de um processo que compreende inicialmente o discurso público de um determinado conteúdo, a comunicação sobre o mesmo durante mobilizações e, por fim, a concretização de um significado coletivo. Para tanto, os elementos comunicativos são fundamentais e os significados sociais são criados não por indivíduos isolados, mas através da comunicação e cooperação em rotinas cotidianas: encontros em congressos, conversas informais, comunicações por meios como correio, fax e internet, acesso à mídia etc (Kladermans e Goslinga, 1996).

Uma outra noção fundamental para a teoria da Mobilização Política é o conceito de *frame*. Segundo Gohn, *frames* são "marcos referenciais significativos e estratégicos da ação coletiva" (Gohn, 2004, p. 87). É a partir do estudo dos *frames* que os autores dessa corrente buscam identificar as estratégias comunicativas pelas quais os ativistas de uma organização ou movimento social vinculam seus esquemas interpretativos aos significados sociais mais amplos.

Os *frames* de um movimento social podem ser reconhecidos em seus discursos nos espaços públicos, nas entrevistas divulgadas pela mídia em geral, na mobilização do movimento, em seus documentos programáticos, nas atas de reuniões, congressos, encontros, em panfletos e outros materiais de divulgação. Os *frames* também geram oportunidades políticas e dão continuidade às lutas de diversos grupos, na medida em que são cultural e historicamente construídos.

> [...] grupos usam informações da mídia e da imprensa para desenvolver suas próprias orientações políticas ou *"frames"*, os quais são geralmente bastante diferentes daqueles encontrados nas fontes jornalísticas. [...] *framing* pode ser visto como um fator na construção de oportunidades políticas assim como uma resposta às transformações nas oportunidades políticas (Hanagan, 1998, p. 16).

A ideia de *frames* dialoga com o conceito de repertório de ações coletivas de Tilly. Enquanto os repertórios de ações coletivas são constituídos pelo diálogo histórico entre movimentos diferentes, os *frames* são os significados sociais de um único grupo. Assim, o estudo dos *frames* pode oferecer uma visão mais profunda das motivações das ações coletivas de um determinado grupo, enquanto o estudo dos repertórios ilumina a questão da formação de grupos de protesto, bem como de seus resultados na estrutura social.

Sidney Tarrow (1998a, 1998b), importante autor da teoria da Mobilização Política, acrescenta um outro conceito importante a esta abordagem: os ciclos de protesto. Nessa ideia retoma tanto a noção histórica de Tilly, quanto a avaliação de eficácia da teoria da Mobilização de Recursos em suas primeiras leituras.

> Por "ciclo de protesto", entendo uma fase de conflitos intensificados nos sistemas sociais: rápida difusão da ação coletiva dos setores mais mobilizados para os menos mobilizados; inovações nas formas de disputa; criação de novos ou transformados *frames* da ação coletiva; combinação de participação organizada e desorganizada; sequências de fluxos intensificados de informação e interação entre os desafiadores e as autoridades. A disputa generalizada produz externalidades que dão aos desafiadores, pelo menos temporariamente, uma vantagem que permite que eles superem as fraquezas de sua base de recursos (Tarrow, 1998a, p. 142).

Tarrow (1998a) produz, então, uma síntese da teoria da Mobilização Política. Para ele, movimentos são criados quando oportunidades políticas abrem-se para atores sociais carentes de recursos, nos ciclos de protesto. As ações coletivas são construídas por meio de repertórios conhecidos, de disputas e pela criação de inovações nestes. Utilizam-se de significados sociais (*frames*) reconhecidos pela coletividade que estruturam redes sociais.

O poder das ações coletivas deriva, assim, de um misto de recursos externos e internos: tanto de elementos que unifiquem sua base (*constituency*), quanto das redes sociais de apoio (ação de *advocacy*), além de, na sociedade moderna, dependerem também da mídia para se comunicar e renovar seu repertório.

Como será desenvolvido a seguir, as análises sobre a ação coletiva em escala global são fortemente influenciadas por essas teorias norte-americanas e muitos de seus elementos analíticos são transposições para as mobilizações e redes transnacionais dos esquemas que foram construídos para as ações coletivas em nível local ou nacional.

2.2.2 Ação coletiva global

A produção acadêmica sobre as recentes articulações internacionais é vasta e um tanto prolixa. Não raro encontram-se num mesmo texto diferentes termos para tratar da emergência dos contatos internacionais entre organizações da sociedade civil. Algumas vezes a noção utilizada é a de redes transnacionais, outras vezes o termo é sociedade civil global (ou transnacional), coalizão internacional ou campanha global etc.

> Pesquisas acadêmicas recentes apontam para o crescimento da atividade de atores não estatais operando através das fronteiras nacionais. Não há acordo sobre o que isso significa ou mesmo sobre como deve ser classificado. [...] Cada termo refere-se a um tema diferente de estudo com uma abordagem mais ampla ou mais reduzida em resposta a questões de pesquisa específicas. Eles revelam diferenças na centralidade do Estado para cada investigação, bem como perspectivas sobre métodos para pesquisar o fenômeno (O'Brien et alli, 2004, p. 12).

De forma geral, essas práticas e fenômenos são entendidos como uma "terceira força" (Florini, 2000), atuando em nível internacional, para além dos governos e das organizações do mercado. Há um acordo de que essas articulações compreendem ONGS de vários países e, muitas vezes, também movimentos sociais de caráter mais popular. As ONGS com sede nos países do norte são frequentemente caracterizadas como ONGS internacionais e podem ser elas próprias definidas como rede transnacional ou como parte de uma articulação.

Embora alguns autores utilizem o termo global referindo-se a essas ações, muitos ressalvam que o termo global deveria se referir especificamente a relações que envolvessem o mundo como um todo, situação que ainda não teria se configurado. Para esses autores o que há são relações que ultrapassam fronteiras nacionais, mas que frequentemente deixam de fora partes substantivas do planeta como, por exemplo, o Oriente Médio ou a África Subsaariana. Em geral, utilizam o termo transnacional em substituição a global.

> São transnacionais, isto é, envolvem relações através das fronteiras nacionais [...] e tomam formas variadas. Às vezes é a forma de uma única Ingo com membros ou seções em diferentes países, como no caso da Transparência Internacional. Em outros casos, a sociedade civil transnacional consiste em coalizões *bordercrossing* mais informais de organizações e associações, como a Campanha Internacional pelo Banimento das Minas Terrestres (Florini, 2000, p. 7-8).

> Tais redes transnacionais são abundantes, mas existem poucos cidadãos globais para constituir uma "sociedade civil global" no sentido mais profundo do termo. Cidadãos de diferentes países estão certamente debatendo os temas globais, mas os direitos e responsabilidades da cidadania em nível global são mal definidos, especialmente na ausência de uma cultura ou de um Estado globais. No entanto, o espaço da sociedade civil nas relações internacionais cresceu dramaticamente desde o fim da guerra fria (Edwards e Gaventa, 2001, p. 2).

Boa parte dos autores que debatem nesse campo tem uma dupla inserção: de um lado, são acadêmicos voltados para a pesquisa e o debate acerca da ação coletiva em nível internacional; de outro lado, são ativistas das próprias redes transnacionais objeto de suas análises. Não surpreende que, nessas condições, muitas das questões levantadas por seus trabalhos (em especial nos abundantes e descritivos estudos de caso) tenham relação direta com alguns desafios colocados para a prática militante e dificilmente possam ser consideradas como questões teóricas, conceituais ou, de alguma maneira, elaboradas segundo os cânones vigentes nas ciências sociais. Há uma larga, predominante, preocupação com a eficácia da ação desenvolvida

DOS PROLETÁRIOS UNIDOS À GLOBALIZAÇÃO DA ESPERANÇA   91

pelas redes, numa busca incessante pelas causas de "fracassos" e "sucessos", que não esconde a vontade de encontrar "regras para ação política eficaz". É inegável, igualmente, o claro engajamento dos autores com os valores e objetivos de seus "objetos de estudo", em exercícios nos quais sempre falta vigilância epistemológica que manifestaria o compromisso com a busca, sempre necessária e nunca plenamente realizada, da objetividade na investigação científica. Essas questões voltarão a ser tratadas mais à frente.

Ao buscar os motivos do crescimento das articulações internacionais da sociedade civil nas últimas décadas, os autores em geral apresentam elementos discutidos no capítulo 1 deste trabalho. Assim, em primeiro lugar comparecem, quase sempre em dupla, a globalização e o suposto correlato enfraquecimento do Estado-nação. Paralelo a esse processo, os autores costumam indicar uma reconfiguração do campo das relações internacionais, com grande ênfase na mudança do que chamam de "governança global".[4] Essa "governança" inclui tanto as agências interestatais como as forças e organizações do capitalismo em nível mundial. A sociedade civil global traz novos elementos para essa reconfiguração: "a sociedade civil vem sendo vista como o veículo para injetar valores e pressão moral no mercado global" (Edwards e Gaventa, 2001, p. 19).

As instituições criadas no pós-II Guerra, bem como o sistema de estados Westfaliano estariam, portanto, sofrendo influências de novos atores: "[...] o sistema Westfaliano [...] está mudando, e uma das mudanças mais importantes concerne à expansão do papel da sociedade civil transnacional" (Edwards e Gaventa, 2001, p. 3). O novo papel da sociedade civil em

---

4 O recurso à palavra "governança", inexistente na língua portuguesa, tem sido frequente nos trabalhos sobre globalização. Interessante notar que a melhor tradução para o termo seria "governo", uma vez que, em português, o mesmo tem duas conotações: a) o governo como instituição (correlato a Estado); b) o governo como ato de governar. Governança não é senão o ato de governar sem governo (instituição, Estado). Dessa forma, não seria necessário utilizar o anglicismo, pois o termo governo já inclui esse significado. A utilização, entretanto, é tão difundida que, neste trabalho, optou-se pela utilização do anglicismo, em função do receio em não deixar claro o significado da tradução.

nível internacional teria sido facilitado também pela mudança tecnológica que permitiu novos e mais rápidos sistemas de comunicação e transporte.

Oportunidades para atividades de redes cresceram nas últimas duas décadas. [...] a proliferação de organizações internacionais e conferências permitiram as conexões. Viagens aéreas mais baratas e novas tecnologias de comunicação fizeram ser mais rápidos os fluxos de informação e simplificaram o contato entre ativistas (Keck e Sikkink, 1996).

Esses mecanismos, juntamente com as novas estruturas econômicas e políticas em nível internacional, estariam lançando as bases de uma cidadania global – embora muitos autores compreendam que ela não é uma cidadania acabada, mas em processo de consolidação. A principal referência do autores para pensar a cidadania em nível internacional é o clássico estudo de T. H. Marshall (Marshall, 1967) sobre a construção da cidadania na sociedade inglesa.

Nessa perspectiva, cidadania é a participação do indivíduo na sociedade, tal participação se manifestando como lealdade ao padrão de civilização aí vigente e à sua herança social, e como acesso ao bem-estar e à segurança materiais aí alcançados. A cidadania se manifesta na corporificação de diferentes tipos de prerrogativas – os chamados direitos – que o Estado reconhece a todos os indivíduos e às quais correspondem obrigações para com o Estado, os chamados deveres. Marshall propõe uma classificação que se estabelece segundo o critério da esfera da atividade social na qual o Estado reconhece prerrogativas a todos os indivíduos, a esfera da produção e do trabalho (direitos civis – que concretizam a liberdade individual), a esfera da atividade política (direitos políticos), e a esfera do consumo (direitos sociais – que incluem o bem-estar e a segurança material).

Dessa forma, na medida em que se consolidam novas estruturas de poder global uma espécie de Estado global poderia propiciar a criação de direitos e deveres em nível internacional. Para os teóricos da sociedade civil global, viveríamos hoje o momento em que os direitos civis em nível internacional estariam mais consolidados na medida em que a livre circulação (principalmente de mercadorias e bens) está assegurada.

Agora, caberia à sociedade civil em nível internacional constituir, face à governança global, os direitos políticos e sociais. A sociedade civil global aparece, assim, como portadora de uma herança social democratizante, uma vez que se concebe uma reprodução, em escala global, do processo de conquista de direitos segundo o modelo das sociedades ocidentais ditas de capitalismo desenvolvido.

Segundo um dos textos fundadores desse campo de debates sobre a ação coletiva em nível internacional, as redes transnacionais se diferenciam de outros tipos de articulação, por estarem baseadas em princípios e valores compartilhados, os quais motivam a sua formação: "uma rede de *advocacy* transnacional inclui os atores relevantes trabalhando internacionalmente em um tema, e que são ligados por valores compartilhados, um discurso comum e densa troca de informações e serviços" (Keck e Sikkink, 1996, p. 3).

Além de compartilharem valores, segundo Keck e Sikkink, as redes transnacionais da atualidade são diferentes de outras formas de articulação em nível internacional, pois defendem os direitos de outros e não de seus membros. Esse é o significado da palavra *advocay* (que não encontra tradução adequada em português). As ações não seriam motivadas por interesses, mas sim por valores, caracterizando-se, então, como ações puramente morais. Diferenciam-se das ações racionais, baseadas em cálculos de custo-benefício, assim como das ações de solidariedade que pressupões um vínculo entre os que são defendidos e os que defendem.

> Nossa abordagem difere da perspectiva liberal em importantes aspectos. O liberalismo pressupõe o *self-interest* e atores avessos ao risco, e é uma teoria de como os indivíduos e grupos mudam suas preferências baseados nos cálculos de interesse ou risco. Nós estudamos indivíduos e grupos que são motivados principalmente por ideias e princípios (Keck e Sikkink, 1996, p. 214).

> Organizações de solidariedade baseiam suas campanhas em compromissos ideológicos compartilhados – a noção de que aqueles que são torturados ou assassinados defendem uma causa compartilhada com seus defensores. As organizações de direitos civis, em princípio, são comprometidas por defender direitos de indivíduos,

94 FLÁVIA BRAGA VIEIRA

independente de afinidades ideológicas com as vítimas (Keck e Sikkink, 1996, p. 15).

Como brevemente abordado em momento anterior, há uma visão idealizada dessas redes, na medida em que se considera que suas ações são as mais "puras" possíveis. De um lado, não são contaminadas por interesses individualistas como no cálculo econômico-racional das ações de mercado; de outro, não são contaminadas por interesses de um grupo como nas ações político-ideológicas.

O curioso, aqui, é que as razões pelas quais este tipo de "movimento" surge, e em particular, as razões pelas quais ele surge, sobretudo nos países dominantes do sistema político, econômico e cultural internacional, raramente são examinadas. Inexistem estudos em que a questão seja a da própria constituição dessas organizações – suas origens, motivações, constituição e base social. A discussão está, quase sempre, focalizada na eficácia desses movimentos e redes, e na sua relevância para conquistas de direitos em países dependentes e periféricos. Assim, por exemplo, é abundante a literatura sobre a importância das campanhas internacionais na luta pelos direitos civis no Chile ou na defesa dos atingidos por barragens no Vale do Narmada, na Índia, mas esses mesmos estudos não se perguntam sobre os fundamentos da ação e os processos de constituição dos agentes "globais", transnacionais ou transfronteiriços.

O modelo de Keck e Sikkink está baseado nas campanhas de direitos civis, nas quais, em geral ativistas de organizações do norte defendem os direitos de pessoas e grupos de países do sul. Outros autores extrapolam os argumentos das autoras para as redes e campanhas ambientalistas, ou pacifistas, que estariam preocupadas com o bem-comum, com o interesse universal: "[...] redes da sociedade civil transnacional – a emergente terceira força na política global – tendem a se dirigir para objetivos mais amplos baseados em suas concepções daquilo que constitui o bem público" (Florini, 2000, p. 7).

Na maioria dos casos, portanto, as redes transnacionais são apresentadas como sendo voltadas para a prática da *advocacy*, distantes, portanto, das organizações e movimentos que lutam pelos interesses de suas *constituency* – bases. Defendendo, assim, os interesses sociais em geral, e mesmo quando defendem interesses específicos, particulares ou segmentares (direitos das mulheres, dos trabalhadores rurais, indígenas etc.), o fazem na condição de advogar em benefício de outros que não de seus integrantes, militantes e apoiadores.[5] Das teorias norte-americanas sobre a ação coletiva, os autores da sociedade civil global trazem muitos elementos. O primeiro deles é a ideia das teorias clássicas de que a ação social surge quando há uma mudança social que desajusta as estruturas anteriores. Em resposta ao novo contexto, ações coletivas são organizadas para protestar e buscar a solução dos problemas. Assim, no campo de reflexão sobre as ações globais (ou transnacionais) esse esquema analítico comparece, na medida em que as ações transnacionais são entendidas como respostas à globalização ou, em muitos autores, à reconfiguração do poder em escala global.

Da teoria da Mobilização de Recursos também há o resgate de conceitos e modelos. O mais importante deles é a própria ideia de que ações coletivas mobilizam recursos humanos, financeiros, de comunicação e infraestrutura e surgem quando os recursos se tornam viáveis. Nos diversos estudos empíricos que a literatura sobre a sociedade civil global produziu, é possível encontrar recorrentes casos nos quais os autores explicam o surgimento de redes em função da disponibilidade de determinados recursos. A própria ideia de que o incremento da comunicação e do transporte é fundamental para o crescimento dos contatos internacionais está inspirada nesse modelo.

Uma grande parte dos autores desenvolve a ideia de que é importante medir a eficácia das redes, isto é, perceber se as ações e campanhas alcançam objetivos, mobilizam pessoas, têm impacto nas instituições alvo (em especial as agências multilaterais[6]). Em parte, como citado anteriormente, essa preocupação é fruto da atividade militante de muitos de seus autores, na medida em que pretendem aperfeiçoar suas práticas e aumentar sua eficácia. Por outro lado, o modelo do cálculo racional que a teoria da Mobilização de Recursos desenvolveu para as ações coletivas também influencia as análises.

---

5 Badiou (1995) discute esta *advocacy* como processo de imposição ideológica de valores.

6 Para um detalhamento sobre a questão do impacto das redes transnacionais nas agências multilaterais ver: Fox e Brown, 1998; Clark e alli, 2003; O'Brien e alli, 2004; Edwards e Gaventa, 2001.

Diferentemente, entretanto, do modelo analítico de organizações presente na teoria da Mobilização de Recursos, os estudos sobre a sociedade civil global estão mais próximos de uma abordagem fluida, de redes de articulações, que aparece nas teorias sobre a Mobilização Política. Nesse modelo a estrutura de oportunidades políticas é o principal elemento para a organização das ações coletivas.

Nas redes transnacionais esse esquema aparece destacado, em especial quando se trata da relação transescalar das ações. Isto é, uma vez que as oportunidades em escala local ou nacional não são suficientes, a escala global é acionada para tornar efetivas as demandas da sociedade civil.

Os modelos do *boomerang* e da espiral podem ambos ser pensados como padrões da interação entre estruturas de oportunidades domésticas e estruturas de oportunidades internacionais. Ambos os modelos sugerem que é o fechamento na sociedade doméstica que leva atores dos movimentos sociais para a arena transnacional. Esse fechamento se deve em geral à repressão, o autoritarismo, ou ambos. A combinação de uma estrutura de oportunidades doméstica fechada e uma estrutura de oportunidades internacional aberta inicia o *boomerang* e a espiral (Khagram et alli, 2002, p. 19).

O paradoxal aqui é que a preocupação em identificar as razões por que os atores do sul procuram alianças e presença na esfera global – mais concretamente, nos países do Norte – não tem paralelo numa tentativa de explicação das razões pelas quais ativistas do Norte procuram alianças e presença nos países do sul, acionando suas questões e participando de suas lutas. Por que razão, em vez de lutar contra a violência contra os imigrantes latinos nos EUA ou contra a tortura em Guantánamo, esses grupos vão lutar contra tortura no Sudão ou na Nigéria? Os autores da sociedade civil global trazem ainda da teoria da Mobilização Política o conceito de estruturas comunicativas e, em especial, da construção de significados sociais. As redes transnacionais são fundamentais para a criação e recriação de significados sociais e, mais ainda, de *frames*, entendidos enquanto os formatos pelos quais esses significados sociais são apresentados na sociedade.

Assim, no processo de construção de uma cidadania global é fundamental a criação, institucionalização e difusão de normas. Para tanto, os mecanismos da ação comunicativa contidos nas campanhas globais se tornam muito importantes. Através dessas campanhas e dos contatos que elas proporcionam entre diferentes grupos sociais, criam-se significados sociais comuns, a partir dos quais será possível influenciar as tomadas de decisão em nível local, nacional e global.

Alguns autores discutem a legitimidade de ações internacionais para intervir e tentar influenciar os contextos locais e nacionais, poucos, no entanto, refletem sobre de onde vêm as normas e valores que as redes transnacionais advogam e tentam difundir pelo mundo. Existe pouca (ou quase nula) reflexão sobre as relações de poder dentro das redes, isto é, de que forma são (ou podem ser) reproduzidas relações norte-sul dentro das redes.

Isto remete à ideia de Jameson (2001) a respeito da cegueira no centro.[7] Os significados sociais que muitas vezes são difundidos por meio do processo de *framing* que os autores analisam, são quase sempre valores e conceitos da sociedade ocidental e, em especial, dos países do norte. As análises, entretanto, não refletem sobre esse aspecto e percebem os processos de *framing* como sendo horizontais, não permeados por relações de poder e dominação.

Os autores citam os valores da democracia, dos direitos humanos como se eles não tivessem origem e fossem universais. Na passagem a seguir, por exemplo, é possível perceber a surpresa dos autores com o questionamento da universalidade e legitimidade das demandas das redes transnacionais.

> [...] para muitas das organizações estudadas aqui, a democracia se tornou um *"master-frame"* e, portanto, é difícil para elas ignorarem questões de democracia interna que afetam sua legitimidade. Governos repressores, confrontados com as críticas das ONGS transnacionais, contra-atacam questionando quem elas representam e que direito têm de criticar governos soberanos (Khagram, et alli, 2002, p. 311).

---

7 Esta noção foi anteriormente exposta, no capítulo 1, quando da discussão sobre o aspecto ideológico-cultural da globalização.

A cegueira no centro também se manifesta na avaliação dos protestos globais. O enfoque maior é dado às redes e campanhas transnacionais que têm como centralidade da ação as organizações do norte. Outros processos bastante relevantes, no entanto, não são foco de análise. A gigantesca articulação e mobilização que propiciou os Fóruns Sociais Mundiais anualmente desde janeiro de 2001 não comparece nem mesmo como citação nos trabalhos sobre a sociedade civil global. Mesmo aqueles que se processaram territorialmente no norte, como as manifestações de Seattle, Gênova ou Praga, são citados *en passant* exclusivamente para ilustrar o crescimento das ações em nível internacional. Esses protestos e articulações serão detalhados em seguida e poderemos analisar como a matriz de sua interpretação vem de outras tradições teórico-analíticas.

O último aspecto silenciado na análise sobre a sociedade civil global diz respeito à perspectiva histórica sobre as articulações internacionais. Muitos trabalhos citam que houve um crescimento da ação coletiva em nível internacional nas últimas duas ou três décadas. Vários autores citam que o aumento tem raízes em outros processos históricos, mas os exemplos se restringem às articulações de cunho liberal que se desenvolveram em países do norte. Ademais, são vistos quase como uma pré-história que se iniciaria de fato apenas com as experiências do chamado período da globalização.

> É verdade, existem exemplos anteriores desse padrão, como o movimento antiescravidão ou o sindicalismo, mas foram os movimentos pacifistas que emergiram em oposição à guerra do Vietnã no fim dos anos 1960, juntamente com o medo popular de uma guerra nuclear, que marcam uma nova era nos movimentos globais dos povos (Edwards e Gaventa, 2001, p. 17).

> Como sabemos pelos trabalhos sobre os precursores dos modernos movimentos sociais e redes transnacionais, [...] os movimentos sociais transnacionais não são um fenômeno novo [...]. Encontramos numerosos exemplos incluindo a campanha transnacional contra a escravidão, o sindicalismo transnacional, e as campanhas pelo sufrágio feminino (Khagram, et alli, 2002, p. 25).

Não há referência às inúmeras formas de articulação dos movimentos socialista, comunista e anarquista que se iniciaram em meados do século XIX e se desenvolveram ao longo do século XX. As gigantescas jornadas de protesto e mobilização internacionalmente organizadas nas primeiras décadas do século XX para a fixação da jornada de trabalho não recebem qualquer menção. Assim, a história da ação coletiva em nível internacional é liberal e centrada na experiência histórica dos países do centro do capitalismo, com especial destaque para a experiência norte-americana.

Os autores transformam, assim, a experiência histórica particular da sociedade em que vivem na história universal. Novamente podem-se verificar os elementos ideológico-culturais analisados quando do debate sobre a globalização. Se de um lado é possível conhecer algumas das formas de articulação globais da contemporaneidade, é preciso também ter em mente que esses trabalhos se referem a apenas uma parte do que é ação coletiva internacional hoje. Além disso, é preciso ler os trabalhos em questão como reflexo dos mecanismos de dominação ideológico--cultural que se manifestam no atual formato do capitalismo mundial, isto é, a globalização.

2.3 MOVIMENTOS ANTIGLOBALIZAÇÃO

Em paralelo aos trabalhos sobre a sociedade civil global há um outro conjunto de análises que também se debruça sobre os processos contemporâneos de articulação internacional, preocupado em compreender protestos, manifestações, campanhas, movimentos que desafiam a chamada globalização. Na categoria nativa são os chamados movimentos "antiglobalização".[8] Em geral, eles são considerados como resposta à globalização econômica, hegemônica ou neoliberal.

---

8 O que estamos chamando de antiglobalização muitas vezes é nomeado como "por uma outra globalização", ou "contra a globalização neoliberal". Analistas, organizações e movimentos utilizam expressões diferentes, embora o conteúdo mais geral seja a crítica aos efeitos nocivos do processo de globalização para as populações e os países mais fracos da economia mundial.

> Os conflitos, as resistências, as lutas e as coligações em torno do cosmopolitanismo e do patrimônio comum da humanidade demonstram que aquilo a que chamamos globalização é, na verdade, um conjunto de campos de lutas transnacionais. Daí a importância em distinguir entre globalização de cima para baixo e globalização de baixo para cima, ou entre globalização hegemônica e globalização contra-hegemônica. [...] É importante ter em mente que estes dois tipos de globalização não existem em paralelo como se fossem duas entidades estanques. Ao contrário, são a expressão e o resultado das lutas que se travam no interior do campo social que convencionamos chamar globalização [...] (Santos, 2005, p. 71).

Na maioria das análises, incluem-se as campanhas das redes transnacionais nesses movimentos da globalização contra-hegemônica, mas eles não se restringem a elas. Há um grande destaque para articulações entre os movimentos populares, para as alianças entre grupos do sul e do norte, e também para outros atores que não compareçem nas análises sobre a sociedade civil global, tais como as igrejas.

Ao contrário dos estudos anteriormente apresentados que analisavam organizações e redes, a abordagem sobre a globalização contra-hegemônica foca nos movimentos sociais. Para tanto a principal referência teórica não se encontra nas teorias sobre ação coletiva de origem norte-americana, mas nas teorias europeias sobre os movimentos sociais. Assim como na análise das teorias norte-americanas não será aprofundada a revisão sobre estas teorias, mas apresentaremos os elementos que ressurgem na análise sobre os movimentos anti-globalização.

2.3.1 Teorias dos novos movimentos sociais

No intuito de analisar os movimentos sociais que passaram a ocorrer na Europa a partir dos anos 1960, surgiram as teorias dos Novos Movimentos Sociais. Os principais autores da corrente são Alain Touraine, Alberto Melucci e Claus Offe que desenvolveram seus trabalhos a partir da revisão e crítica dos paradigmas marxista e da lógica racional (de origem norte-americana) na explicação das ações coletivas.

Segundo Gohn,[9] as teorias europeias sobre os movimentos sociais criaram "esquemas interpretativos que enfatizavam a cultura, a ideologia, as lutas sociais cotidianas, a solidariedade entre as pessoas de um grupo ou movimento social e o processo de identidade criado" (Gohn, 2004, p. 121). O modelo teórico é fundamentalmente baseado na noção de cultura, e os movimentos sociais analisados por dois aspectos principais: a ação coletiva e a identidade criada pelos processos de conflito.

Apesar de revisar o paradigma marxista sobre a ação coletiva, os autores da teoria dos Novos Movimentos Sociais não abandonam a noção de classe. Desenvolve-se um conceito culturalista de classe baseado na perspectiva de que as condições objetivas não definem, ou não são suficientes para definir as classes e essas só passam a existir a partir do momento em que constituem sua própria cultura. Da mesma forma, o ator social coletivo é mais do que um agregado de atores com características em comum: a ação social coletiva é envolvida num contexto cultural de significação e o constitui e reproduz por essa ação.

Esse conceito de classe, historicamente ancorado, permitiria relacionar classe com formas históricas específicas de sociedade, e é com esse entendimento que os autores desenvolvem sua perspectiva sobre os movimentos sociais. Enquanto os movimentos sociais tradicionais agiriam no sentido de influenciar os sistemas político e econômico, embebidos, portanto, de uma racionalidade mais instrumental, os novos movimentos sociais agiriam a partir de uma racionalidade comunicativa.[10] Da mesma forma, os novos movimentos sociais não acionariam os tradicionais padrões identitários e sua ação tenderia a privilegiar espaços vistos como da política não institucional, em oposição àqueles que eram os terrenos de luta dos sindicatos e partidos classistas.

Dessa forma, a teoria dos Novos Movimentos Sociais chama atenção para o significado das mudanças nas formas e na estrutura da ação

---

9 Como da análise sobre o paradigma norte-americano, novamente seguiremos a classificação de Gohn (2004) para analisar as teorias dos Novos Movimentos Sociais.

10 Várias correntes das teorias dos Novos Movimentos Sociais têm influência do esquema de Habermas sobre as formas de racionalidade modernas em sua clássica obra *Teoría da la acción comunicativa* (Habermas, 1985).

dos movimentos em função das mudanças estruturais da sociedade como um todo. Além disso, observa-se uma nova forma de fazer política, assim como uma politização de novos temas.

> Na nossa época, percebemos que nossa capacidade de auto produção, auto transformação e auto destruição não tem limites. As sociedades industriais foram capazes de transformar "meios de produção" para inventar equipamentos eletrônicos e sistemas de organização, mas a nossa sociedade inventa tecnologias para produzir mercadorias simbólicas, linguagens e informações. Produz não somente meios, mas fins de produção, demandas e representações. [...] O resultado é que o campo dos movimentos sociais se expandiu para todos os aspectos da vida social e cultural (Touraine, 1985, p. 778).

A mudança do eixo das demandas de economia para um patamar mais cultural, segundo os autores dessa abordagem, faz com que os movimentos sociais se apresentem como mais descentralizados, sem hierarquias internas, com estruturas colegiadas, mais participativos e fluidos. Disto resultaria que os movimentos teriam passado a atuar mais como redes de troca de informação e cooperação em eventos e campanhas em oposição às tradicionais organizações verticalizadas e hierarquizadas. Há, contudo, conflitos entre eles, internos e externos, e esse aspecto na teoria dos Novos Movimentos Sociais é visto como parte do processo de construção da identidade.

Os Novos Movimentos Sociais não constituem, entretanto, uma teoria homogênea e há correntes diferenciadas que destacam aspectos diferentes da "novidade" desses movimentos. Alguns abordam a perspectiva do ponto de vista da mudança nas ações e na forma dos conflitos (Touraine, 1985); outros analisam as mudanças nos processos de construção das identidades coletivas (Melucci, 1996); e há ainda os que discutem a mudança política nos movimentos sociais em função da mudança sociopolítica da sociedade em geral (Offe, 1985).

Alain Touraine é um dos autores que mais trabalhou sobre a temática dos movimentos sociais e tem uma grande influência no campo. O trabalho de Touraine (1985, 1997) estrutura-se a partir da sociologia da ação. Segundo a abordagem, a ação é resposta a um estímulo social, ou seja, a conduta dos indivíduos e grupos é entendida em termos de conflito e integração. O movimento social na sociologia da ação apresenta-se como a ação de um grupo, um ator coletivo. Para Touraine é necessário que o ator coletivo situe suas reivindicações e sua oposição a um grupo adversário no interior dos problemas da sociedade.

> Movimentos sociais são sempre definidos por um conflito social, isto é, pela existência de oponentes claramente definidos. Atores, de forma geral, vivem suas próprias ações primeiramente como ruptura com os valores culturais e regras institucionais predominantes (Touraine, 1985, p. 772).

Assim, o autor confere importância aos sujeitos na história como agentes dinâmicos, produtores de reivindicações e demandas e não como representantes de papéis atribuídos de antemão pelo lugar que ocupam no sistema social. O dinamismo dos atores é visto em termos culturais, de confronto de valores, nos quais alguns valores são reafirmados e outros reivindicados.

Os elementos analíticos e os conceitos interpretativos da teoria dos movimentos sociais, para Touraine, devem ser trabalhados dentro de uma teoria mais geral que é a teoria dos conflitos.

> Existe um acordo geral de que os movimentos sociais devem ser concebidos como um tipo especial de conflito social. Muitos tipos de ação coletiva não são conflitos sociais: pânicos, loucuras, modas, correntes de opinião, inovações culturais não são conflitos, mesmo que se definam como uma reação a alguma coisa. Um conflito pressupõe uma clara definição dos oponentes ou atores em competição e também dos recursos pelos quais estão lutando ou negociando para ter o controle (Touraine, 1985, p. 751).

Touraine destaca três elementos constitutivos em um movimento social: o ator, seu oponente e o que está em jogo no conflito. O estudo dos movimentos sociais deve, então, utilizar três ferramentas de análise: a identidade, a oposição e a totalidade. As análises são focadas, nesse sentido, para as ações voltadas para interações entre adversários em conflito, para interpretações e modelos societais opostos, para campos culturais divididos. Os movimentos sociais são as ações coletivas que se desenvolvem sob a forma de lutas ao redor do potencial institucional de um modelo cultural, num dado tipo de sociedade.

Os conflitos sociais, segundo Touraine (1997), estariam passando por mudanças de natureza na sociedade contemporânea. Nos séculos XIX e XX, a lógica dos conflitos esteve guiada pelos interesses antagônicos entre a burguesia e os trabalhadores, sendo o processo de trabalho o espaço em que as relações entre as duas classes se desenvolviam. As transformações do período da globalização acarretaram a perda de importância do processo de produção e na transformação do mundo do consumo no grande espaço de socialização, com destaque para as comunicações.

> Muitos observadores estão atentos para o fato de que conflitos centrais tratam cada vez menos dos problemas do trabalho e da economia do que de problemas culturais e, especialmente, éticos; porque a dominação que é desafiada controla não apenas "meios de produção", mas a produção de bens simbólicos, isto é, da informação e imagens, da cultura ela própria (Touraine, 1985, p. 774).

Outro corrente da teoria dos Novos Movimentos Sociais é a do italiano Alberto Melucci (1996). Sua abordagem está mais voltada para o plano microssocial, isto é, para a ação coletiva de indivíduos. Em alguma medida a análise de Melucci se aproxima de algumas correntes das teorias da ação coletiva norte-americanas, pois em sua abordagem, os indivíduos aparecem expostos a oportunidades e constrangimentos no desenvolvimento da ação coletiva.

O autor define a ação coletiva como a união de vários tipos de conflitos baseados no comportamento dos atores num sistema social. A análise da ação coletiva, para Melucci, pode se dar em cinco níveis: sua definição, sua formação na estrutura social, seus componentes, as formas e os campos onde ocorre.

[a ação coletiva é] um conjunto de práticas sociais que envolvem simultaneamente certo número de indivíduos ou grupos que apresentam características morfológicas similares em contiguidade de tempo e espaço, implicando um campo de relacionamentos sociais e a capacidade das pessoas de perceber o sentido do que estão fazendo (Melucci, 1996, p. 20).

Para Melucci, movimentos sociais são sistemas de ações, redes complexas entre os diferentes níveis e significados da ação social. Nessa conceituação, a existência de um conflito não é suficiente para qualificar uma ação como movimento social. O que caracteriza sua existência é o compartilhamento de significados através de marcos referenciais cognitivos e de densa interação.

As interações e compartilhamento de significados criam a identidade coletiva do movimento social que é construída em relação à orientação de suas ações e ao campo de oportunidades e constrangimentos onde essas ações têm lugar (Melucci, 1996, p. 70). Assim, os atores coletivos são capazes de se identificar e distinguir do meio que os circunda. A identidade coletiva é também um processo de aprendizagem do sistema de relações e representações das ações dos movimentos.

Melucci dá muita importância para as lideranças dos movimentos sociais, decorrente de sua abordagem mais centrada nas ações individuais. O autor destaca que são as lideranças que promovem a busca dos objetivos, desenvolvem estratégias e táticas para a ação e formulam uma ideologia. A penetração do movimento na sociedade, a lealdade e o envolvimento de seus membros, o consenso de diferentes grupos sociais depende da ação dos líderes. Assim, as lideranças são elementos-chave para construir e manter a identidade coletiva de um movimento.

Claus Offe (1985), por outro lado, prioriza a análise política dos movimentos sociais fazendo articulações entre o campo político e o sociocultural. Ele afirma que em qualquer momento e em qualquer sociedade, há sempre uma configuração hegemônica dos temas que, em geral, se consideram prioritários e que são tratados como centrais na política. Nesse sentido, os temas políticos predominantes desde a Primeira Guerra até os anos 1970 foram o do crescimento econômico e o da distribuição da seguridade social.

A partir dos anos 1970, a incapacidade das instituições políticas e econômicas para atuar sobre as mudanças decorrentes dos processos globais (que ele caracteriza como capitalismo desorganizado) estaria levando à paralisação da capacidade de aprendizagem e de autotransformação das instituições de racionalidade tecnológica, econômica, política e militar. Nesse cenário emergiriam os novos movimentos sociais, cujo modo de atuar politicamente aparece como uma resposta a um conjunto específico de problemas.

> Os conflitos e contradições da sociedade industrial não podem mais ser resolvidos em sentido promissor e significativo através do estatismo, das regulações políticas e da inclusão de mais demandas e temas na agenda das autoridades burocráticas. [...] a política dos novos movimentos sociais [...] busca politizar as instituições da sociedade civil [...]. De forma a se emancipar do estado, a sociedade civil [...] deve ser politizada através de práticas que pertencem a uma esfera entre os interesses privados, de um lado, e os modos políticos institucionais, sancionados pelo estado, de outro (Offe, 1985, p. 819-820).

Assim, velhos movimentos sociais estavam embebidos do contexto da sociedade baseada em valores de crescimento, prosperidade e distribuição e sua própria identidade e bandeiras de luta incorporavam os valores de mobilidade social, de consumo, da racionalidade instrumental, da autoridade e da ordem. Diferentemente, os novos movimentos sociais refletem as alterações na sociedade e incorporam novos valores, temas, e formas de ação.

Offe chama a ação dos novos movimentos sociais de política não institucional. Os temas levantados são os referentes a saúde, meio ambiente físico, cultura, etnia, condições de vida e própria sobrevivência da humanidade. Os principais valores compartilhados são os da autonomia e da identidade. As antigas divisões políticas como direita/esquerda ou de classe são substituídas por ideias de gênero, faixa etária, localidade etc. As classes médias urbanas assumem um papel predominante na constituição dessa nova política.

> [...] o novo paradigma político pode ser entendido como a crítica "moderna" da modernização avançada. Essa crítica está baseada em setores da classe média ilustrada e é levada à frente pelo modelo característico da forma de ação não convencional, informal e sem especificação classista da própria classe (Offe, 1985, p. 856).

Offe detecta novas formas de expressão da vontade política ao redor de problemas da vida cotidiana e da construção da identidade de novos atores sociais a partir da disseminação de ideologias e atitudes que levam os grupos a utilizar cada vez mais o repertório dos direitos existentes, só que politizando esferas da vida social que anteriormente não faziam parte da política. O que é novo, então, é o paradigma da ação que tem caráter eminentemente político. Os valores defendidos pelos movimentos em si não contém nada de novo e foram herdados dos movimentos progressistas tanto da burguesia como da classe operária.

As teorias dos Novos Movimentos Sociais afirmam que estes se contrapõem ao poder do Estado, mas que não se apresentam como alternativa ao poder. Essa perspectiva não se verifica, por exemplo, na América Latina dos anos 1980 e 1990, quando a abordagem dos Novos Movimentos Sociais se difundiu e influenciou muitos estudos. Em países como o Brasil, o que se convencionou chamar de novos movimentos sociais estava totalmente associado a partidos e sindicatos e constituiu importante força de luta pelo Estado.

> As matrizes que foram colocadas em ação para explicar os "nossos" movimentos sociais eram todas de origem estrangeira [...]. Abandonamos a busca de nossa especificidade e retomamos a tradição anterior de explicar nossa realidade com categorias e teorias elaboradas em outros contextos sociais. [...] A transposição um tanto mecânica das categorias de análise construídas no exterior embaçou o olhar sobre nossa realidade (Gohn, 1997, p. 42-43).

Um modelo que já continha forte componente ideológico na Europa, na América Latina tornou-se ainda mais limitado pois não estava fundado em nenhuma realidade concreta.[11] Até hoje, no entanto, as teorias dos Novos Movimentos Sociais continuam servindo de suporte analítico, e mesmo político, para inúmeras ações em escala global, como veremos a seguir. Buscaremos perceber quais de seus conceitos e conclusões permanecem válidos.

2.3.2 Movimentos antiglobalização

No dia primeiro de janeiro de 1994 irrompeu a rebelião de Chiapas na qual o Exército Zapatista de Libertação Nacional (EZLN), sob o comando da mística figura do subcomandante Marcos,[12] conclamava indígenas daquele estado do México a lutar por autonomia local e, numa outra ponta, denunciar a globalização neoliberal. A data não foi escolhida por acaso: naquele exato momento entravam em aplicação os acordos do Nafta (zona de livre comércio entre o México, o Canadá e os Estados Unidos).

Na ação os zapatistas tomaram as sedes municipais de seis cidades do estado de Chiapas e, a partir de então, o EZLN arregimentou muitos simpatizantes ao redor do mundo, com o constante uso da internet, onde circulam os comunicados do movimento. Em julho de 1996, os zapatistas organizaram na selva de Lacandona, em Chiapas, o I Encontro Intercontinental contra o Neoliberalismo e pela Humanidade, batizado pelos comunicados do EZLN de "intergalático". No encontro estiveram presentes militantes de vários movimentos, ONGs, intelectuais de esquerda de diversas parte do mundo, mas com especial destaque para militantes europeus que à altura já haviam organizado comitês de solidariedade aos zapatistas. Três anos mais

---

11 A propósito da transferência de teorias entre realidades sociais e históricas distintas ver Schwarz, 1992.

12 Marcos se intitula subcomandante para deixar claro que a comandância é das lideranças indígenas tradicionais, mas internacionalmente ele é o rosto (coberto) do movimento, e seu principal porta-voz.

DOS PROLETÁRIOS UNIDOS À GLOBALIZAÇÃO DA ESPERANÇA 109

tarde na cidade de Belém do Pará foi realizado o II Encontro, mas sem o mesmo impacto internacional do primeiro.

Existem controvérsias a respeito do evento fundador do movimento antiglobalização. Muitos identificam que o levante zapatista seria o ponto de partida. Primeiramente, porque sua ideologia (que rapidamente conseguiram divulgar) buscava identificar a resistência local com uma crítica dos efeitos globais do neoliberalismo; em segundo lugar, porque o formato de sua articulação, isto é, a utilização da internet para construir redes de solidariedade, é considerado como uma das principais características dos protestos mundiais a partir de então.

Alguns autores, no entanto, notadamente os norte-americanos, apontam Seattle como a origem do movimento antiglobalização. Em novembro de 1999, aproximadamente 50 mil manifestantes conseguiram bloquear as entradas do centro de conferências onde iria se realizar a assembleia geral da Organização Mundial do Comércio (OMC). A inesperada manifestação fez com que as autoridades locais decretassem estado de emergência.

Na sequência da chamada "batalha de Seattle", em abril de 2000, por ocasião de uma reunião do Fundo Monetário Internacional (FMI) na cidade de Washington, aproximadamente 20 mil manifestantes se reuniram para protestar contra as políticas do Fundo. Em setembro do mesmo ano, no encontro de cúpula do Banco Mundial com o FMI, em Praga, algumas dezenas de milhares de manifestantes foram responsáveis por protestos da mesma natureza dos anteriores.

O ápice das manifestações contra as reuniões dos organismos internacionais, vistos como "representantes e agentes da globalização neoliberal", foi o enorme protesto contra a reunião do G-8, em julho de 2001, na cidade de Gênova. Nesse evento, mais de 15 mil policiais reprimiram violentamente 300 mil manifestantes, do que resultaram centenas de prisões, em torno de 500 feridos graves e um morto[13] entre os manifestantes. Após essa experiência, as reuniões governamentais e econômicas globais

---

13 O jovem Carlo Giuliani, que batizou os acampamentos da juventude dos Fóruns Sociais Mundiais que ocorreram depois de sua morte.

passaram a se reunir em lugares de difícil acesso e sob a proteção de sistemas de segurança muito sofisticados.

Não parece fértil seguir no debate sobre o evento fundador, mas esses acontecimentos geraram vários outros, materializando o que muitos têm chamado de "movimento dos movimentos", ou movimento antiglobalização. Christophe Aguiton, aponta que tanto o levante zapatista, como os protestos nas reuniões dos organismos econômicos globais são fundadores de um novo formato de manifestação política. O autor afirma, por exemplo, que na raiz do Movimento de Resistência Global (rede que está por trás de uma série de protestos e campanhas globais nos anos 2000) estão tanto as comissões de apoio aos zapatistas, quanto a Rede Cidadã pela Abolição da Dívida Externa que realizou plebiscitos em várias partes do mundo pela anulação da dívida dos países do hemisfério sul (Aguiton, 2002, p. 138-139).

Aguiton (2002) e Houtart (2003)[14] classificam as ações dos movimentos antiglobalização em três tipos: as iniciativas de massa, as campanhas, e as conferências. Os três tipos de ações são muitas vezes combinados (manifestações de massa se ligam a campanhas, conferências organizam protestos de rua etc.) e cada um deles aparece tanto na forma global quanto em formas regionais, locais ou temáticas. Isto quer dizer que existem fóruns mais propriamente globais, como o Fórum Social Mundial, ou fóruns europeus, asiáticos, latino-americanos; as campanhas podem ser internacionais, como a campanha pela anulação da dívida, ou específicas, como a campanha contra a Área de Livre Comércio das Américas (Alca) etc.

As iniciativas de massa são os momentos em que os movimentos antiglobalização se tornam mais visíveis e dão prova de sua capacidade de mobilização. Até Seattle tinham pouca repercussão para o conjunto da sociedade, mas desde então, pela cobertura que a mídia passou a oferecer, ganharam espaço e notoriedade. Seattle, Washington, Praga, Gênova, são apenas alguns dos exemplos.[15] Nesses protestos se juntam militantes de

---

14 Houtart classifica campanhas e ações de massa em um único tipo de ação que ele denomina de ações contra os organismos econômicos e políticos globais.

15 Como veremos mais à frente, a conferência ministerial da OMC em 2003 na cidade de Cancún, México, também foi central, em especial para a Via Campesina.

DOS PROLETÁRIOS UNIDOS À GLOBALIZAÇÃO DA ESPERANÇA 111

organizações muito distintas, mas existem algumas redes mais articuladas que coordenam as ações e servem de porta-voz. As manifestações de massa se destinam a protestar contra um organismo ou instituição, embora, o conteúdo "antiglobalização" esteja sempre presente.

As campanhas, por outro lado, focalizam um tema que se desdobra em um conjunto de reivindicações. Entre as campanhas que atingiram uma dimensão global mais ampla podem-se citar: a campanha pela anulação da dívida, a que se opôs à ampliação das competências da OMC, a que defendia a taxa Tobin.

A campanha pela anulação da dívida externa surge em 1996 na Inglaterra com o nome de Jubileu 2000. Ela é inspirada na ideia do Antigo Testamento de que após 50 anos todas as dívidas deveriam ser perdoadas. O ano 2000 foi escolhido, pois então se completavam 50 anos da criação dos principais credores do mundo, as instituições de Bretton Woods. A campanha Jubileu 2000 alcançou grande repercussão, tendo organizado coalizões em 66 países e recolhido 24 milhões de assinaturas numa petição mundial contra as dívidas.

O desenvolvimento da campanha gerou divisões. O grupo britânico, que posteriormente foi chamado de Jubileu 2000 – GB, defendia o perdão das dívidas dos 40 países mais pobres (praticamente todos africanos), enquanto grupos mais radicalizados defendiam a anulação das dívidas de todos os países do hemisfério sul, entitulando-se coalizão Jubileu Sul. Juntou-se a estes dois grupos a campanha Fifty Years is Enough, centrada no próprio questionamento do existência do Banco Mundial e do FMI. Todas essas iniciativas participam e contribuem na organização tanto de manifestações de massa, como de conferências antiglobalização.

Em paralelo às campanhas contra a dívida externa surge a campanha sobre a OMC. Em 1995, como desdobramento das negociações da Rodada do Uruguai do Acordo Geral sobre Tarifas e Comércio (Gatt, sigla em inglês) foi criada a Organização Mundial do Comércio. O principal foco da campanha contra a OMC foi a expansão dos acordos de comércio para áreas como patentes culturais e genéticas. As organizações envolvidas na campanha pedem moratória nas negociações sobre estes temas, e alguns grupos mais radicalizados propõem o fim da OMC. As articulações da campanha contra a OMC influenciaram e contribuíram na organização de manifestações de massa como a "batalha de Seattle", bem como da campanha mundial contra os transgênicos.[16] Com menos centralidade, mas também de alcance global, surge em 1998, partir de artigo de Ignacio Ramonet no *Le Monde Diplomatique*, a ideia de uma campanha pela aplicação da taxa Tobin. Levada à frente pela Associação pela Tributação das Transações Financeiras para ajuda aos Cidadãos (Attac), a campanha se inspira em ideia lançada nos anos 1970 pelo prêmio Nobel de economia, James Tobin, de introduzir um pequeno imposto sobre as transações financeiras que limitasse os riscos de especulação financeira. A proposta da Attac vai mais além, contudo, propondo um imposto sobre movimentações financeiras internacionais (o chamado "Imposto Tobin"), para restringir a especulação e financiar projetos de desenvolvimento ecológico e social. A Attac também fez parte das articulações de diversos protestos de massa e da fundação de iniciativas de diálogo como o Fórum Social Mundial.

As conferências são o terceiro tipo de ação dos movimentos antiglobalização. Elas pretendem ser um espaço de compreensão recíproca, isto é, de diálogo na heterogeneidade para a formulação de pautas comuns e de um projeto (ou vários) alternativo à globalização neoliberal. A principal experiência é o Fórum Social Mundial (FSM), que surgiu em janeiro de 2001, na cidade de Porto Alegre, e que segue sendo uma importante referência dos movimentos antiglobalização mesmo após a mudança de seu formato, como será detalhado a seguir.

O FSM surgiu como fórum alternativo e paralelo ao Fórum Econômico de Davos, a reunião anual entre executivos-chefes das principais corporações do mundo, alguns líderes políticos nacionais (presidentes, primeiros ministros e outros) e intelectuais e jornalistas seletos – em torno de 2 mil pessoas no total. Ao contrário de manifestações na porta das conferências do poder econômico global, a ideia do FSM era exatamente construir uma pauta paralela que ficou mundialmente na fórmula de "um outro mundo é possível".

---

16 Mais à frente, trataremos da centralidade da campanha pela Soberania Alimentar (que inclui a campanha contra as sementes transgênicas) na articulação da Via Campesina.

Reuniu-se em janeiro de 2001, 2002, 2003 e 2005 em Porto Alegre; em 2004 na cidade de Mumbai, na Índia; em 2006, descentralizado, ocorreu em três cidades: Bamako (Mali – África), Caracas (Venezuela – América do Sul) e Karachi (Paquistão – Ásia); em 2007 na cidade de Nairobi, capital do Quênia. Em 2008, não houve um evento centralizado do processo FSM. O que ocorreu foi uma semana de mobilização, marcada por um dia de visibilidade mundial em 26 de janeiro de 2008. Ocorreram manifestações em mais de 80 países, em alguns deles em diferentes cidades simultaneamente. Além do Fórum principal, centenas de outras conferências locais, regionais, nacionais, por tema (juventude, educação, saúde etc.) foram sendo organizadas ao longo dos últimos sete anos, no que agora é chamado "processo FSM"[17]

O FSM reuniu até 300 mil pessoas em algumas edições (como em janeiro de 2003 em Porto Alegre), absorvendo uma expressiva pluralidade de organizações. Assim, fizeram-se presentes desde ONGs dos mais variados tipos e temáticas, a movimentos populares rurais e urbanos, sindicalistas, estudantes e juventude em geral, setores de partidos políticos, grupos religiosos entre outros. O Fórum não tem uma estrutura formal de direção nem presidente ou executiva, mas apenas um secretariado e um conselho internacional que compreende organizações por área geográfica e pelo histórico de envolvimento no próprio processo.

> [...] essas características não são novas, na medida em que estão associadas ao que se convenciona chamar "novos movimentos sociais". A verdade, porém, é que esses movimentos, quer sejam locais, nacionais, ou globais, são temáticos. Os temas, enquanto campos de confrontação política direta, obrigam à definição [...] quer no que respeita às estratégias ou táticas, quer no que concerne às formas de organização ou formas de luta. [...] Ora, o que é novo no FSM é o fato de ser inclusivo, no que diz respeito quer à sua escala, quer à sua temática (Santos, 2005b, p. 12).

Analistas e militantes identificam, contudo, que a heterogeneidade do Fórum acarreta alguns problemas internos. As dificuldades dizem respeito à construção de hierarquias, uma vez que não há mecanismos que

---

17 Informações retiradas do site do FSM: <www.forumsocialmundial.org.br>

garantam a participam igualitária de todos. ONGS do Norte, com muito mais recursos, acabam por operacionalizar a logística e o financiamento do evento o que, em muitos casos, implica em uma certa hegemonia também na conformação das pautas e dinâmicas.

> Não há votações e por isso não há deliberações finais, nem mesmo instruções. Estas são as consequências práticas de ter uma participação tão heterogênea: qualquer coisa a mais levaria à paralisia ou à desintegração. [...] O domínio das classes médias e a pobre representação das classes trabalhadoras podem ser percebidas na linguagem e, às vezes na ideologia. Alguns acusam os Fóruns de articular uma visão reformista, que é a da maioria das organizações que participa (Houtart, 2003, p. 2).

> O debate sobre o FSM precisa levar em conta, também, os exaustivos problemas de logística que a organização em nível mundial apresenta para os despossuídos. Tempo, dinheiro e um desencorajante senso de distância apresentam obstáculos reais para estudantes, militantes, sindicalistas, os pobres da cidade e do campo [...] (Mertes, 2002, p. 110).

De toda forma, há uma razoável concordância na ideia de que o FSM colocou em contato grupos que já vinham se encontrando nas manifestações antiglobalização, assim como outros que estavam fora desses processos. Além disso, se consolidou como um espaço de troca de informações importante para materializar contatos que muitas vezes estavam apenas no campo do virtual. Segundo alguns analistas, o Fórum Social Mundial foi o principal evento de troca de experiências, em especial para os movimentos populares.

> [...] este tipo de organização *grass-roots* é crucial para construir relações de apoio mútuo, coalizões de resistência. [...] estes confusos encontros face a face em escala de massas são o sangue de qualquer movimento – um elemento que as metáforas da telecomunicação não podem conter (Mertes, 2002, p. 110).

Tanto as iniciativas de massa, quanto as campanhas e conferências apresentam características do que na literatura anteriormente analisada foi chamado de novos movimentos sociais. O primeiro elemento em comum entre as teorias europeias sobre os movimentos sociais e as análises sobre os movimentos antiglobalização é o caráter comunicativo destes. A importância que os zapatistas dão aos seus comunicados via internet e os impactos destes na conformação de redes de solidariedade é um exemplo claro.

Além disso, muitos autores analisam os movimentos antiglobalização como descentralizados, sem hierarquias internas, com estruturas colegiadas, mais participativos e fluidos. Assim como nas teorias dos novos movimentos sociais, os movimentos anti-globalização atuam quase sempre como redes de troca de informação e cooperação em eventos e campanhas. Mesmo nas análises sobre as conferências, caracterizadas por razoável coordenação das ações, a estrutura é entendida, pelos dirigentes, como comunicativa e não diretivo-política.

Outro elemento de confluência entre as teorias dos novos movimentos sociais e as atuais dinâmicas é a capacidade dos movimentos antiglobalização de construir pautas políticas através de elementos culturais. Em outros termos, temas que costumavam estar fora do campo do conflito político, pois não faziam parte da política institucional, são ressignificados e trazidos ao debate público pelos novos atores, como visto anteriormente nas análises de Offe.

> O movimento antiglobalização apresenta-se, na virada deste novo milênio, como uma das principais novidades na arena política no cenário da sociedade civil, dada sua forma de articulação/atuação, em redes com extensão global. Ele tem elaborado uma nova gramática no repertório das demandas e dos conflitos sociais, trazendo novamente as lutas sociais para o palco da cena pública e a política para a dimensão pública – tanto na forma de operar, nas ruas, quanto no conteúdo do debate que trouxe à tona: o modo de vida capitalista ocidental moderno e seus efeitos destrutivos sobre a natureza (Gohn, 2002, p. 14).

A identificação de que a luta contemporânea é nãoinstitucional não é, entretanto, vista necessariamente como positiva. Muitos autores

116   FLÁVIA BRAGA VIEIRA

e militantes[18] críticos percebem nessa característica uma deficiência dos movimentos antiglobalização.

> Nos primeiros momentos dos Fóruns Sociais havia um medo real em relação aos órgãos da política, em parte por razões justas – repúdio da instrumentalização por necessidades eleitorais ou como simples ferramenta de partidos no poder – e, em parte por uma atitude de princípio não estatal, especialmente de certas ONGS. [...] Se se trata de afirmar que a transformação social exige muito mais que a tomada do poder político formal, executivo ou legislativo, esta perspectiva é plenamente aceitável, mas se significa que mudanças fundamentais como uma reforma agrária ou uma campanha de alfabetização se podem realizar sem o exercício do poder, é uma ilusão total (Houtart, 2006, p. 4).

A ausência de uma pauta política mais propositiva que supere a esfera apenas comunicativa também é vista por alguns com ressalvas. Alguns autores envolvidos não apenas com a análise destes processos, mas também de forma militante com os rumos da luta anti-globalização, identificam na falta de definição dos embates políticos uma extrema influência do pensamento norte-americano através de importantes ONGS.

> Para além de uma vaga "coordenação" das lutas (ou simplesmente intercâmbio de opiniões) que não permite transcender as diferenciações (e as debilidades que se derivam), a convergência não pode ser senão o produto de uma "politização" (no melhor sentido do termo) dos movimentos fragmentados. Esta exigência é combatida pelo discurso da "sociedade civil apolítica", uma ideologia diretamente importada dos Estados Unidos que continua causando estragos (Amin, 2007).

Um último elemento importante que aparece tanto nas leituras sobre os movimentos antiglobalização, quanto nas teorias dos novos movimentos sociais é a centralidade da classe média. Segundo Offe (1985),

---

18 Mais à frente, na análise sobre a Via Campesina, detalharemos a relação complexa e contraditória que esta articulação tem com processos como o Fórum Social Mundial.

a forma de ação dos novos movimentos sociais é caracterizada por sua constituição se basear fundamentalmente nas classes médias. Ao analisar a base social dos protestos antiglobalização, Aguiton (2002) também chama a atenção para uma homogeneidade de classe, de geração e de cultura, isto é, os protestos são levados à frente por jovens brancos, de classe média e com razoável nível de escolaridade para manejar os conteúdos das estruturas econômicas globais, as ferramentas da comunicação etc. O autor destaca que nas manifestações antiglobalização existem poucos pobres, poucos negros, poucos imigrantes vindos dos países do sul e que são, no entanto, a maioria da população mundial.

Os movimentos antiglobalização partilham, assim, de muitos elementos que tinham sido analisados desde os anos 1960 pelas teorias dos novos movimentos sociais. Ao lado de características novas existem, contudo, "velhos" movimentos sociais.

Um exemplo pode esclarecer a complexidade de tais atores e ações coletivas. Em 1987 um conjunto de sindicatos de Detroit nos EUA começa a fazer articulações com movimentos universitários e comunitários para aproximar-se de trabalhadores informais que não faziam parte da base sindical. Esse movimento ganha força e no mesmo ano é batizado pelo pastor Jesse Jackson como "Jobs with Justice". Em 1995, os mesmos sindicatos que articularam a luta sindical com a luta comunitária estavam na base de uma mudança jamais vista na central sindical AFL-CIO. Em 1999, a AFL-CIO faz parte da coordenação dos protestos de Seattle (Aguiton, 2002).

Quem é velho e quem é novo no processo? Para alguns analistas, o "Jobs with Justice" seria novo, pois não tem relação com a máquina estatal e se articula em uma "rede horizontal" e não em uma estrutura hierarquizada. Seattle é novíssimo, é global. O sindicalismo americano (nacional), por outro lado, seria o sinônimo do velho. Mas, no relato apresentado, um influencia o outro, isto é, o velho ao mesmo tempo cria e se alimenta do novo. Parece ser possível sugerir as limitações e pobreza de análises esquemáticas que desconhecem a multiplicidade de dinâmicas e formas de organização e luta, e acabam tendendo a tratar como uniformes processos que são heterogêneos.

Como se verá adiante, a questão é da maior relevância para entender processos como os deflagrados pela Via Campesina, que participa de inúmeras articulações globais e leva à frente a campanha contra as sementes transgênicas (que será detalhada em outro capítulo), ao mesmo tempo em que tem em sua constituição movimentos de camponeses que reivindicam a identidade classista, associada aos velhos movimentos sociais.

3. ARTICULAÇÕES INTERNACIONAIS NO PASSADO

No nascimento da Primeira Internacional, Marx e Engels se depa-
ravam com uma situação semelhante [à que existe nos protestos
globais]: havia uma variedade de organizações com diferentes níveis de preocupação social, sendo os sindicatos, ilegais na maioria
dos países, uma minoria (Houtart, 2003, p. 2).

Nos capítulos anteriores realizou-se uma revisão sobre o debate
acerca da globalização e também das respostas a este processo, isto é, a
chamada "globalização desde baixo". Foi visto que a maioria dos autores
caracteriza a globalização como um processo de desconstrução do
Estado nacional e que, em seu lugar, estariam emergindo novas formas
de governança global.

Além disso, as análises apontam a consolidação, *vis-à-vis* dessa
nova forma de "Estado", de uma sociedade civil global que articula campanhas por interesses comuns, tais como direitos humanos e a sobrevivência ecológica do planeta. A principal arena de atuação dessa sociedade
civil são as conferências da ONU ou as consultas públicas do Banco Mundial e outras agências multilaterais.

Outros autores, contudo, caracterizam a globalização não como
enfraquecimento dos Estados nacionais, mas sim como um novo formato
de dominação e de fortalecimento de alguns países no plano internacional. Como resposta a estes processos de dominação surgem ações globais

mais amplas que incluem mobilizações de massa, campanhas e conferências nas quais estaria sendo forjado um "movimento dos movimentos" em resposta à globalização hegemônica.

Outro elemento, entretanto, chama atenção por sua ausência nessas análises: as diferentes experiências de articulação internacional que existiram ao longo da história. As redes transnacionais aparecem, assim, como uma absoluta novidade. É verdade que muitas vezes os teóricos da sociedade civil global buscam suas origens nas campanhas antiescravidão do século xix ou na fundação da Cruz Vermelha Internacional, mas apenas essas experiências de caráter claramente liberal aparecem mencionadas. Há um enorme silêncio, portanto, sobre a tradição internacionalista da esquerda, inaugurada no mesmo período e até antes que as experiências citadas.

> Como sabemos a partir dos trabalhos sobre os precursores dos modernos movimentos e redes transnacionais [...], movimentos transnacionais não são um fenômeno novo. Encontramos muitos exemplos, incluindo a campanha transnacional contra a escravidão e as campanhas pelo voto das mulheres. A mais antiga ONG internacional pela mudança social [...], a Sociedade Antiescravidão pela Proteção dos Direitos Humanos, foi fundada em 1839 (Sikkink e Smith, 2002, p. 25).

Existe, portanto, uma grande lacuna analítica e teórica que precisa ser preenchida de forma a poder-se identificar o que há de novidade e o que há de permanência na situação contemporânea de articulações internacionais. Alguns autores começam a indicar isso, mas ainda não há trabalho sistemático nesse sentido.

> Em termos de número de participantes, os encontros das Nações Unidas se tornaram, entre os maiores ajuntamentos internacionalistas, comparáveis aos milhares que lutaram nas Brigadas Internacionais da Guerra Civil espanhola, às dezenas de milhares que se juntaram ao redor do mundo para protestar contra a execução de Sacco e Vanzzetti (Drainville, 1998, p. 49).

Neste capítulo, apresentaremos, então, uma breve revisão histórica sobre essas experiências, ressaltando os aspectos que possibilitam problematizar as articulações internacionais contemporâneas e, em especial, a Via Campesina.

3.1 INTERNACIONAIS

Inicialmente é preciso ressaltar que o internacionalismo foi um elemento central da teoria e da prática da esquerda mundial durante os séculos XIX e XX. A noção surgiu quando Marx e Engels, ao escreverem para a Liga dos Comunistas em 1848 o *Manifesto* alteraram o antigo lema da organização, "todos os homens são irmãos", para "proletários do mundo todo, uni-vos".

Nesse emblema está contido o sentido que os dois autores deram – e que o marxismo posterior acabou desenvolvendo – para a ideia de internacionalismo, isto é, conferiram uma base de classe à ideia da fraternidade humana proclamada pela Revolução Francesa. Assim, nem todos os homens deveriam se organizar em uma internacional, pois a sociedade capitalista é dividida em classes e o interesse de uma classe é necessariamente contrário ao do outra. Assim, os "trabalhadores" de todo o mundo é que deveriam se unir para destruir a sociedade de classes e as formas de exploração e dominação que a caracterizam. E este foi o princípio político guia das experiências internacionais da esquerda.

Essas experiências foram iniciadas com a Liga dos Comunistas, organização internacional de pequena amplitude e secreta, que Marx e Engels dirigiram entre 1847 e 1852. Essa organização participou da onda de revoluções de 1848-49 e de sua consequente derrota, deixando importante contribuição para os movimentos que se seguiram, tanto em função de suas formulações próprias, quanto pelo momento histórico no qual esteve inserida. Hobsbawm analisa que os movimentos de 1848-49, conhecidos como "Primavera dos Povos", são a primeira revolução potencialmente global, tornando-se um paradigma de "revolução mundial" que alimentou rebeldes de muitas gerações (Hobsbawn, 1982, p. 330-32).

Assim, numa das poucas reflexões históricas sobre a Liga dos Comunistas, Engels afirma, em 1885:

> [...] o movimento operário internacional de hoje é, em essência, a continuação direta do [...] primeiro movimento operário internacional e de seu seio saíram muitos dos homens que iriam ocupar postos de direção na Associação Internacional de Trabalhadores. Além disso, os princípios teóricos que a Liga dos Comunistas inscreveu em suas bandeiras, com o Manifesto Comunista, são hoje o mais forte vínculo internacional que une todo o movimento proletário da Europa e da América (Engels, 1979, p. 152).

Como as revoluções de 1848-49 terminaram com a vitória geral da reação na maior parte da Europa, a Liga se dissolveu. Muitos dos seus militantes, especialmente os alemães se exilaram ou emigraram para a Inglaterra e Estados Unidos. A década de 1850 testemunhou um enorme avanço do capitalismo. Por estas razões, o movimento socialista sofreu um recuo e só voltou a mostrar sinais de recuperação na década de 1860.

3.1.1 A I Internacional

O momento histórico no qual se inscreve o surgimento da I Internacional foi marcado por uma série complexa de causalidades concretas que mudaram o contexto da arena internacional, com consequências econômicas e políticas de vulto para o período: a crise econômica de 1857 – a mais importante do século XIX –, a guerra de independência da Itália em 1859 e a explosão da guerra civil nos Estados Unidos, em 1860. Nesse cenário, a ditadura na França de Napoleão III é debilitada e, subsequentemente, obrigada a realizar concessões sociais como a universalização do direito de voto aos trabalhadores e a revogação das leis que proibiam a existência de organizações sindicais. Na Inglaterra – onde já existia desde 1825 o direito à sindicalização – ainda lutava-se pelo sufrágio universal, na esteira do movimento cartista (1838-1848) lançado pelo operariado britânico.

Em 1862 realiza-se em Londres a feira industrial conhecida como Exposição Mundial. Dá-se então grande contato entre delegados franceses e operários ingleses e, posteriormente, a troca de correspondência. O intercâmbio é aprofundado no ano seguinte, quando os governos da Inglaterra, França e Rússia conspiram juntos contra a insurreição polonesa pela independência nacional. Dessa forma, e a partir desses acontecimentos, organiza-se uma assembleia pública – ato unificado de delegações sindicais francesas e britânicas – na Londres de 1864.

É neste contexto que surge a Associação Internacional dos Trabalhadores (AIT) – posteriormente conhecida como I Internacional. A fundação da I Internacional pode ser vista como culminância político-organizativa de um período inicial marcado por intensas formas de solidariedade ativa e resistência proletária desenvolvidas pelo nascente movimento operário socialista, baseadas na construção de uma perspectiva própria, de classe e identitária – para além das fronteiras nacionais.

A I Internacional apoiou-se no acúmulo de experiência de pelo menos três organizações que lhe deram origem: a Sociedade dos Democratas Fraternais, fundada em 1845 pelo líder cartista George Julian Harney em Londres, que reunia refugiados políticos de toda a Europa; a Liga dos Comunistas, criada em 1848 sob influência de Marx e Engels, que por meio do *Manifesto Comunista* apresentava ao movimento operário um modo historicamente inédito e autêntico de alcançar seus interesses; e, por fim, o Comitê Internacional, organizado por Ernest Jones em Londres, que manteve aceso o ideal revolucionário durante a reação política da década de 1850.

Em 28 de setembro de 1864, como anteriormente assinalado, celebrou-se em Londres uma grande assembleia internacional de operários, na qual se fundou a AIT e foi eleito seu respectivo Comitê Provisório. Karl Marx formou parte do mesmo e, em seguida, da comissão designada na primeira reunião do Comitê, celebrada em 5 de outubro, para redigir os documentos programáticos da Associação. Em 20 de outubro, a comissão delegou a Marx a reelaboração de um documento no espírito das ideias de socialistas utópicos, tais como o italiano Mazzini e o britânico Owen. Em lugar d documento, Marx escreveu dois textos

124   FLÁVIA BRAGA VIEIRA

completamente novos – o "Manifesto Inaugural da AIT" e os "Estatutos Provisórios da AIT" – que foram aprovados em 27 de outubro. Em primeiro de novembro do mesmo ano, o "Manifesto" e os "Estatutos" foram aprovados por unanimidade no Comitê Provisório, já constituído, então, como órgão dirigente da Associação.

Uma contundente denúncia do capitalismo e uma convocatória à unidade dos proletários de todos os países marcaram o discurso de Marx na fundação da I Internacional. Não obstante, há uma sensível diferença entre a forma de enunciação dos princípios programáticos inaugurais da AIT, em 1864, e aqueles registrados no "Manifesto do Partido Comunista", de 1848 (ambos os documentos redigidos de próprio punho por Marx). Segundo Molnár (1974), os documentos expressavam ao mesmo tempo a heterogeneidade de níveis e orientações de desenvolvimento político-ideológico no seio da I Internacional assim como as ideias fundamentais do comunismo. A aposta de Marx era no sentido de que a unidade de ação faria avançar no interior da AIT a concepção materialista da História – exposta no Manifesto de 1848 – e conquistaria a hegemonia dentro da I Internacional.

Diferentemente das experiências que se seguiriam, a I Internacional não era formada por entidades locais e nacionais fortes, mas, pelo contrário, foi importante para formar tais organizações. A Associação admitia tanto membros individuais como organizações locais e nacionais (onde existissem). Seu Conselho Geral, eleito nos congressos (normalmente) anuais, teve sede em Londres até 1872.

> A I Internacional não foi uma associação de partidos nacionais da classe trabalhadora; não havia tais partidos nessa época. Foi, antes, um centro educacional e organizacional que visava criar movimentos nacionais da classe trabalhadora (Sweezy, 1959, p. 170).

A Comuna de Paris (1871) foi o momento decisivo da I Internacional. Partidários franceses da Associação, em especial os adeptos de Proudhon desempenharam um papel importante na comuna e o Conselho Geral organizou uma campanha de solidariedade internacional.

Marx e Engels consideraram a Comuna de Paris como a primeira experiência histórica de revolução e Estado operários ainda que os *communards* fossem majoritariamente adeptos do proudhonismo e outras correntes de pensamento que não o socialismo alemão de que eram a principal expressão.

A vida interna da I Internacional foi sempre preenchida por grandes conflitos, principalmente entre, de um lado, Marx seus apoiadores e, de outro lado, os grupos liderados por Proudhon, Lassale e Bakunin. A discussão principal era se a conquista do poder político deveria ser o objetivo principal ou não da luta do proletariado internacional. Essas diferenças ficaram mais graves no episódio da Comuna de Paris e levaram a divisões que progressivamente enfraqueceram a Associação.

Proudhon via com desconfiança e restrições os sindicatos, greves e a luta política levada adiante por partidos operários. Lassale, por sua vez, sustentava uma tática de aliança à política de modernização autoritária de Bismarck, enquanto seus seguidores buscavam controlar de maneira estrita os sindicatos.

Bakunin, finalmente, foi o opositor mais ferrenho de Marx no bojo da I Internacional. Foram os "bakuninistas" que forjaram a expressão "marxista", de forma pejorativa, para designar os comunistas que defendiam as ideias de Marx. Enquanto os "marxistas" defendiam a luta contra o Estado burguês e a imposição do poder operário – por meio da ditadura do proletariado – como transição histórica a uma sociedade sem classes e sem Estado, os "bakuninistas" estavam contra qualquer forma de autoridade e de Estado. Bakunin organizou uma fração secreta no interior da AIT com o objetivo de conquistar sua direção. Segundo Molnár (1974), as lutas internas entre as duas tendências irreconciliáveis dividiram, neutralizaram e debilitaram significativamente a nascente Internacional.

Assim, confrontando-se internamente com a divisão e, por outro lado, assistindo ao fortalecimento de organizações nacionais (que retiravam espaço da militância internacional), em 1876, desfez-se a I Internacional. Embora não seja possível precisar todas as realizações desta I Internacional, é importante afirmar que algumas causas e embates levados

126   FLÁVIA BRAGA VIEIRA

a cabo durante sua existência foram fundamentais nos desdobramentos do movimento socialista internacional, posteriormente.

> Indubitavelmente, desempenhou papel importante na luta dos trabalhadores ingleses pelo direito de voto [...]; disseminou as ideias socialistas [...]; por sua atitude durante a guerra Franco-prussiana, ajudou a ensinar os trabalhadores de todas as nacionalidades a defenderem a sua independência e a resistirem à agressão qualquer que fosse a origem desta; fez sua a causa da Comuna de Paris [...]; e, finalmente, pela frenética reação que provocou nas chancelarias e redações de jornais, a Internacional revelou o grande temor à solidariedade da classe trabalhadora [...] (Sweezy, 1959, p. 171).

3.1.2 A II Internacional

Nos anos seguintes à dissolução da I Internacional houve um importante fortalecimento dos partidos nacionais de trabalhadores que a própria Internacional havia se empenhado em promover. Tanto é assim que Marx, até sua morte em 1883, e Engels, ainda por algum tempo depois disso, se opuseram à criação de uma nova organização internacional. Isso, entretanto, não significa a ausência de laços estreitos de cooperação internacional entre esses partidos, o que hoje certamente seria considerado como exemplo de rede transnacional.

Apenas em 1889, num congresso realizado em Paris para celebrar os cem anos da Revolução Francesa, foi fundada a II Internacional. No início, a II Internacional compreendia aproximadamente a mesma região geográfica representada por sua antecessora das décadas de 1860 e 1870, isto é, Europa e Estados Unidos. Havia, porém, grandes diferenças entre as duas organizações, a mais importante das quais dizia respeito à forma de organização propriamente dita: enquanto o coração da I Internacional foi o conselho-geral, a II Internacional mais se assemelhou a uma federação descentralizada, composta de partidos nacionais e sindicatos. A II Internacional não estabeleceu sequer máquina administrativa permanente até 1900, quando foi estabelecido o Escritório Socialista Internacional, o qual tinha quase que somente a função de troca de informações.

A II Internacional realizava seus congressos com intervalo máximo de quatro anos para decidir sobre as ações comuns e linhas políticas.
No rol das ações comuns, destaca-se a campanha internacional pela fixação da jornada de trabalho de oito horas, a qual foi organizada todos os anos em diversos países no dia primeiro de maio, a partir de 1890. Considerando a difusão e abrangência do movimento socialista e operário Hobsbawm (1982b) identifica três fases. A primeira fase abrange os anos 1880 e começo dos anos 1890, isto é, os avanços dos seis primeiros anos da Internacional, caracterizando-se pelo nascimento de uma série de partidos socialistas e operários de orientação mais ou menos marxista.

O que é mais importante nesta fase não é tanto a força organizativa, eleitoral ou sindical dos movimentos socialistas e operários (embora em diversos casos tal força tenha sido notável), mas o súbito irrompimento deles na cena política de seus respectivos países e no plano internacional (através de iniciativas como a comemoração festiva do dia 1º de maio); e também é de excepcional importância a impressionante onda de esperanças (às vezes carregadas de utopias) que se espraiou pela classe operária, em conexão com os referidos movimentos (Hobsbawn, 1982b, p. 79).

A segunda fase teria transcorrido em meados dos anos 1890, quando se tornou evidente a retomada da expansão capitalista em escala mundial. Nos países onde existiam, movimentos de massa socialistas e operários continuaram a se desenvolver em ritmo acelerado, apesar de algumas flutuações e reflexos. Aqueles que tinham alcançado a legalidade começaram, nesse momento, a proceder a uma revisão de seus objetivos e formas de luta. Em oposição ao ideário dos momentos iniciais, a revolução ou a transformação radical da sociedade começaram a ser abandonadas como objetivo imediato, passando a ter procedência ações mais institucionalizadas como a participação em eleições, parlamentos etc.

A terceira fase de Hobsbawm teria sido inaugurada pela revolução russa de 1905 e seu encerramento se situaria em 1914, com a deflagração da I Guerra Mundial. É uma fase caracterizada pela reanimação das ações de massa, tanto como reflexo da revolução de 1905, quanto por conta das agitações operárias. Além disso, há significativo avanço nos movimentos

128   FLÁVIA BRAGA VIEIRA

organizados, com rápido crescimento da sindicalização e da participação dos partidos de esquerda nos processos eleitorais.

> [...] continuavam a crescer as dimensões dos movimentos operários de massa organizados: entre 1905 e 1913, as inscrições nos sindicatos social-democráticos, nos países ligados à Internacional Sindical de Amsterdã, quase duplicaram, passando de 3 para quase 6 milhões, enquanto os social-democratas, com 30 ou até 40% dos votos, tornavam-se os maiores partidos existentes na Alemanha, na Finlândia e na Suécia (Hobsbawn, 1982b, p. 80).

A evolução da linha política da II Internacional transcorreu de modo heterogêneo e conflituoso. As principais polêmicas durante os congressos da II Internacional se deram em torno de três assuntos: a participação em governos burgueses, o colonialismo e o posicionamento quanto à guerra.

No congresso de 1900 em Paris foi debatida a participação dos militantes socialistas em governos burgueses. O debate foi precipitado pela decisão do militante francês Millerand[1] ter aceito fazer parte, como Ministro do Comércio, do Governo Waldec-Rousseau em 1899. O Partido Socialista e outros grupos de esquerda franceses denunciaram a atitude de Millerand ao Congresso da Internacional, porque o governo Waldec-Rousseau era reconhecido como representante da alta burguesia e tinha como Ministro da Guerra um dos carrascos da Comuna de Paris (General Gallifet). Carone (1993) identifica a formação de duas propostas de resolução: a primeira defendida por Kautsky e Jean Jaures, aceitava a participação em governos considerados burgueses, em condições especiais, aprovadas pela organização local ou nacional em questão; a outra, defendida por Enrico Ferri e Jules Guesde, proibia toda e qualquer participação em governos, sendo permitidas apenas alianças eleitorais em situações especiais. O congresso terminou com uma resolução de consenso, mas o debate se estendeu para congressos subsequentes demonstrando que a questão não havia sido superada.

O colonialismo, outra questão controvertida, foi condenado unanimemente pelo congresso de 1900. O assunto voltou à pauta no con-

---

1 Por isso, o debate ficou conhecido como a "questão do millerandismo".

gresso de Stuttgart, em 1907, que teve 884 delegados e 6 mil pessoas na cerimônia de abertura, configurando-se como um dos mais massivos de todo o período da II Internacional. Uma comissão designada para avaliar o tema propôs resolução que afirmava a possibilidade de aceitação de regimes coloniais, desde que sob a dominação de países socialistas. A tese partia da premissa de que era preciso levar o desenvolvimento a povos atrasados, e que, embora negando o formato destrutivo e dizimador do colonialismo capitalista, deveria ser incentivada uma "política colonial socialista". Kautsky, seguido de outros dirigentes, se opôs de forma radical à proposta apresentada e à resolução final, cujo debate movimentou o congresso, acabou por reafirmar a decisão de 1900, defendendo os direitos de todos os povos. Segundo Carone, a resolução afirmava que:

> Os socialistas têm o dever de lutar contra a situação de exploração colonial por todos os meios, entre eles o Parlamento, que deve impor reformas para melhorar a sorte dos indígenas, cuidando para manter os direitos destes, impedindo toda exploração, e trabalhando pela educação destes povos pela independência (Carone, 1993, p. 91).

O terceiro debate foi o mais decisivo. A luta contra a guerra aparecia como fundamental para a Internacional desde a sua fundação, pois se refletia em resoluções de seus congressos. O debate tomou fôlego no maciço congresso de 1907 em Stuttgart. Após sérias divergências, uma resolução final aprovada unanimemente afirmou que todos os esforços deveriam ser feitos no intuito de impedir a guerra, mas se esta viesse a ocorrer contra a vontade dos trabalhadores, que eles deveriam em cada país aproveitar as condições adversas para levantar as massas e derrubar o domínio capitalista. Em 1912, num congresso extraordinário em Bâle, Suíça o debate foi retomado de forma intensa. No momento a crise nos Bálcãs já estava em curso e a Primeira Guerra Mundial em gestação. A declaração final não é tão enérgica quanto a resolução de Stuttgart, mas continuou afirmando a necessidade do movimento socialista de combater a guerra imperialista.

Com o início da I Guerra Mundial em 1914, vários partidos da II Internacional deram apoio aos seus governos no esforço de guerra. Alguns outros grupos e partidos da II Internacional realizaram encontros para denunciar e lutar contra a guerra, como a Conferência Internacional de Copenhague (1915), de Viena (1915), de Londres (1915), de Haia (1916) e a Conferência Socialista de Estocolmo (1917).

Ao menos na Europa, o movimento socialista cresceu muito rapidamente durante o período da II Internacional. De um lado, por conta do trabalho de organização e mobilização dos partidos nacionais já existentes e em pleno funcionamento; de outro lado, provavelmente em razão da prosperidade econômica do período entre 1890 e 1914, que teria facilitado algumas conquistas econômicas de parte da classe trabalhadora. Os partidos socialistas e sindicatos conseguiram, assim, obter significativas melhorias nos padrões de vida da classe trabalhadora, bem como reformas sociais importantes. Muitos historiadores consideram que essa teria sido uma das razões da decisão de vários partidos socialistas de apoiar seus governos na guerra.

> Como beneficiar-se de um sistema e, ao mesmo tempo, combatê-lo? Não houve resposta para essa questão. [...] Uma instituição que fora construída com base na paz e no progresso não poderia sobreviver à realidade da guerra e da reação (Sweezy, 1959, p. 182).

Os bolcheviques russos foram decisivos na denúncia da guerra e dos partidos políticos que a apoiavam, sacramentando o colapso da II Internacional. Em 1915 e 1916 participaram ativamente das conferências de Zimmerwald e Kienthal, na Suíça, nas quais o movimento socialista internacional se posicionava contra a guerra imperialista e conclamava os trabalhadores a união e solidariedade de classe. Os bolcheviques, encabeçados por Lenin já nessas conferências reivindicavam a criação de uma III Internacional, mas a proposta não foi aprovada.

Muito pouco tempo depois, foram vitoriosos na Revolução Russa de 1917. Assim, estavam lançadas as bases para que em Moscou no ano de 1919, por iniciativa dos bolcheviques, juntamente com vários grupos importantes da II Internacional, como a Liga Spártacus de Rosa de Luxemburgo, fosse fundada a III Internacional, também chamada Internacional Comunista, ou Comintern.

3.1.3 A III Internacional

A estrutura da III Internacional era bastante diferente da configuração das duas anteriores: não era nem um órgão coordenador de um grupo de sociedades esparsas, nem uma federação descentralizada de partidos e sindicatos, mas se caracterizou como um partido comunista internacional com seções nacionais. Ademais, como o objetivo era alcançar uma revolução mundial, desde sua fundação a Comintern teve linhas políticas duras que marcavam a disciplina e a obediência a princípios centralizados. Essa perspectiva se consolidou aos poucos e os primeiros anos da III Internacional foram marcados por debates e contribuições diversas.

A constituição geográfica da III Internacional também era bastante diferente das anteriores. A II Internacional tinha suas principais bases nos movimentos socialistas de países capitalistas avançados, já a Internacional Comunista, por ter sua força principal na Rússia, expandiu-se muito para o oriente do continente euro-asiático e depois para outros continentes.

Diferentemente da II Internacional, que tinha previsto e favorecido a formação em cada país de um único partido operário, que compreendesse todas as variáveis socialistas, a III Internacional insistia em ruptura completa com os setores então chamados reformistas ou centristas. Os antigos programas social-democratas que dominaram o período da II Internacional deveriam ser substituídos por outros, mais especificamente comunistas. Os novos partidos comunistas deveriam se afastar do formato pacífico e legal exercido até então através da atividade parlamentar e, segundo Johnstone (1985, p. 13-14) "não deviam ter nenhuma confiança na legalidade burguesa; ao contrário, deviam se preparar para unir à atividade legal a ação clandestina".

A Comintern foi criada em março de 1919 e, no transcorrer do primeiro ano de sua existência, vários partidos operários se questionavam sobre a que Internacional aderir, visto que a II Internacional, mesmo enfraquecida, ainda vigia. A base programática do I Congresso da Internacional Comunista definiu posicionamentos ideológicos que ajudaram a definir quem estaria dentro e quem estaria fora dessa nova experiência de articulação do movimento operário internacional. Segundo Agosti, os principais pontos afirmados nos documentos do I Congresso foram:

> 1) a decomposição e o colapso iminente do inteiro sistema capitalista mundial assinalariam o fim da civilização europeia em geral, caso o proletariado não viesse a tomar o poder do Estado, destruindo o aparelho estatal da burguesia e substituindo-o por novas formas de organização que fossem a expressão da democracia proletária, da autoadministração das massas exercida através dos conselhos; 2) a ditadura do proletariado devia ser a alavanca para a expropriação imediata do capital e para a abolição da propriedade privada dos meios de produção; 3) o método fundamental da luta era a ação de massa, compreendida nessa ação a luta aberta a mão armada contra o poder do Estado do capital (Agosti, 1985, p. 47-48).

Essa base programática é, segundo Hájek (1984) e Agosti (1985), fruto de três componentes diferentes. O primeiro é representado pela herança ideológica do período anterior, por meio da análise do imperialismo e do caráter irremediável de suas contradições (maximizado no dilema "socialismo ou barbárie"), que representa o principal ponto de chegada da teoria econômica da II Internacional. O segundo componente é dado pela experiência revolucionária russa de 1917, tanto do período anterior à Revolução de Outubro, quanto do primeiro ano de gestão e da guerra civil. Por fim, o terceiro componente é um reexame das estratégias do movimento operário após a falência da II Internacional, que conduz a opção por uma nova forma de democracia – a democracia proletária –, em contraposição à democracia burguesa parlamentar, concretizada na ideia dos sovietes ou conselhos de operários, camponeses e soldados.

No momento da criação da Internacional Comunista existiam poucos partidos propriamente comunistas no mundo. A base programática do I Congresso era uma tentativa de agregar núcleos restritos – mas suficientemente homogêneos em seus princípios – da esquerda revolucionária em vários países, a qual muitas vezes fazia parte de partidos mais amplos no âmbito da social-democracia. O problema maior na fase formativa da III Internacional era, de um lado, garantir o fundamentos ideológicos e, de outro, ampliar sua atuação e influência para partidos e movimentos de massa no mundo capitalista. A estratégia adotada no II Congresso para assegurar a homogeneidade ideológica foi a criação de 21 condições para admissão de organizações na nova Internacional. As condições excluíam a possibilidade de reformismo, através, entre outras medidas, da consagração do princípio do centralismo democrático. Em paralelo, no período entre o I e o II Congressos, foi feito um esforço para aumentar a influência da Comintern com divisões nos partidos social-democratas.

O método consistia em propagar o programa revolucionário (revolução socialista mediante luta armada e ditadura do proletariado na forma de sovietes). Tratava-se de uma política de ataques constantes a social-democracia, com o objetivo imediato de sua decomposição, a fim de conseguir a maioria, ou pelo menos grande parte, da classe operária para o programa comunista. O resultado dessa política foi a criação de partidos comunistas fortes na França, Tchecoslováquia, Bulgária, Iugoslávia, Noruega [...], Alemanha e Finlândia (Hájek, 1984, p. 16-17).

Apesar de bem-sucedida, a metodologia não conseguiu terminar com a influência e o espaço dos partidos social-democratas em vários países. Percebendo, então, que o avanço de sua influência estava diminuindo, alguns grupos comunistas constituíram uma nova estratégia para ampliação da luta de massas, que posteriormente ficou conhecida como "política de frente única". Essa política foi iniciada com uma Carta Aberta do Partido Comunista da Alemanha aos demais partidos operários e aos sindicatos fazendo um chamado a ações conjuntas pelas reivindicações econômicas e políticas imediatas dos trabalhadores, tais como: luta por salários e outros interesses econômicos, pelo desarmamento das formações militares burguesas e pela constituição de organizações proletárias de defesa.

A política de frente única foi adotada formalmente no III Congresso da Comintern, em 1921 (Hájek, 1984 e 1985). Em cada país, de acordo com a situação da classe operária e dos partidos e organizações da mesma, foram desenhados diferentes formatos para essa política. A própria Internacional Comunista reformulou e deu características diferentes a esse processo ao longo de sua existência. O mais significativo a destacar é que com essa política estava reconhecida a necessidade de conseguir alcançar a maioria do proletariado.

Foi neste contexto que o movimento comunista internacional, após sua consolidação, caracterizou-se por um acentuado grau de monolitismo organizativo e homogeneidade ideológica, particularmente a partir do momento em que, na segunda metade dos anos 1920, consagrou-se a palavra de ordem da bolchevização. A data de nascimento dessa palavra de ordem pode ser situada após a derrota, em 1923, do movimento revolucionário alemão. Duas situações tiveram influência sobre o nascimento desta ideia: de um lado, o reconhecimento da incapacidade dos partidos não russos para conquistarem o poder; de outro, a cisão no grupo dirigente do partido bolchevique.

A desilusão quanto aos insucessos dos partidos comunistas ocidentais levou a uma comparação direta com a experiência da Revolução de 1917 e à conclusão de que deveria ser feito um esforço para mudar as outras seções da Comintern segundo o modelo oferecido pelo Partido Comunista da União Soviética. Paralelo a isso, surgiu uma cisão no grupo dirigente do partido (após a morte de Lenin, em janeiro de 1924), tendo Trotski, e seus adeptos, entrado em conflito com a força hegemônica no comitê central, representada pelo triunvirato Stalin-Zinoviev-Kamenev (Hájek, 1985b). O triunvirato apresentava-se como guardião da tradição bolchevique e caracterizava o trotskismo como sua antítese. É nesse quadro que a bolchevização passou a ser entendida como aspiração ao aperfeiçoamento dos partidos comunistas.

> A bolchevização não deve ser entendida no sentido de transferência mecânica da experiência russa para o partido alemão e os outros partidos. [...] Por bolchevização, entendemos a assimilação, por parte dos partidos, daquilo que de significativo, de internacional existe no bolchevismo [...]. Bolchevização é a criação de uma organização compacta, monolítica e fortemente centralizada, que supera amigavelmente as divergências em suas filas, como nos

ensinou o companheiro Lenin. Bolchevização é marxismo em ação, é dedicação à ideia da ditadura do proletariado, à ideia do leninismo (Discurso de Zinoviev, em 1924, durante o v Congresso da III Internacional. Citado em Hájek, 1985b, p. 198).

A história demonstrou que na União Soviética as divergências não foram tratadas de forma realmente amigável, levando à perseguição e destruição dos grupos que se opunham às linhas hegemônicas do partido. Da mesma forma, a transferência mecânica da experiência bolchevique para outros países e situações históricas também causou rupturas e fracassos no movimento comunista.

Uma grande parte da historiografia sobre a III Internacional reafirma a ideia de que as noções amplamente difundidas de "revolução mundial" e de "partido mundial da revolução" constituíam o horizonte estratégico e o aparelhamento organizativo do movimento comunista pelo Partido Comunista da União Soviética. Este é, portanto, o aspecto mais controvertido da III Internacional: sua relação com a União Soviética e o PCUS (Agosti, 1985b).

Os bolcheviques dominavam os conselhos e a direção política da Comintern. O domínio não é de difícil compreensão, uma vez que eles haviam feito uma revolução vitoriosa e estavam dirigindo um país com as proporções da Rússia. o mesmo domínio, para vários autores, constituiu fonte de fraqueza para a Comintern. De forma impositiva construiu-se uma convicção inabalável de que a transição para o socialismo deveria, em toda parte, seguir os modelos soviéticos. Por isso, muitos militantes ao redor do mundo se afastaram dos partidos comunistas e aqueles que permaneceram, na maioria das vezes, foram incapazes de interpretar as condições particulares de seus próprios países.

> Foram fraquezas que muito contribuíram para a dissolução final do Comintern e, ao mesmo tempo, tão inevitáveis quanto a incapacidade da II Internacional para fugir ao fato de seu vigor depender do próprio sistema imperialista, que marchava para o desastre (Sweezy, 1959, p. 190).

Além disso, as necessidades do processo histórico da União Soviética acabaram por esvaziar a Internacional. Este fenômeno se refletiu no aumento progressivo dos intervalos entre os congressos: do I ao IV Congressos o intervalo foi de um ano, sendo o IV, realizado em 1922; o V em 1924; o VI em 1928; e o VII, sete anos depois, em 1935. O congresso coincide com a chegada ao poder dos nazistas e a Comintern adota uma nova política: a defesa de frentes populares nacionais contra a disseminação do fascismo.

O período que precede o VII Congresso da Comintern é de amplos debates em função das mudanças na conjuntura internacional. O Partido Alemão denunciava desde o VI Congresso, em 1928, que o governo social-democrata na Alemanha era "social-fascista" e que não havia, portanto, diferença entre a social-democracia e o fascismo, colocando os comunistas em oposição radical àquele governo. A Comintern naquele momento fez um recuo na sua política de frente única e superestimou a força do comunismo alemão, ao mesmo tempo em que subestimou a força do nazismo, o qual começava a ganhar espaço. Em 1935, já com Hitler no poder houve, então, uma guinada na política da Comintern.

O debate foi travado a partir de um informe do dirigente búlgaro George Dimitrov (que logo depois viria a se tornar secretário da III Internacional), contrário à tese do socialfascismo e que buscava indicar para o movimento comunista internacional a necessidade de defender a democracia e a paz em resposta às potencialidades nocivas do totalitarismo fascista. A política de "frentes populares anti-fascismo" foi vitoriosa no VII Congresso e possibilitou ao movimento comunista internacional ampliar muito sua legitimidade fora do mundo comunista, além de dar outro caráter para suas próprias lutas como demonstra Dassú:

> [...] no conjunto é possível afirmar [...] que, indicando ao movimento comunista o terreno da luta pela democracia e pela paz como novo terreno de ação e de ligação com as massas populares, e pronunciando-se, com base nisso, por uma mais completa inserção dos partidos comunistas na vida política nacional, o informe [de Dimitrov] rompe com a lógica "minoritária" da Comintern e funda a perspectiva da transformação dos partidos comunistas do ocidente em modernos partidos de massa (Dassú, 1985, p. 328).

A política de frentes populares buscava, então, atrair amplos setores das sociedades nacionais na luta contra o fascismo. Nesse sentido, os partidos comunistas em vários países do mundo buscaram alianças até mesmo com setores da burguesia.

As decisões do VII Congresso foram interpretadas de maneira muito diferente pelos historiadores. Muitos as identificam como prova máxima da subordinação da Comintern aos interesses do estado soviético e da política de Stalin. Para outros autores, como Hobsbawm, a política das frentes populares se constituiu "como um divisor de águas nas expectativas do comunismo internacional, porque não havia nenhum precedente adequado na doutrina oficial" (Hobsbawn, 1986, p.172). Segundo essa abordagem, a política de frentes populares era tanto a busca por uma estratégia para vencer o fascismo, quanto uma reformulação da abordagem marxista para questões como a aliança de classes, democracia e nação, o que em suma constituiriam uma ruptura com o modelo de revolução bolchevique. Dessa forma, a política seria um presságio do "caminho nacional para o socialismo" que passaria a vigorar entre 1944 e 1947.

> [...] a era da frente popular foi marcada por uma tensão não resolvida entre tradição e inovação, entre estruturas ideológicas e organizacionais herdadas e as iniciativas dos partidos comunistas de se engajarem nas culturas políticas nacionais. Este foi, em resumo, um período altamente contraditório na história da Comintern (McDermott e Agnew, 1996, p.131).

Em agosto de 1939, entretanto, Stalin assinou um pacto de não agressão com Hitler. O pacto teria dois principais objetivos: de um lado, colocar a URSS fora das disputas entre estados definidos como burgueses e, de outro lado, focar seus esforços nos planos de desenvolvimento industrial que começavam a se implantar no país. Assim, o objetivo seria consolidar a política de Stalin de "socialismo num só país", que tinha como centro a transição vertiginosa de um país agrário num país industrializado. Isaac Deutscher (2006) identifica, entretanto, que os "Processos de Moscou"[2] empreendidos por Stalin teriam desarticulado as forças armadas soviéticas e o pacto de não agressão seria uma tentativa de ganhar tempo para sua rearticulação antes de um ataque alemão. Essa conjuntura colocou o movimento comunista internacional diante de uma contradição difícil de resolver, isto é, construir a luta antifascista internacionalmente e, ao mesmo tempo, estabelecer um período de relativa paz para a URSS. A solução foi dada pelo próprio Stalin que elaborou a ideia de que a guerra estava sendo travada entre dois grupos capitalistas e que a divisão entre países capitalistas fascistas e capitalistas democráticos não cabia mais. Em setembro de 1939, a Comintern lançou diretivas que proclamavam que:

em nenhuma parte os comunistas poderiam apoiar a guerra [...], pelo contrário, os partidos comunistas nos países beligerantes deveriam se opor à guerra injusta, expondo sua essência imperialistas, ao invés de fascista (McDermott e Agnew, 1996, p. 193-194).

Assim, a Comintern abandonou a política de frentes populares e se manteve fora das disputas políticas que estavam sendo travadas nas diferentes sociedades. Em alguns países, como a Grã-Bretanha e a França, grupos de militantes, que se opuseram à nova linha política e queriam continuar combatendo o nazifascismo, foram expulsos dos partidos comunistas. A grande maioria do movimento comunista internacional seguiu, entretanto, a linha de Moscou.

A invasão da União Soviética em junho de 1941 pelas tropas alemãs e a vitória militar da "pátria do socialismo" coroaram a política de Stalin, e resolveram o impasse, ao mesmo tempo em que se deflagrava o processo de sepultamento da Comintern.

O período entre agosto de 1939 e junho de 1943 é universalmente conhecido como o apogeu da subordinação da Comintern aos

---

2 Nos Processos de Moscou, também chamados Grande Expurgo ou Grande Terror, entre 1937 e 1938, foram expulsos de suas organizações, banidos ou executados todos os supostos inimigos do Estado soviético, sendo que entre os alvos mais destacados dessa ação estava o Exército Vermelho, incluindo treze dos quinze generais de exército.

ditames da política externa de Stalin. O dramático retrocesso de setembro de 1939, sob a sombra do pacto nazi-soviético, a reviravolta de junho de 1941, após a invasão alemã da URSS, e a dissolução da Comintern, em junho de 1943, conformam um eloquente testemunho desta visão (McDermott e Agnew, 1996, p. 191).

Segundo Claudin (1970), a III Internacional foi dissolvida em junho de 1943 com o argumento de que as condições diferentes sob as quais o movimento comunista internacional tinha a partir de então de operar tornavam impossível uma direção a partir de um centro internacional. Esse posicionamento colocava às claras as dificuldades em harmonizar os interesses do movimento comunista internacional e os da URSS. O mesmo autor afirma que a dissolução da Comintern também estava associada à ideia de tranquilizar os aliados ocidentais de Stalin na luta contra a Alemanha de Hitler. Um terceiro elemento que teria levado à dissolução da Comintern, seria a mudança nos partidos comunistas de vários países que, após a política de frentes populares, se voltaram mais atentamente para as suas próprias questões nacionais. A centralização político-ideológica da III Internacional se tornava um entrave para a consolidação dessas novas políticas.

Em 1947, após quatro anos sem reuniões comunistas internacionais, ocorreu uma conferência na Polônia. Nela ficou decidido o estabelecimento de um Escritório Comunista Internacional com sede em Belgrado para trocar experiências, informações. A articulação ficou conhecida como Cominform, mas não teve semelhante influência que a Comintern havia estabelecido sobre os partidos comunistas nacionais. Nas palavras de Lenin, alguns anos antes, a história das Internacionais se resume dessa forma:

> A I Internacional lançou os fundamentos da luta proletária internacional pelo socialismo. A II Internacional foi uma época de preparação do terreno para a difusão ampla, de massas, do movimento numa série de países. A III Internacional colheu os frutos do trabalho da II Internacional, [...] e começou a realizar a ditadura do proletariado (Lenin, 1986, p. 235).

A Comintern foi essencialmente a internacional dos partidos comunistas e sua política adquiriu um caráter estatal em função da importância da URSS. Paralelamente à influência nas políticas dos partidos comunistas, a III Internacional também desenvolveu políticas específicas em setores e temas importantes do movimento comunista internacional, por meio de alguns órgãos. Os mais destacados foram a Internacional Sindical Vermelha (Profintern), fundada em 1920; a Internacional da Juventude Comunista (que já havia sido um órgão da II Internacional), refundada em 1919; o Socorro Vermelho Internacional (MOPR), fundado em 1922; e a Internacional Camponesa Vermelha (Crestintern), formada em 1923.

A Internacional Sindical Vermelha foi um dos órgãos mais importantes da Comintern, criado para coordenar internacionalmente as atividades sindicais dos partidos comunistas. Inicialmente, o objetivo maior era contrapor-se à Internacional de Amsterdã, a Federação Internacional de Sindicatos, de orientação social-democrata, que os comunistas chamavam de "Internacional Amarela". Segundo o documento do III Congresso da Internacional Comunista "A Internacional Comunista e a Internacional Sindical Vermelha" (1921), a Profintern deveria ser uma organização dos sindicatos comunistas e, portanto, estabelecer relações e lutas conjuntas com os partidos comunistas em cada país. Essa posição era oposta à ideia da Internacional de Amsterdã de estabelecer uma relação de neutralidade em relação aos partidos políticos em prol dos interesses dos trabalhadores representados pelos sindicatos. A Profintern denunciava que essa neutralidade significava, na prática, a colaboração de classes. A Internacional Vermelha estabeleceu, além do escritório de Moscou, vários escritórios em países europeus e, em 1929, foi criada a Confederação Sindical Latino-americana, como mais um capítulo da Profintern.

Outro dos órgãos importantes da III Internacional foi o Socorro Vermelho Internacional. Criado pela Comintern, em 1922, o Socorro Vermelho Internacional, ou MOPR, pretendia ser uma espécie de "Cruz Vermelha Comunista". A organização conduziu campanhas em apoio aos militantes comunistas presos (sempre lutando por sua anistia e contra execuções) e também para levantar apoio financeiro e humanitário em diferentes episódios históricos. Entre as principais dirigentes da organização incluem-se a alemã Clara Zetkin e a italiana Tina Modotti. Uma das atuações de destaque do Socorro Vermelho Internacional foi durante a Guerra Civil Espanhola, quando foram criadas infraestruturas humanitárias nos territórios controlados pelos republicanos, incluindo cozinhas comunitárias e campos de refugiados, bibliotecas e escolas para as crianças, estrutura de transporte entre o front e hospitais etc.

O MOPR teve seções em diferentes países europeus e destacou-se a articulação na América Latina, cujos principais dirigentes foram Farabundo Martí e Julio Mella (militante comunista cubano que ajudou a fundar a organização no México, durante seu exílio). Junto à população da URSS e de outros países dirigidos pelos comunistas, o Socorro Vermelho Internacional organizava expressivas campanhas de levantamento de fundos para a solidariedade internacional, com articulação de redes e comitês, num formato que pode ser comparado às redes de direitos humanos contemporâneas.

Outros órgãos da III Internacional não tiveram papel tão destacado.[3] É importante ressaltar, contudo, que, a despeito do caráter centralizado e hierarquizado que a forte influência da URSS imprimiu-lhe, a III Internacional alcançou, em alguns momentos, enraizamento nas massas de trabalhadores do mundo inteiro. Uma forte identidade com os valores da solidariedade internacional e com o internacionalismo socialista-comunista, em especial, permeava a mentalidade dos trabalhadores organizados. Essa mentalidade, ela mesma enraizada numa cultura política que caracterizou a classe operária industrial em vários países, foi alimentada tanto pela ação política dos comunistas, quanto pela troca de experiências resultantes de congressos e encontros internacionais e pela circulação internacional de militantes.

A experiência mais notável do internacionalismo socialista-comunista foi a das Brigadas Internacionais, durante a Guerra Civil Espanhola. Segundo o documento "International Solidarity with the Spanish Republic: 1936-1939" (1974), as Brigadas Internacionais contaram com 42

---

3 Em função de sua importância para o presente estudo, entretanto, será detalhada mais à frente a experiência e composição da Internacional Camponesa Vermelha, que teve uma curta história.

mil combatentes de 53 países, cujos principais contingentes foram: França, 9 mil; Itália, 3 mil; Alemanha e Áustria, 3 mil; Polônia, 3 mil; Russia, 3 mil; Estados Unidos, 3 mil. De acordo com o mesmo documento, quase 10 mil dos militantes foram mortos em combate, outros 7 mil feridos. 93% dos integrantes das Brigadas eram militantes comunistas ou indicados por partidos comunistas.[4]

3.1.4 A IV Internacional

Como citado anteriormente, ao longo do processo da III Internacional algumas divergências graves foram surgindo. A divergência de maior alcance se deu entre Trotski (e seus adeptos) e os setores hegemônicos do PCUS, após a morte de Lenin, em 1924. A oposição trotskista se apresentou pela primeira vez no VI Congresso (em 1928) através de um documento semiclandestino (Crítica ao Projeto de Programa) e após a expulsão de Trotski da URSS, em 1929, passou a se organizar como Oposição Internacional de Esquerda. Nesse momento, a Oposição não pretendia formar novos partidos comunistas, nem uma nova internacional, mas apenas criticar as linhas políticas do movimento comunista internacional.

Em 1933, a Oposição decide romper com a Comintern e se constituir como Liga Comunista Internacional (LCI). Os grupos que faziam parte da nova articulação vinham de dissidências de alguns partidos comunistas europeus e tinham muito pouca influência no movimento operário. Por este motivo Trotski propõe a política de "entrismo", isto é, que os grupos ligados à LCI ingressassem nos partidos socialistas ou social-democratas como correntes públicas mantendo suas posições e, mesmo, periódicos próprios.

Em 1934, ocorre a mudança na política da III Internacional, que passa a defender as frentes populares antifascistas, e com isso alarga sua influência e legitimidade frente a vastas parcelas do proletariado mundial. Em 1936, co-

---

4 Para maiores detalhes acerca das Brigadas Internacionais ver Bradley e Chappell (1994), e Richardson (1982). Segundo Bradley e Chappell (1994), existem muitas controvérsias a respeito do número de militantes internacionais durante a Guerra Civil Espanhola. O International Brigade Memorial Archive da Marx Memorial Library, em Londres, oferece estimativas semelhantes ao documento soviético anteriormente citado.

DOS PROLETÁRIOS UNIDOS À GLOBALIZAÇÃO DA ESPERANÇA 143

meçam os chamados "Processos de Moscou", que sinalizam a intensificação e ampliação da perseguição a dissidências e oposições ao governo de Stalin, dentro e fora da URSS. Os dissidentes, os trotskistas em particular, são vítimas de expulsões, prisões, banimentos e condenações à execração no movimento operário e condenações à morte, através de processos legais – quando no interior da União Soviética – ou não – como acabará acontecendo com o próprio Trotski, assassinado em seu exílio no México.

Em 1938, a LCI promove em Paris o Congresso de fundação da IV Internacional. Trotski havia redigido "O Programa de Transição" (Trotski, 1938) que veio a ser aclamado no Congresso como documento de fundação das bases político-ideológicas da nova Internacional. Esse documento continha quatro ideias fundamentais.

A primeira delas, reafirmava a teoria econômica consagrada desde a II Internacional de que as bases materiais do capitalismo não ofereciam mais possibilidades de progresso e as condições de vida estavam em franca deterioração. Dessa forma, a alternativa objetiva era "socialismo ou barbárie". A segunda ideia, derivada da primeira, concluía que constatadas as condições objetivas para a revolução, o que faltava era o fator subjetivo, isto é, a crise da humanidade era uma crise de direção revolucionária. A terceira ideia afirmava que a burocracia dita "stalinista" da URSS havia traído o proletariado e se constituíra em obstáculo histórico para a revolução. Por fim, Trotski afirmava que apesar dessa burocracia traidora, as conquistas da Revolução de Outubro ainda persistiam e que a URSS e suas conquistas deveriam ser defendidas pelo movimento revolucionário.

Ao defender a formação da IV Internacional, Trotski entendia que deveria ser mantido o modelo organizativo da Comintern, ou seja, o de um partido mundial centralizado e disciplinado da revolução proletária, com seções nos diversos países. Em clara oposição à política de Stalin, de defesa e promoção do socialismo num só país, a nova Internacional afirmava que o caráter da revolução proletária era necessariamente mundial e somente assim ela poderia ser vitoriosa.

A II Guerra Mundial impôs à IV Internacional condições muito restritas de atuação. O Secretariado Internacional emigrou para os Estados Unido, onde existiam fortes grupos trotskistas, e durante alguns anos se limitou a emitir análises e comunicados sobre a conjuntura político-econômica mundial. Em 1940, Trotski foi assassinado no México por Ramón Mercader, agente secreto da política soviética. Outros líderes trotskistas também morreram nas mãos de fascistas alemães, japoneses, e italianos, bem como, de governos alinhados com a URSS.

Em 1948, após o fim da Guerra, um novo Congresso da IV Internacional elegerá um Comitê Executivo e um Secretariado Internacional. São aprovados estatutos que permitem ao Comitê poderes amplos, os quais incluem a possibilidade de impor a política internacional nas seções nacionais, mesmo que estas discordem. Nesse momento o movimento conta com alguns partidos mais amplos como o do Ceilão e dos Estados Unidos e se reforça na América Latina e na Índia, mas desaparecem seções importantes como a da Polônia, da Alemanha e do Vietnam.[5]

Ao buscar uma tática apropriada para aquele período, a IV Internacional sofre uma crise ainda maior em 1953. No Congresso de 1951, a maioria dos delegados aprovou a proposta defendida por um de seus principais dirigentes, Michel Pablo, segundo a qual as sessões da IV Internacional deveriam realizar um novo "entrismo" nos partidos comunistas, social-democratas e "nacionalistas-anti-imperialistas". Essa tática, que ficou conhecida como "entrismo *sui generis*", foi defendida como forma de aproximar as sessões da IV Internacional do movimento real de massas, além de um prognóstico de que os chamados Estados operários burocratizados (URSS e Leste Europeu) iriam "inevitavelmente" a uma guerra contra o imperialismo norte-americano, retomando assim o caráter revolucionário que haviam perdido em virtude da opção pela construção do socialismo num só país.

Em 1953, um número considerável de dirigentes (como Cannon, Lambert e Moreno) abandona a Internacional, apoiados pela maioria das sessões australiana, inglesa, chinesa, francesa, neozelandesa, suíça, americana e argentina. Formam então o Comitê Internacional da Quarta Interna-

---

5 Sobre a periodização da IV Internacional e as organizações que participaram nos diferentes momentos de sua história ver o documento do "Partido Obrero Socialista Internacionalista Breve Historia de la Cuarta Internacional". Disponível em: <www.posicuarta.org/posi/Documentos/HistoriaIVInternacional.pdf>.

DOS PROLETÁRIOS UNIDOS À GLOBALIZAÇÃO DA ESPERANÇA 145

cional (CI). A maioria da IV Internacional, entretanto, mantém o Secretaria-do Internacional (SI), enquanto instância de direção da Internacional.

Durante os dez anos seguintes, a maioria dos dois setores desenvolveu posições semelhantes para os principais problemas internacionais: oposição às políticas de Stalin no Leste Europeu, apoio à Guerra de Independência Argelina e à Revolução Cubana de 1959. Ao mesmo tempo, partes do SI rejeitaram a orientação de Pablo sobre o entrismo. Em 1960, sessões da CI e SI se reunificam no Chile, Índia e Japão. Em 1962, a convergência política entre as maiorias dos dois setores era suficientemente forte para que SI e CI estabelecessem um comitê paritário para preparar um congresso mundial conjunto. Esse congresso almejava a reunificação da IV Internacional.

Em 1963, ocorreu o Congresso de Reunificação em Roma, o qual congregou a ampla maioria dos grupos trotskistas. O Congresso elegeu uma nova liderança que incluiu Ernest Mandel e Joseph Hansen. Estes dois dirigentes redigiram uma proposta de resolução, "Dinâmicas da Revolução Permanente Hoje", que se tornou o documento de referência durante as décadas seguintes para o, a partir de então chamado, Secretariado Unificado da IV Internacional. Segundo Dobbs e Hansen (1963), esse documento argumentava que as três formas da Revolução Mundial (a revolução anticolonial, a revolução política nos estados operários burocratizados e a revolução proletária nos países capitalistas) formavam uma unidade dialética. Cada forma influenciava as outras e recebia, por outro lado, poderosos incentivos ou freios ao seu próprio desenvolvimento.

Uma importante saída se registrou em 1964, quando a única organização de massas na IV Internacional, o Lanka Sama Samaja Party do Ceilão (atual Sri Lanka), foi expulsa após aderir a um governo de coalizão naquele país. Desde 1960, o SI já havia criticado fortemente a tática parlamentarista do LSSP.

Nos anos 1970 e 1980, os principais debates da IV Internacional giraram em torno da guerrilha, em especial, na América Latina, dos movimentos de libertação nacional e começaram a surgir pautas novas como a questão da mulher e da ecologia. Alguns desses temas geraram divisões e reagrupamentos. Alguns outros grupos se organizaram internacionalmente

146 FLÁVIA BRAGA VIEIRA

e tiveram influência sobre setores representativos do movimento trotskista, em especial na América Latina, como os lambertistas e morenistas.

A partir da reunificação, o Secretariado Unificado tem sido a maior das organizações trotskistas em nível mundial, mas viveu inúmeras saídas e entradas de diferentes grupos. Apesar das muitas diferenciações históricas e políticas, essa experiência não conseguiu obter o alcance das Internacionais anteriores. Como exemplo, pode-se destacar que o número de delegados nos congressos da II Internacional giravam em torno de 700 e na III Internacional passavam dos milhares. Os congressos mais expressivos da IV Internacional tiveram em torno de 200 delegados. Além disso, os partidos trotskistas, com raras exceções (Sri Lanka, alguns países latino-americanos), jamais conseguiram alcançar influência sobre o movimento operário e sindical comparável a dos partidos de inspiração soviética, nem conquistaram expressivas posições nos parlamentos e na política institucional.

Enquanto a derrocada da União soviética e dos países do bloco soviético parecem ter soado a hora final dos partidos comunistas, muitos grupos trotskistas continuam em atividade e reivindicam a herança da IV Internacional.

3.1.5 O Movimento Anarquista Internacional

Desde meados do século XIX, além da tradição socialista-comunista, existiu um outro movimento internacional na esquerda: os grupos anarquistas. Tendo participado da formação e desenvolvimento da I Internacional, estes grupos se organizaram, no final do século XIX e ao longo do século XX, de outras formas e também influenciaram parcelas expressivas da classe trabalhadora.

O anarquismo, como corrente de ideias, busca aliar, de um lado, a concepção de humanidade, isto é, de solidariedade humana geral, e de outro a defesa intransigente da liberdade individual. Busca, em síntese, conciliar ideais internacionalistas com a defesa da autonomia local e da espontaneidade pessoal-individual. Algumas ideias principais do anarquismo são a autogestão, entendida como a gestão democrática e socializada da produção na sociedade, e o federalismo, concebido como a livre associação dos grupos de pessoas, tanto no plano administrativo como no econômico.

O anarquismo, antes de tudo, valoriza o indivíduo. É partindo do indivíduo livre que ele se propõe edificar uma sociedade livre. Aqui reaparece o princípio federalista. O indivíduo é livre para se associar ou não; está sempre a tempo de deixar a associação. [...] O indivíduo não é um meio, mas o próprio fim da sociedade e, por isso, o anarquista entende ajudar o indivíduo a libertar-se plenamente, a cultivar e a desenvolver todas as suas forças criadoras. A sociedade lucra tanto como o indivíduo, porque ela é formada, não por seres passivos, mas por uma adição de forças livres e, portanto, um conglomerado de energias individuais (Guérin, 1979, p. 106).

Segundo Woodcock (2006), a tensão entre, de um lado, os interesses individuais e localizados e, de outro lado, os interesses internacionais do homem universal não é apenas ideológica, e se refletiu nas próprias experiências do movimento anarquista internacional.

Por quase um século, tentaram criar uma organização mundial de anarquistas eficaz. Seus esforços foram frustrados por uma intolerância a qualquer forma de centralismo e uma tendência a abrigarem-se dentro do grupo local, ambas estimuladas pela natureza da atividade anarquista. Desde que os anarquistas não buscam vitórias eleitorais, não há nenhuma necessidade de criar organizações elaboradas, semelhantes àquelas dos partidos políticos, nem há qualquer necessidade de traçar programas gerais. Muitos grupos anarquistas têm-se dedicado, na realidade, à propaganda motivada, de maneira isolada – uma ou outra palavra ou ação –, e nesse tipo de atividade, o mais simples dos contatos entre cidades, regiões e países normalmente é suficiente (Woodcock, 2006, p. 7).

Embora nascidos paralelamente ao movimento marxista, e muitas vezes colaborando com este, os anarquistas têm algumas grandes diferenças em relação aos socialistas e comunistas. Em primeiro lugar, os anarquistas rejeitam radicalmente qualquer ideia de que o caminho ao comunismo tenha que passar por alguma forma de ditadura, seja ela em nome do proletariado ou de qualquer outro tipo. Em segundo lugar, destacam o papel do Estado na exploração capitalista, isto é, acreditam que o estado burguês não é uma expressão da economia burguesa e, portanto, do sistema de exploração capitalista, mas que o Estado tem um valor negativo em si próprio e que é ao mesmo tempo causa e efeito da sociedade capitalista. Em terceiro lugar, diferentemente do marxismo que considerava que a classe dos proletários urbanos fosse a classe revolucionária, para alguns anarquistas não havia uma classe revolucionária: todos os explorados, fossem eles camponeses, artesãos, ou operários fariam a revolução. Por fim, como visto anteriormente nas polêmicas da i e da ii Internacionais, os anarquistas não priorizavam a organização de partidos de massas, optando por ações diretas de grupos menores (às vezes clandestinos), e excluindo a possibilidade da luta institucional.

> O anarquismo é inseparável do marxismo. [...] Sua origem é, aliás, comum. [...] A sua estratégia a longo prazo, a sua finalidade última é, afinal de contas, idêntica. [...] Apenas estão em desacordo quanto a alguns meios de como chegar lá. [...] O seu desacordo [...] estava sobretudo no ritmo de desaparecimento do Estado no seguimento de uma revolução, sobre o papel das minorias (conscientes e dirigentes) e também sobre a utilização dos meios da democracia burguesa (sufrágio universal) (Guérin, 1979, p.102).

O primeiro teórico que utilizou a palavra anarquia foi o francês Pierre-Joseph Proudhon. Segundo ele, a propriedade não era uma instituição legítima da sociedade e baseava-se em um ato de violência. Preconizava uma sociedade futura, que ele chamava de anárquica, na qual a propriedade e seus maiores defensores, a Igreja e o Estado, teriam desaparecido, e os homens se organizariam espontaneamente para suprir as suas necessidades sem hierarquia, confederados em grupos de produtores organizados segundo regras mutualistas, isto é, de ajuda mútua. As ideias de Proudhon encontraram um espaço considerável entre muitos artesãos e operários franceses. Durante a Comuna de Paris (1871), como visto anteriormente, os adeptos de Proudhon exerceram forte influência.

Outro importante anarquista da época foi Michail Bakunin, o militante anarquista mais ativo no século xix. Bakunin participou ativamente da AIT (i Internacional), da qual, todavia, foi expulso com o resto de seus seguidores em 1872, no Congresso de Haia. Desde o congresso anterior, os anarquistas haviam entrado em choque com os marxistas por causa de suas ideias em relação ao Estado e sua recusa em formar um único partido operário organizado, além de se recusarem a obedecer às decisões da maioria socialista.

A circular da Federação Jura [grupo anarquista ligado a Bakunin] enfatizava que a tática do programa comunista dos marxistas, e em especial o reconhecimento da necessidade de conquista do poder pela classe operária, levaria inevitavelmente à criação de uma organização disciplinada e centralizada (que a Federação Jura chamava de "hierárquica"), administrada e dirigida pelo Conselho Geral. O programa anarquista, por outro lado, rejeitava qualquer tipo de centralização da organização, assim como recusava que qualquer proposta de centralização fosse incluída nas regras da organização. Eles defendiam completa autonomia tanto para indivíduos, como para grupos, e, dessa forma, recomendavam uma autonomia similar para as seções da Internacional (Stekloff, 1928, capítulo 13).

A história do movimento anarquista no mundo atravessou alguns períodos principais, durante os quais um aspecto de suas estratégias prevalecia sobre os outros, os quais, entretanto, não desapareciam completamente. Woodcock (2006) identifica quatro períodos principais.[6]

O primeiro período caracteriza-se pela busca dos propósitos internacionalistas em colaboração com socialistas de todos os tipos. Agiam, sobretudo, em pequenos grupos como vanguardas revolucionárias promovendo e participando de levantes e revoltas urbanas e tiveram um papel ativo na Comuna de Paris e na fundação das primeiras organizações mutualistas, segundo as ideias proudhonianas. Durante esse período, os anarquistas participaram (de 1864 a 1872), junto com os marxistas, da Associação Internacional dos Trabalhadores. Expulsos da 1 Internacional até começo da década de 1890, tentaram criar uma internacional puramente anarquista.

---

6 Na realidade, o autor apresenta cinco períodos. Neste trabalho, juntamos os dois primeiros, entendendo que se trata de um período internacionalista (dentro e fora da 1 Internacional), propriamente dito.

O segundo período é chamado "terrorista", aproximadamente entre 1881, ano do Congresso da Internacional Negra, até o começo da I Guerra Mundial. Nesse momento prevaleceu dentro do movimento anarquista a corrente individualista ou stirneriana, ligada ao filósofo alemão Max Stirner teórico da libertação total do indivíduo, que considerava eficaz o assassinato de expoentes do Estado como soberanos, presidentes da república, generais. Durante esse período os anarquistas, em atos individuais, mataram vários monarcas e presidentes, como por exemplo, o rei da Itália Humberto I, a imperatriz da Áustria-Hungria, o presidente da república francesa Sadi-Carnot, entre outros.

O terceiro período ocorre entre os anos 1919 e 1939, quando os anarquistas alcançam muito êxito através das práticas do anarcossindicalismo e passam a influenciar parcelas representativas do proletariado em várias partes do mundo. Em 1922, num congresso em Berlim, foi fundada pelos sindicatos e federações anarcossindicalistas uma internacional de sindicalistas revolucionários. Para enfatizar sua continuidade com o passado anarquista, adotaram o nome de Associação Internacional de Trabalhadores, o mesmo da I Internacional.

Durante o terceiro período sbressai um evento que Woodcock (2006) destaca como um período à parte, ou quarto período, em função da amplitude internacional de seu impacto: a Guerra Civil Espanhola (1936-1939). Durante esses anos, pela primeira vez, os anarquistas chegaram a participar do governo de uma nação, o que trouxe a eles vários problemas ideológicos e políticos. Mesmo defendendo a destruição total do Estado, os anarquistas entenderam que a Espanha estava numa guerra civil, e atendendo aos chamados da Federação Anarquista Ibérica (FAI), participaram ativamente das lutas em defesa da República Espanhola contra os franquistas nacionalistas. Além disso, os anarquistas esperavam transformar a Espanha numa república organizada segundo os princípios do anarquismo. Neste período, a principal central sindical espanhola era justamente a anarcossindicalista CGT.

O movimento anarquista se difundiu, sobretudo, na Europa latina (Espanha, Itália, França e Portugal), mas grupos consistentes existiram também na Holanda, Bélgica, Suíça e Rússia. Woodcock (2006) aponta que a maior difusão nesses países deveu-se ao fato de que o anarquismo era o movimento que mais atuava contra o poder da igreja e que mais considerava os camponeses como agentes revolucionários. Dado que os países da Europa do sul e a Rússia eram países ainda pouco industrializados e nos quais a Igreja católica e a ortodoxa (na Rússia) tinham terras e poder político, o anarquismo se apresentava como um movimento mais próximo das exigências de transformação da sociedade.

O movimento anarquista teve também certa expansão entre os trabalhadores dos Estados Unidos. O caso mais conhecido é o dos imigrantes italianos Nicola Sacco e Bartolomeo Vanzetti, mortos em 1927 na cadeira elétrica, acusados de terem matado policiais numa fábrica. Articulações internacionais de anarquistas e comunistas conseguiram organizar manifestações de milhares de pessoas nas principais capitais do mundo contra a execução dos dois militantes, num caso exemplar de difusão do internacionalismo e da solidariedade proletária.[7]

Também na América Latina o anarquismo teve uma grande difusão, sendo considerado como base fundadora do movimento operário em vários países sul-americanos, sobretudo Brasil, Argentina, Uruguai e Chile. Em grande parte, o anarquismo se difundiu a partir da década de 1890 na América do Sul graças à imigração de muitos trabalhadores vindos da Europa do sul, notadamente Espanha e Itália, onde era expressivo o número de anarquistas.

Os anarquistas davam muita importância para a cultura e para a formação política. Por isso, organizavam teatros, espetáculos, círculos de leitura e escolas operárias. Essas atividades contribuíram na formação do movimento operário e da própria cultura política dos trabalhadores, em especial na América Latina. A maior contribuição, segundo Giannotti (2007), foi, entretanto, a imprensa sindical. O anarcossindicalismo priorizava a publicação de periódicos. No Brasil, por exemplo, entre 1858 e 1930, período de maior influência do anarquis-

---

7 O caso Sacco e Vanzetti inspirou dezenas de livros e é tema até hoje de debates jurídicos e da esquerda. Na década de 1970, o cineasta Giuliano Montaldo dirigiu o filme *Sacco e Vanzetti,* considerado um dos maiores filmes do cinema político mundial. Sobre o caso ver Fast, 1978.

mo no movimento sindical, foram publicados mais de 500 jornais, alguns deles editados por muitos anos e com tiragens de até dezenas de milhares de exemplares semanais.

Atualmente muitos grupos de inspiração anarquista fazem parte das articulações internacionais anti-globalização. Não houve, entretanto, período de maior enraizamento das ideias anarquistas no movimento de massas e de sua difusão enquanto movimento internacional do que o registrado entre as décadas de 1910 e 1930.

3.2 QUESTÃO AGRÁRIA E CAMPONESA

Na breve história das articulações internacionais da esquerda socialista e comunista apresentada neste capítulo, foi deixada de fora uma questão: o campesinato. Inegavelmente, a classe operária urbana ocupou o centro das atenções das organizações e movimentos apresentados anteriormente. Isto ocorreu porque o marxismo e, em certa medida, também o anarquismo, desde o seu surgimento, consideravam que a classe revolucionária, responsável pelas transformações sociais, seria o operariado. As experiências históricas concretas de revolução, no entanto, complexificaram a análise sobre a estrutura social e, portanto, as políticas e programas a serem colocados em prática. A principal revolução do século XX, a Revolução Russa, bem como muitas outras, ocorreram em países nos quais o campesinato formava a parcela largamente majoritária da população e a questão agrária teve de ser trabalhada e redimensionada em termos teóricos e políticos.

Segundo Hegedüs (1984) essa temática aparece no marxismo de uma dupla forma: como questão agrária e como questão camponesa. O debate sobre a questão agrária analisa as relações de propriedade e produção vigentes no modo de produção agrícola (relações estas que são diferentes das da indústria) e cujo desenvolvimento deve ser analisado cientificamente, do ponto de vista econômico. A questão camponesa, por outro lado, se insere na investigação sobre a estrutura social e sobre a transformação desta estrutura, isto é, têm um caráter eminentemente sociológico e político.

Esta duplicidade de formulação do problema foi penetrando no marxismo de modo gradual, através de contradições e controvérsias. O modo como se formulou no marxismo a questão agrária e camponesa está relacionado, portanto, com a história das tendências que se formaram no quadro do socialismo-comunismo.

> [...] contribuiu sensivelmente para o fato de tomarem corpo no marxismo – num lapso de tempo relativamente curto – teorias ou tendências políticas violentamente contrastantes, que em parte eram produto da disputa sobre a questão agrária ou camponesa e, em parte, serviam para manter acesa a própria disputa (Hedegedüs, 1984, p. 149).

Inicialmente será apresentada a polêmica no marxismo a respeito da dupla questão (agrária e camponesa), resgatando como aparecem em Marx e como debatidas na I e II Internacionais. Num segundo momento, apresentar-se-á a leitura dos bolcheviques, além da política da III Internacional para a questão.[8]

3.2.1 De Marx à II Internacional

Os primeiros escritos de Marx sobre a questão camponesa foram produzidos no contexto do período das revoluções de 1848 e, portanto, sob o efeito de eventos histórico-políticos. Nesse momento, Marx e Engels escreveram um importante documento, que se tornou base para a política agrária tanto da Liga dos Comunistas como para a posterior I Internacional, chamado "Reivindicações do Partido Comunista na Alemanha" (Marx e Engels, 1848).

---

8 Cabe destacar que de forma alguma será esgotada a enorme polêmica marxista a respeito da questão agrária e camponesa. Apenas pretende-se apontar os elementos que ajudam a pensar nas políticas das articulações internacionais da esquerda frente a essas questões. Além disso, buscar-se-á no próximo capítulo, sobre a Via Campesina, o refraseamento dessa questão na contemporaneidade, o que ajudará a completar o quadro. Por fim, os episódios, polêmicas e a própria história de construção da URSS que perpassam o período que aqui será estudado, serão apresentados apenas naquilo que diz respeito à questão agrário-camponesa.

Tratava-se de um programa baseado nas reivindicações democrático-burguesas e continha um esboço de programa agrário-camponês cujas reivindicações mais importantes eram:

6. Todas as obrigações feudais, todas as imposições, as frondas, os dízimos etc., que até agora pesaram sobre a população rural devem ser abolidos sem compensação;

7. As terras dos príncipes e outras propriedades fundiárias, assim como as minas, pedreiras etc., devem ser transformadas em propriedades do Estado. Nessas terras a agricultura deverá ser exercida em larga escala e com ajuda dos meios mais modernos da ciência, no interesse da sociedade como um todo;

8. As hipotecas sobre as posses dos camponeses devem ser declaradas propriedade do Estado: os juros dessas hipotecas serão pagos pelos camponeses ao Estado;

9. Nas regiões em que se difundiu o sistema de arrendamento, os tributos agrícolas ou a renda serão pagos pelos camponeses ao Estado [...]. O proprietário fundiário autêntico, que não é camponês nem arrendatário, não tem nenhuma parte na produção. Seu consumo, portanto, é um abuso puro e simples (MMarx e Engels, 1848).

Este programa continha elementos que continuaram inalterados na política socialista-comunista internacional por muitas décadas, tais como: transformação de grandes propriedades agrícolas em propriedade estatal, gestão econômica e tecnológica em vasta escala e renúncia à divisão de terras (reforma agrária com distribuição de terras apara os camponeses). Aparecia também nesse documento uma contradição fundamental nos debates posteriores, pois se caracterizava por ser, de um lado, um programa de apoio aos camponeses e, de outro, uma negação da criação de uma classe de livres proprietários de terra.

Após o fracasso das revoluções de 1848, em especial na França, Marx dirigiu alguns de seus escritos para criticar o campesinato francês que não aderiu ao levante daquele ano. Em correspondência com Engels chegou a afirmar que a revolução só seria vitoriosa quando a revolução proletária se fizesse juntamente com uma nova edição das guerras camponesas. Hegedüs

(1984) assinala que essa troca de correspondência deu origem ao conhecido trabalho de Engels a respeito das guerras camponesas, no qual ele traça um paralelo entre a luta dos camponeses em 1525 na Alemanha com as de 1848.[9] Nos anos seguintes, Marx se dedicou fundamentalmente à criação de uma teoria econômica e a questão camponesa acabou sendo suplantada pelo problema agrário propriamente dito, especificando as leis de desenvolvimento da agricultura. Duas concepções surgiram: a teoria da renda fundiária e a lei de concentração do capital, considerada válida também para a agricultura.

Uma vez que a teoria da renda fundiária era razoavelmente desconhecida por boa parte dos militantes socialistas-comunistas nesse período,[10] não houve polêmicas significativas sobre esta problemática. A disputa maior ficou por conta da questão acerca da concentração de capital na agricultura.

Segundo Hegedüs (1984) os dois problemas que surgem para os novos partidos operários e socialistas no marco da fundação da I Internacional e que permanecem no debate socialista-comunista por muito tempo podem ser resumidos da seguinte maneira:

1. depois da transformação socialista da sociedade, o que acontecerá com a propriedade de terra, considerando-se o papel dominante, ou pelo menos significativo, que a propriedade camponesa tem na maior parte dos países em questão?

2. como se dará na agricultura a organização da produção, considerando-se o fato de que, na maioria dos países em questão, a grande empresa agrícola ainda não se difundiu geralmente? (Hegedüs, 1984, p. 154).

---

9 Ver Engels, 1977. Vale destacar que esta obra de Engels é especialmente interessante para o presente trabalho, pois metodologicamente se trata de uma tentativa de compreender as permanências e rupturas dos formatos de uma luta social comparando o momento histórico presente com experiências do passado.

10 O Livro III de O Capital foi publicado por Engels apenas em 1894.

Durante o período da i Internacional o debate entre a visão marxista e a proudhoniana foi dominante. Os marxistas defendiam a necessidade e a eficácia da concentração do capital agrícola, exigindo a nacionalização da terra e a formação de grandes unidades produtivas. Os proudhonianos defendiam a propriedade privada das terras camponesas e nela viam a garantia da liberdade individual. A posição marxista foi vencedora através, sobretudo, das teses dos alemães Georg Eccarius e Wilhelm Liebknecht.

A ideia era a de que os camponeses estavam condenados à ruína histórica na medida em que a agricultura camponesa era atrasada tecnicamente e não podia mais responder às necessidades sociais. A agricultura camponesa só dava conta de alimentar a própria família camponesa e não a população industrial urbana em formação naquele momento. Além disso, os próprios camponeses ver-se-iam na miséria sem poder competir no mercado capitalista.

Dessa forma, a posição marxista era anticamponesa do ponto de vista analítico, isto é, apontava para o seu desaparecimento histórico. Politicamente, entretanto, buscava construir pontos de aproximação na medida em que denunciava suas condições de vida. O marxismo, nessa fase, considerava os camponeses como um mundo à parte (fora das relações capitalistas) e, por outro lado, se apresentava como o legítimo defensor de seus interesses.

No período da ii Internacional, a questão se complexificou. Em especial o Partido Social-democrata Alemão teve de fazer revisões da política agrária e camponesa em função de seu crescimento eleitoral e da decorrente necessidade de alcançar o eleitor camponês. Em 1894, o Congresso do Partido reafirmou a tese da "proletarização necessária do camponês", ao mesmo tempo em que assumiu a tarefa de defender os direitos dos camponeses. No mesmo período, movimentos semelhantes ocorreram em outros países europeus, como a revisão de Lafargue e Guesde do programa agrário na França.

Engels reagiu às revisões e publicou, em 1894, o texto "A questão camponesa na França e na Alemanha" (Engels, 1894). No ensaio, ele distingue o pequeno camponês do médio e do grande, defendendo que o programa agrário dos socialistas devia apontar para a expropriação da grande propriedade agrícola e a transferência do trabalho agrícola para as cooperativas sob controle da comunidade. Novamente reafirmava a impossibilidade da repartição de terras para os camponeses.

Na segunda metade da década de 1890 começaram a ser publicadas estatísticas agrárias mais detalhadas. O exame dessas estatísticas por parte dos marxistas colocou novas questões na polêmica agrária. Em 1899, Kautsky publicou seu conhecido livro *A questão agrária* (Kautsky, 1986), obra saudada por Lenin como constituindo a continuidade de *O Capital*. Nessa obra ele retoma os conceitos da teoria do valor de Marx e aprofunda os debates sobre o desenvolvimento capitalista na agricultura. Reafirma, também, a impossibilidade histórica da agricultura camponesa. Apoiado nas novas estatísticas, entretanto, complementa a visão marxista dominante até então e conclui que na agricultura, em paralelo ao processo de concentração de terras, ocorre também a parcelização, tendendo para a consolidação de médias propriedades. A parcelização foi entendida, assim, como complementar à integração, o que confirmava a tese da incapacidade de sobrevivência da propriedade camponesa.

As principais críticas a Kautsky vieram de Bernstein e Eduard David. Estes acusavam a política agrária marxista dominante de ter afastado os camponeses da Alemanha e até de tê-los colocado contra a classe operária. De toda forma, a análise histórica do desenvolvimento capitalista na agricultura continuou dominante no marxismo da época.

Todo este debate se referia à Europa ocidental, mas no final do século XIX, com a difusão rápida do marxismo na Rússia, estendeu-se também para a Europa Oriental e tomou outros contornos. Nesse período na Rússia, amplamente baseado no sistema de aldeias rurais (e no modo de vida do campesinato russo de então), desenvolveu-se um movimento ideológico e político forte: o populismo russo. Os populistas defendiam interesses dos camponeses em seus programas (em especial a diminuição de impostos), e exigiam um aumento da autonomia das comunidades locais e sua conservação como unidades econômicas.

Por um certo período, as concepções marxista e populista não se separaram nitidamente no movimento social e houve muitos pontos de encontro. Até mesmo Marx pareceu inclinado a reconhecer a possibili-

158   FLÁVIA BRAGA VIEIRA

dade de uma via de desenvolvimento na agricultura russa, diferente da
ocidental, que pudesse saltar a etapa capitalista.

> [...] a "fatalidade histórica" desse movimento [desaparecimento da
> pequena propriedade camponesa] está expressamente restringida
> aos países da Europa Ocidental. [...] A análise feita em *O Capital*
> não oferece, portanto, razões nem a favor nem contra a vitalidade
> da comuna rural, mas o estudo especial que fiz sobre ela, e cujo
> material pesquisei em fontes originais, convenceu-me de que essa
> comuna é o ponto de apoio para a regeneração social na Rússia;
> porém, a fim de que ela possa funcionar como tal, primeiro seria
> preciso eliminar as influências deletérias que a assolam por to-
> dos os lados e, então, assegurar-lhe as condições normais de um
> desenvolvimento espontâneo (Marx, Carta a Vera Zasulitch, 1881.
> Citada em Fernandes, 1982).

Alguns anos depois, Lenin e os bolcheviques entraram em desa-
cordo com os mencheviques no que dizia respeito à relação com os camponeses. As críticas se davam especialmente no campo da política. Os
bolcheviques acusavam os mencheviques de não perceberem o caráter
progressista do populismo e sua teoria da luta de massas contra o desenvolvimento agrário que ameaçava a comuna camponesa russa.

A diferenciação entre Oriente e Ocidente possibilitou aos bolcheviques reconhecer a importância dos camponeses para a revolução, chegando à ideia da divisão de terras tão combatida pelo marxismo ocidental.
A seguir, será analisado o desdobramento desta percepção nos episódios
da Revolução Russa e na política da Comintern.

3.2.2 Bolcheviques e a política da III Internacional

A Revolução de 1905 (que Lenin mais tarde batizou como
"ensaio geral da Revolução de 1917") colocou importantes questões
para o Partido Operário Social-democrata Russo (POSDR), no qual se
incluíam as frações menchevique e bolchevique. Dentre essas questões,

destacam-se: a participação no parlamento; a relação com a classe operária (após a experiência do soviete durante o levante de 1905) e o problema agrário-camponês.[11]

Em 1899, Lenin havia saudado a obra de Kautsky e trabalhado sob a ótica marxista hegemônica no trato da questão agrária em seu estudo "O desenvolvimento do capitalismo na Rússia". Muitos analistas consideram que a obra de Lenin sobre a questão agrária apenas reafirma os prognósticos de Marx e Kautsky acerca da extinção do campesinato em função da concorrência com a produção agrícola capitalista. Embora na obra de 1899, empurrado pela polêmica com os populistas, Lenin tivesse de fato adotado a posição ortodoxa, ele mesmo veio a reconhecer, após a revolução de 1905, que não haveria um único e inexorável caminho para o desenvolvimento.[12]

Segundo essa revisão, haveria duas vias de desenvolvimento capitalista. Uma via é a que ele chama de via camponesa ou revolucionária, na qual os camponeses se libertam de maneira plena de todos os vínculos e restrições feudais, conquistam a plena liberdade e se constituem enquanto pequenos produtores independentes. Progressivamente, haverá uma diferenciação entre os camponeses, sendo que alguns acumularão capital e se transformarão em burguesia agrícola, enquanto outros vão se proletarizando, constituindo uma oferta de força de trabalho para a indústria e para a própria agricultura. Nessa via, o desenvolvimento seria mais rápido porque haveria uma revolução antifeudal e uma liberação das forças burguesas e capitalistas. A segunda via é a que Lenin vai chamar de via prussiana ou *junker*, uma espécie de via latifundiária. Nessa via, segundo Lenin, o ritmo de desenvolvimento seria mais lento, na medida que a terra permanece concentrada, as restrições à liberdade dos camponeses apenas lentamente desaparecem e o capitalismo avança lentamente.

Segundo Vainer (1979 e 2005), Lenin supera com essa análise a herança economicista ao afirmar que a via de desenvolvimento e, em consequência, a forma e ritmo do desenvolvimento, assim como as relações

---

11 Para os fins deste trabalho, será apresentada apenas a terceira questão.

12 Sobre as análises de Lenin a respeito das vias de desenvolvimento capitalista na agricultura ver Vainer, 1979.

160 FLÁVIA BRAGA VIEIRA

de dominação e a forma do Estado, dependiam, em última instância, não do progresso das forças produtivas, mas do desenlace dos embates históricos. Em síntese, Lenin, ao contrário de seus antecessores, adotou uma perspectiva histórica que tinha como centro o conflito de classes e as relações de poder.

Politicamente, Lenin defendeu no IV Congresso do POSDR (em 1906) que, após a revolução democrático-burguesa e a expropriação das terras pertencentes à Igreja e aos grandes proprietários, deveria ocorrer uma nacionalização das terras, que poderiam ou não ser divididas entre os camponeses. Os mencheviques, neste momento, eram totalmente contrários à política de nacionalização e defendiam a municipalização das terras a serem geridas por autogovernos locais e arrendadas pelos camponeses.

Segundo Strada (1984), o argumento menchevique era de que entre a revolução democrático-burguesa e a revolução socialista haveria um longo período e a nacionalização colocaria os camponeses contra os revolucionários. Lenin e os bolcheviques – baseando-se nas experiências de 1905, contando com o potencial revolucionário do campesinato na Rússia e utilizando da diferenciação entre as experiências da Europa ocidental e oriental – afirmavam que entre uma e outra revolução haveria pouco tempo e que a nacionalização ajudaria a acelerar ainda mais o processo.

> Os bolcheviques queriam a nacionalização, enquanto os mencheviques propunham a "municipalização" da terra; mas nem uns nem outros viam como alternativa conceder aos camponeses o controle total sobre a terra e sobre os seus produtos. Na prática, foram os camponeses que fizeram sua própria reforma agrária. Nas aldeias, os bolcheviques tinham poucos militantes e autoridade menor ainda. Em 1917, foram obrigados a permitir que os camponeses se apossassem da terra, redistribuindo-a como quisesse (Nove, 1986, p. 125).

Ainda assim, os bolcheviques tentaram equilibrar sua linha política no campo e na cidade a ponto de, às vésperas da Revolução, terem lançado duas palavras de ordem: "Paz e Terra", "Todo poder aos soviets". Dessa forma, dialogavam politicamente com o campesinato.

A Revolução Russa de 1917 colocou em curso uma nova etapa no movimento comunista e, até mesmo, na história mundial. Com a tomada do poder pelos bolcheviques, em outubro daquele ano, conformou-se uma forma inédita de governo e de Estado: a república dos sovietes. Pela primeira vez seriam experimentadas, na prática, a imagem de futuro, as teorias e os programas que o movimento socialista-comunista vinha delineando em mais de meio século de existência. Os três primeiros anos, entretanto, foram marcados pela guerra civil, o que causava enormes dificuldades para o governo revolucionário implementar sua política.

Conforme previsto em todas as formulações anteriores, a propriedade privada foi expropriada e a administração da indústria transferida para o poder operário. Houve proibição do comércio privado e desmonetarização parcial da economia (as lojas do Estado abasteciam-se reciprocamente sem pagamentos, distribuíam-se refeições gratuitas aos operários e, mais tarde, foram abolidos os aluguéis, as passagens de trem etc.). Na agricultura, foram expropriadas e nacionalizadas as grandes propriedades da Igreja e da aristocracia. Ao lado disso, manteve-se a pequena propriedade privada camponesa que, no entanto, tinha sua produção totalmente controlada pelo Estado. A situação de guerra civil e a destruição provocada pela Primeira Guerra (que incluía a carestia e as epidemias) acabaram dando forma, assim, a uma economia altamente centralizada.

> O sistema de gestão econômica denominado "comunismo de guerra" pode ser considerado, portanto, como uma grandiosa tentativa social de criar a curto prazo um ordenamento social cujos contornos se desenvolviam no quadro da imagem de futuro do marxismo, ou pelo menos de sua corrente bolchevique russa, e como o resultado da situação pragmática de força maior criada em decorrência da guerra (Hegedüs, 1986, p. 20).

Nessa conjuntura, os dirigentes do poder soviético, a partir de 1920 com o fim da guerra civil, tiveram que colocar o país de novo em um ritmo de normalidade. Um dos maiores descontentamentos nesse período era exatamente a produção agrícola. A terra havia sido nacionalizada e entregue aos camponeses durante o comunismo de guerra, mas eles eram obrigados a entregar ao Estado todos os produtos que excedessem as necessidades essenciais da família. Por isso, eram pagos em papel-moeda, em rápida desvalorização, com o qual não podiam adquirir nada porque as fábricas em funcionamento produziam em primeiro lugar para as frentes da guerra civil. Um certo comércio ilegal ou semilegal era difundido mas altamente coibido. No final de 1920, irromperam algumas revoltas camponesas deteriorando as relações entre o poder soviético e os camponeses, que demandavam a liberdade de dispor de seus excedentes.

Lenin, juntamente com alguns setores do Partido Comunista, preocupa-se com a questão e decide fazer concessões aos camponeses para não perder seu apoio à Revolução. Foi decidido que haveria um imposto *in natura*, isto é, uma parte dos produtos da agricultura seria entregue pelos camponeses ao Estado que os redistribuiria na sociedade e o excedente poderia ser comercializado livremente entre os camponeses e pequenos industriais e artesãos privados. No final de 1921, um congresso agrário reorganizou o direito de posse individual da terra distinguindo cinco formas (três caracterizados pela gestão comunal da terra e dois de tipo mais individual), às quais os camponeses podiam escolher aderir.

O reforço da propriedade privada camponesa levantou muitas críticas no Partido Comunista da União Soviética, que consideravam a nova política agrária como um apoio aos camponeses em detrimento da classe operária. A posição majoritária, defendida por Lenin, argumentava que essa era a única saída para sair da crise econômica. A partir daí é delineada a Nova Política Econômica (NEP).

> Lenin atribuía particular importância ao desenvolvimento de todo tipo de cooperação, tanto na cidade quanto no campo. Portanto, aplicada de modo justo a Nova Política Econômica, não apresentava perigos para a Rússia soviética um certo ressurgimento e um desenvolvimento de elementos capitalistas, já que a NEP assegurava o desenvolvimento preferencial da economia socialista (Medvedev, 1986, p. 55).

A NEP permitiu que o Estado renunciasse ao exercício dos controles coercitivos sobre a produção camponesa herdados do período da guerra civil, bem como a reabertura do mercado entre cidade e campo. Em função disso, tanto a produção agrícola como a industrial tiveram uma retomada rápida e, em 1926, alcançaram níveis anteriores à Primeira Guerra Mundial.

Fazendo uso de tais poderes econômicos, o governo soviético chegou a conseguir em 1926 um nível de investimento de capital na indústria mais elevado do que o de 1913, e o conseguiu com seus próprios recursos internos, sem empréstimos externos de monta (Davies, 1986, p. 85).

Além disso, o Estado continuava a ser o proprietário de quase toda a indústria e do sistema bancário, além de deter o monopólio sobre o comércio exterior. A NEP tornou-se, assim, um modelo de economia mista, na qual setores fundamentais (a indústria em larga escala, grande parte do comércio de atacado e o comércio exterior) eram controlados pelo Estado, mas onde o próprio setor estatal tinha de agir também em um contexto de mercado e os camponeses foram liberados para cultivar e vender seus excedentes.

Na segunda metade da década de 1920, grupos de economistas soviéticos desenvolveram posições distintas a respeito das políticas econômicas referentes à agricultura e à industrialização. Uma das mais importantes escolas de pensamento era chefiada por Kondratiev, conhecido pela teoria dos "ciclos longos".[13] Segundo Davies (1986), esse grupo defendia a necessidade de dar prioridade ao desenvolvimento da agricultura,

---

13 Nicolai Kondratiev destacou-se pela teoria dos ciclos longos na economia. Nessa teoria, ele se propôs a analisar a economia capitalista através de períodos de 48 a 60 anos, divididos em fases A e B, de expansão e recessão, com amplas consequências sociais, políticas e ideológicas. A teoria dos ciclos teve e ainda tem muita influência em distintas escolas de pensamento econômico e sociológico, das quais alguns exemplos importantes são: Schumpeter e as releituras neosschumpeterianas, Ernest Mandel (economista de formação trotskista) e a teoria do sistema-mundo cujo representante principal é Wallerstein.

por meio de investimentos e incentivo material às economias camponesas individuais. Além disso, defendiam uma redução dos impostos pagos pelos camponeses mais ricos, entendendo que a diferenciação econômica entre os camponeses era necessária à eficácia da agricultura.

Diferente de Kondratiev, um outro grupo, liderado por Chayanov, tentou demonstrar que entre os camponeses havia pouca diferenciação econômica e refutou a ideia de que as formas capitalistas da agricultura fossem necessárias ao progresso econômico. Segundo Vainer, Chayanov defendeu a existência de uma economia política da produção camponesa "em que lógicas econômicas e não estritamente econômicas interagem para produzir uma economia camponesa que, embora submetida ao capitalismo, engendra poderosos mecanismos de autorreprodução" (Vainer, 2005, p. 20). Segundo a Escola de Organização e Produção de Chayanov, o caminho para o socialismo seria aberto através do desenvolvimento de cooperativas, primeiro no setor da comercialização, depois no de cultivo dos produtos agrícolas, sendo desnecessário instituir fazendas coletivas imediatamente.[14]

No final da década de 1920, o aumento gradual de investimentos industriais, a escassez de bens de consumo, preços elevados dos produtos agrícolas no mercado livre e preços oficiais baixos para estes produtos, levaram a uma crise na cerealicultura. Nesse momento, a política agrária da NEP foi abandonada e partiu-se para a coletivização forçada na agricultura. A medida afetou principalmente os médios e grandes produtores, mas com o passar do tempo também os pequenos camponeses foram inseridos através de sistemas de cooperação muito centralizados.

> [...] a coletivização e a coerção a ela ligada forneceram os gêneros alimentícios necessários, embora disso resultasse a morte dos camponeses pela fome. [...] com isso não queremos negar que também a classe operária urbana suportou nesse período um pesado fardo e conheceu muitos sofrimentos. Mas só se morria de fome nas regiões rurais. A coletivização teve efeitos atrozes. [...]

---

14 Mais à frente, na discussão sobre o conceito de campesinato na Via Campesina, apresentaremos as releituras contemporâneas das teorias de Chayanov.

a ascensão e a consolidação do stalinismo estão estreitamente ligadas à coletivização (Nove, 1986, p. 129-130).

A III Internacional foi muito influenciada pela experiência soviética na construção de sua política agrária e na relação com os camponeses. No I Congresso, em 1919, algumas teses genéricas eram esboçadas e compreendiam fundamentalmente a bagagem histórica do debate socialista acerca do tema. Em linhas gerais defendia-se que as revoluções socialistas deveriam expropriar a grande propriedade, respeitar a pequena propriedade e trabalhar ideologicamente os camponeses em favor da coletivização. Estava inserida nessa fórmula a ideia de "neutralização" do campesinato na luta do proletariado contra a burguesia, política que fora defendida por Kautsky e, especialmente, por Engels (1894).

O mais importante a ser destacado na primeira formulação é seu caráter abstrato, que continuou se repetindo na maior parte das formulações da Comintern sobre o tema. Nesse sentido, as experiências soviéticas – no comunismo de guerra, na NEP e nos processos de coletivização – foram a única base concreta para a elaboração das políticas da III Internacional. Dessa forma, no II Congresso da Comintern, em 1920, já se apontavam elementos que estavam presentes nos primeiros anos da experiência soviética como a possibilidade de convivência entre a nacionalização das grandes terras e a pequena propriedade camponesa, num claro exercício de adequação das teorias à realidade.

No II Congresso da Internacional Comunista, em 1921, novamente o modelo soviético serviu de base para as formulações internacionais. As mudanças trazidas pela NEP, em especial a aceitação da liberdade dos camponeses de dispor de seus excedentes, foram incorporados no programa agrário da Internacional. Alguns autores afirmam que os programas da Comintern para a questão agrária eram, contudo, aplicados de forma mecânica nas seções da Internacional, gerando conflitos entre a linha internacional e a realidade vivenciada em cada um dos países. Com alguns poucos momentos de maior ênfase no trabalho com o campesinato, em geral o que se verificou na Comintern e nas suas sessões nacionais foi uma discrepância entre as declarações de princípios e programas e as políticas realmente colocadas em prática, demonstrando um desinteresse pelas questões que não se referiam ao proletariado e à vida urbana/industrial.

Talvez tenha sido justamente no campo da política agrária que se registrou com mais nitidez, na Internacional, a discrepância entre os programas gerais e iniciativas políticas concretas, sobretudo quando a palavra passou a cada partido comunista, chamando a confrontar-se com as realidades nacionais (Rizzi, 1985, p. 231).

O momento de maior ênfase numa política que se voltasse para as massas camponesas foi o do IV Congresso da Comintern, em 1922. No programa aprovado, indicava-se aos comunistas a necessidade de conquistar a massa de pequenos camponeses a partir da incorporação de suas reivindicações nos diferentes países. Foi dado destaque às lutas camponesas por melhoria das condições de vida e trabalho, por aumento de remuneração, por plena liberdade de reunião e associações etc. Além disso, havia a perspectiva de uma intervenção mais geral, que tentasse levar em conta as diferenças entre os países o que culminou na afirmação da existência de três tipos de países: os coloniais, aqueles onde sobreviviam resíduos feudais e os do capitalismo maduro. As seções da Internacional passaram a redigir seus programas agrários segundo essa classificação, o que gerou graves incompreensões dos processos históricos reais.

A partir daí lança-se a palavra de ordem do "governo operário-camponês" e é criado, em 1923, no âmbito da III Internacional, um órgão específico para lidar com as massas e organizações camponesas: a Crestintern, ou Internacional Camponesa Vermelha. A organização refletia a exigência da Internacional Comunista de regular organicamente o trabalho camponês de suas seções. Ela também nascia da necessidade de responder às iniciativas capitalistas de política agrária, em nível internacional, as quais se configuravam em um conjunto de instrumentos de intervenção, como a criação de institutos de crédito fundiário, organização de sistema cooperativo, fortalecimento da política de divisão de terras etc.

Além disso, uma Internacional Camponesa serviria de ponto de referência para os países do Leste Europeu, para onde a Comintern voltava seus interesses. A preocupação de angariar adesões entre as organizações e partidos camponeses, sobretudo na Europa oriental, foi demonstrada no v Congresso da Comintern, em 1924, quando foi aprovada a possibilidade de realizar acordos políticos entre os comunistas e dirigentes dos partidos camponeses.

Neste momento, em especial na Europa oriental, partidos camponeses estavam ativos na política dos seus países e também começavam a se organizar internacionalmente. Ideologicamente estes partidos conclamavam as massas camponesas a se organizar e demandar melhores condições de vida através de políticas democráticas e da estrutura da política institucional parlamentar. Muitos autores identificam o movimento como "agrarismo", o qual tinha como base as experiências populistas de algumas décadas anteriores e uma complexa ideologia que identificava o campesinato como depositário das virtudes da humanidade. Nesse período, o agrarismo reivindicava a "mística camponesa"[15] e teve muita popularidade nos países onde se difundiu.

> Inicialmente o apelo popular do movimento agrarista repousava em grande medida na concepção de uma mística camponesa. [...] Isto envolve a transformação de eventos históricos em mitos que não podem ser refutados pela razão, mas que dão significado à história e definição para ações de futuro (Jackson, 1966, p. 41).

Com o fortalecimento do agrarismo na Europa oriental, foi fundada em 1922, em Praga, a chamada Internacional Verde. Essa organização foi a principal rival da Crestintern nos anos 1920, e as duas organizações disputaram a adesão dos partidos camponeses da região. Não há, entretanto, muitos registros históricos sobre a atuação da Internacional de Praga, embora a historiografia indique a presença marcante dos partidos agrários na Europa do leste nesse período (Jackson, 1966).

> Na década após a I Guerra Mundial, a competição entre o agrarismo e o comunismo pela fidelidade do gigante despertado, o campesinato, assumiu proporções internacionais com o advento

---

15 No próximo capítulo será analisada como a mística camponesa ressurge na contemporaneidade sob outros enfoques.

de duas instituições rivais – a agrarista Internacional Verde, em Praga, e a comunista Internacional Camponesa Vermelha, ou Crestinter, em Moscou. Hoje, provavelmente em função de seus ambíguos resultados, este conflito de dez anos se tornou um capítulo esquecido da história (Jackson, 1966, p. 51).

Nos anos 1920, portanto, o movimento comunista internacional teve que rivalizar com os partidos agrários na tentativa de arregimentar as massas camponesas. Esse é mais um dos elementos que contribuíram para a criação da Crestintern. A conferência de fundação da Internacional Camponesa ocorreu em 1923, na cidade de Moscou. Desde essa conferência, entre seus principais dirigentes destacam-se Dabal, Smirnov, Marschlewski, Teodorovich e Ho Chi-Minh. Os nomes de alguns dos oradores da conferência de fundação demonstram a dimensão da importância que se dava naquele momento à criação do órgão: Zinoviev, Bukharin, Clara Zetkin, entre outros.

Segundo Jackson (1966), os objetivos da Crestintern eram estabelecer e manter laços com cooperativas e organizações econômicas e políticas dos camponeses de todo o mundo, além de coordenar os esforços para a difusão da luta pelo "governo operário-camponês". No documento aprovado na conferência de fundação, salientava-se a necessidade de união entre a cidade e o campo, e a aliança operário-camponesa através de lutas e trabalhos conjuntos contra os grandes proprietários de terra e os capitalistas.

A estrutura da Crestintern seguia o modelo de administração das demais organizações da III Internacional: sede em Moscou, o congresso como instância política máxima, um comitê central e um secretariado geral. As organizações mais expressivas contavam com maior número de cargos nas estruturas da Crestintern. O critério expresso para a filiação de organizações à Crestintern era que um partido político ou organização camponesa estivesse em oposição às políticas agrárias de seu governo nacional. Com isso, em tese, poderiam ser incorporados grupos muito distintos e consolidar aos poucos a influência comunista.

Não foram realizados congressos da Crestintern em toda a sua existência, apenas a conferência de fundação em 1923. Em 1925, foi realizada uma reunião plenária ampliada e, em 1927, uma segunda conferência. Esses foram os anos de maior atividade da organização. Nesse período o secretariado-geral publicou um jornal mensal que circulava em vários países do mundo.[16] Além disso, havia grande correspondência (telegramas e cartas)[17] entre a Crestintern e as organizações camponesas de diversos países. Durante alguns poucos anos, parecia que a ênfase dada pelo PCUS à questão agrária faria da Crestintern um dos braços importantes da Comintern. Com a exceção de alguns poucos períodos e eventos, entretanto, a Crestintern não chegou a figurar como órgão dirigente do movimento comunista internacional.

A partir de 1925, a Crestintern começou a perder espaço. A despeito das indicações da Comintern em prol de uma política agrária que partisse das necessidades materiais das massas camponesas, após alguns anos de atuação a presença comunista no campo ainda era bastante limitada. Nos países do Leste Europeu, com exceção da experiência na Polônia, a política de penetração nos partidos camponeses tinha dado poucos resultados. Na Europa ocidental foram criadas algumas poucas organizações filiadas à Crestintern na França, na Alemanha e na Itália. Jackson (1966) aponta como causas para esse processo os poucos resultados em termos de adesão dos partidos e organizações camponesas e a dificuldade da Crestintern em construir um programa que pudesse dar conta das diferenças e necessidades de cada país.

Dessa forma, a Crestintern entrou em declínio rapidamente, no mesmo período em que houve uma queda de interesse na Internacional Comunista pela temática agrária (1927-28), isto é, quando apareceram os primeiros sinais de decadência da NEP e da virada na experiência agrária soviética. Ela desapareceu formalmente dos quadros da Comintern apenas em 1939, mas seu fim já fora decretado uma década antes.

---

16 A partir de 1926 o jornal passou a ser bimestral e em 1927 saiu definitivamente de circulação, indicando o declínio da organização.

17 Essa é uma clara evidência de que a novidade dos e-mails e da correspondência eletrônica no mundo contemporâneo muda o grau, mas não a forma das experiências de articulação internacional.

Desconfiança e ignorância da realidade camponesa, obreirismo exasperado como chave de leitura das lutas de classes no campo, estrutura teórica muitas vezes separada da análise dos movimentos reais – eis alguns elementos que contribuem para explicar as carências [na política agrária e camponesa da III Internacional] (Rizzi, 1985, p. 246).

Jackson (1966) afirma que a despeito de seu pouco alcance nos movimentos camponeses europeus, a Crestintern e a política agrária da III Internacional tiveram muita influência em movimentos posteriores, como as revoluções camponesas na América Latina, na China e no Vietnã.

****

As experiências de articulação internacional revisadas nesse capítulo são bastante diversas das que se pode verificar na contemporaneidade. Em especial, a ênfase dada ao aspecto ideológico, à construção de um claro projeto político e mesmo de poder, não comparecem nas experiências recentes. Ao longo do capítulo foi possível, entretanto, apontar alguns elementos do passado que continuam vigentes nos formatos das articulações internacionais das últimas décadas. No próximo capítulo, a partir do exame de uma experiência concreta, buscaremos aprofundar estas semelhanças e diferenças. Surpreende que diante de uma tradição tão rica e uma experiência com tão relevantes consequências sobre a história da humanidade no século XX, a literatura de inspiração liberal sobre redes e organizações transnacionais não tenha a oferecer senão a ignorância e o silêncio.

É impressionante que apenas agora os camponeses tenham conseguido este grau de coordenação mundial, depois de 500 anos de desenvolvimento capitalista. Trabalhadores têm o seu dia há mais de um século, as mulheres há não muito menos tempo, mas os camponeses só decidiram ter um agora [...]. Enquanto o capitalismo significava apenas industrialização, aqueles que trabalhavam na terra limitaram sua luta ao nível local. Mas como a realidade da internacionalização neoliberal foi imposta a nós, começamos a

DOS PROLETÁRIOS UNIDOS À GLOBALIZAÇÃO DA ESPERANÇA 171

ouvir histórias de agricultores nas Filipinas, na Malásia, na África do Sul, no México, na França, todos vivendo os mesmos problemas – e encarando os mesmos exploradores. Os indianos se levantaram contra a Monsanto, assim como nós no Brasil [...]. É o mesmo conjunto de empresas – sete grupos, no total, ao redor do mundo – que monopoliza o comércio agrícola, controla a pesquisa e a biotecnologia, e está privatizando as sementes do planeta. A nova fase do capitalismo criou as condições para os agricultores se unirem contra o modelo neoliberal (Stédile, 2002, p. 99).

4. VIA CAMPESINA

4.1 SURGIMENTO E CONSOLIDAÇÃO

Diversos autores (Borras, 2004; Desmarais, 2007; Moyo e Yeros, 2005; Patel, 2004; Rosset, 2006) indicam que, a partir dos anos 1980, teria ocorrido uma crescente mercantilização e internacionalização da agricultura. Segundo essas análises, a principal característica do processo seria uma forte concentração do sistema de produção de alimentos nas mãos de poucas empresas multinacionais do setor que, ou gerem elas próprias a produção, ou subcontratam agricultores, integrando-os todos ao mesmo sistema – e os pequenos de forma totalmente subordinada.

Essa concentração não seria apenas na produção, mas também na distribuição dos produtos, acabando por homogeneizar até mesmo o consumo de alimentos no mundo. A concentração se estenderia para a concentração de terras e seu resultado seria a expulsão de trabalhadores do campo ou o empobrecimento e total dependência dos pequenos agricultores em relação às grandes empresas capitalistas. Mais recentemente, com a manipulação genética de alimentos, esse poder teria aumentado ainda mais.

Grande parte dos autores afirma que as mudanças no mundo rural estão incluídas, portanto, no formato recente do capitalismo global, isto é, na chamada globalização neoliberal. Em resposta a essa nova tendência de expansão capitalista no campo, estaria ocorrendo um ressurgimento dos movimentos sociais em vários países e regiões do mundo.

No último quartel do século XX, profundas mudanças socioeconômicas e políticas foram implantadas no meio rural dos países da periferia. Sob o peso dos programas de ajuste estrutural, as populações rurais viram suas condições de vida deterioradas, levando a uma busca desesperada por alternativas econômicas e políticas (Moyo; Yeros, 2005, p. 1).

Em decorrência das possibilidades de articulação, contato e intercâmbio que se desenvolveram em nível internacional no contexto da globalização, surgiu, então, uma organização internacional de camponeses: La Vía Campesina.[1] O surgimento e desenvolvimento de organizações camponesas em diversas partes do mundo e, mais ainda, sua articulação em nível internacional são muitas vezes analisados como um processo novo e surpreendente. Em contraste com análises do passado que indicavam o seu desaparecimento ou, ao menos, um lugar subalterno para o campesinato na transformação social, as análises sobre os movimentos sociais na contemporaneidade apontam para um papel preponderante dos movimentos rurais.

Por muito tempo os camponeses foram objetos da história. Hoje eles estão se agitando e se agitando de forma agressiva. La Via Campesina é provavelmente o mais eficaz destes movimentos de pessoas que agora querem ser sujeitos da história. La Via Campesina não luta apenas pelos direitos dos agricultores e por reforma agrária, ela também luta por um modo de vida que provou a sua força por *eons*.[2] Está lutando por uma relação entre as pessoas e o meio ambiente que foi fraturada por limitadas estratégias de priorização industrial, tanto nas vertentes socialistas, quanto nas neoliberais capitalistas (Bello, Walden. Prefácio. In: Desmarais, 2007, p. 4).

---

1 As razões da opção por um nome em espanhol para uma organização internacional serão detalhadas mais à frente.

2 O mesmo que *aeon*, isto é, período de tempo muito longo para ser medido (Fonte: *Oxford's Advanced Learner's Dictionary of Current English*).

Segundo Desmarais (2007), a Via Campesina surgiu em um contexto econômico político e social que minava a capacidade dos camponeses e pequenos agricultores para manter controle sobre suas terras e produção, assim como destruía a cultura e os saberes locais e tradicionais. Para a autora, dois elementos são fundamentais para entender o surgimento da Via Campesina: de um lado, a globalização do modelo de agricultura industrial moderna e, de outro, a busca por uma abordagem de desenvolvimento alternativa, empreendida pelos setores mais atingidos por este modelo dominante, isto é, os próprios camponeses (Desmarais, 2007, p. 40).

Passaremos agora a detalhar o contexto de surgimento da Via Campesina, isto é, o modelo dominante de agricultura na processo de globalização. Em seguida serão analisados o processo de criação e desenvolvimento, as principais características, debates e contradições dessa articulação internacional, que corresponde, na visão de vários autores, à construção de um modelo alternativo de agricultura e sociedade.

4.1.1 Contexto de surgimento

Como anteriormente visto, o debate marxista clássico sobre a questão agrária esteve focado na tentativa de explicar os processos de transformação da sociedade feudal/agrária para a sociedade capitalista/ industrial. Essas análises afirmavam que necessariamente essa transformação ocorreria e que, por isso, haveria o desaparecimento dos modelos anteriores de produção na agricultura e sua substituição por padrões industriais de produção também no meio rural. A consequência direta seria o desaparecimento também do campesinato.

Ao longo do século XX, entretanto, as transformações no meio rural não levaram necessariamente ao desaparecimento do campesinato, nem tampouco geraram uma industrialização completa de todas as regiões do mundo. Essa afirmação é mais evidente se observados os países da periferia do capitalismo, que permanecem com suas economias fortemente calcadas na agricultura. Mesmo nos países centrais, ao invés do modelo industrial de produção agrícola, o capitalismo avançou na agricultura de formas as mais diversas, que vão desde a plantação tipicamente industrial até a multiplicação de *farmers* fortemente tecnificados e integrados ao mercado. O capitalismo, de todos os modos e através de caminhos diferenciados, foi paulatinamente incorporando e subordinando o mundo todo à sua lógica, o que inclui a agricultura e os trabalhadores que nela atuam.[3]

Segundo Moyo e Yeros (2005), a globalização da agricultura se iniciou, ainda no século XIX, com o crescimento da agroexportação das colônias para as metrópoles com o objetivo de abastecer o consumo alimentar de massas e a própria expansão industrial (através de matérias-primas como algodão, café, borracha e madeira).[4] Uma breve interrupção desse processo ocorreu no período entre as duas grandes guerras, com o colapso do regime de livre mercado. Após a Segunda Guerra Mundial, entretanto, houve um retorno ao processo de globalização da agricultura sob a liderança das empresas norte-americanas. Este sistema se caracterizou pela concentração empresarial e uma forte divisão internacional do trabalho na agricultura.

Em um primeiro momento, sob os auspícios do Plano Marshall, Estados Unidos e Europa Ocidental dividiram a produção, permitindo que os primeiros produzissem para o mercado internacional e os segundos para seu consumo interno. As características da produção eram muito semelhantes: industrialização/mecanização do campo, concentração empresarial, produtivismo e superprodução.[5]

Nos países da periferia, nesse período, desenvolveu-se o sistema de *dumping*, isto é, a venda de produtos por preços menores dos que os

---

3 A análise sobre as transformações capitalistas na agricultura durante o século XX está especialmente baseada em Moyo, 2004; Moyo e Yeros, 2005.

4 Na realidade, esse processo remonta ao século XVI, com a produção, para exportação, do açúcar.

5 As formas através das quais o capitalismo vem se impondo e dominando a produção agrícola, são, contudo, bastante diversificadas. Na França, por exemplo, no imediato pós-guerra, a maioria da população era rural. Somente nos anos 1950 houve um processo acelerado de "modernização agrícola", impondo a proletarização de parcelas crescentes de agricultores franceses e integração dos sobreviventes. Até hoje, entretanto, na vinicultura, sobrevive uma forma quase artesanal de agricultura, com forte integração mercantil.

da produção nacional (e mesmo abaixo do preço de custo) o que garantia um mercado consumidor e aniquilava a produção local. Além desses efeitos produtivo-comerciais de dependência, o processo gerou também a inserção de novos produtos nos países da periferia alterando a dieta alimentar das populações. A chamada "revolução verde", a partir dos anos 1960, foi o passo seguinte, com a subordinação dos países da periferia às empresas norte-americanas através da alta tecnologia de sementes, insumos químicos e equipamento agrícola.

A revolução verde gerou em alguns países da periferia o desenvolvimento de complexos agroindustriais competitivos internacionalmente, mas, mesmo nesses casos, as promessas de autossuficiência alimentar e de resolução dos problemas agrários não foram obtidas. Países como Brasil e Índia, por exemplo, continuaram com altos índices de pobreza e de desnutrição, além de terem enfrentado a partir de então crescimento dos conflitos rurais em função da concentração e expropriação de terras, migrações em massa, aumento da criminalidade urbana e do desemprego.

Os anos 1970 foram marcados por uma forte crise capitalista que também teve reflexos na agricultura. Nesse contexto foi iniciada, em 1986, a Rodada do Uruguai do General Agreement on Tariffs and Trade (Acordo Geral sobre Tarifas e Comércio – Gatt) que instaurou um novo momento no comércio internacional, especialmente no comércio de produtos agrícolas.

O Gatt foi estabelecido em 1947, no âmbito da criação das instituições de Bretton Woods, e durante mais de quatro décadas foi o principal mecanismo de regulação internacional do comércio. No Ato Final da Rodada do Uruguai, em 1994, foram estabelecidas novas regras para o comércio internacional, incluindo a discussão sobre o comércio de produtos agrícolas, direitos de propriedade intelectual, inovação científica, recursos genéticos, entre outros. Além disso, após a Rodada do Uruguai foi criada a Organização Mundial do Comércio que passou a implementar os acordos do Gatt com maior poder em função de suas atribuições também de fiscalização e punição. Vários autores identificam esse momento como aquele em que se inaugura uma política agrária neoliberal.

Os objetivos do acordo [sobre agricultura da OMC] são três: aumentar o acesso ao·mercado através da redução de tarifas e da imposição de importação de alimentos para consumo nacional; aumentar o acesso ao mercado através da redução de subsídios para exportação; e reduzir os apoios governamentais diretos e indiretos. A inclusão da agricultura nos Programas de Ajuste Estrutural, nos acordos regionais de comércio, e na OMC claramente demonstram uma mudança ao tratar a agricultura e os alimentos de forma indiferenciada em relação a outras indústrias (Desmarais, 2007, p. 49).

Para Rosset (2006), as políticas que começaram a ser implementadas por governos nacionais, sob a pressão dos programas de ajuste estrutural gestados nas instituições econômicas multilaterais como o Banco Mundial, o FMI e a OMC, levaram para a agricultura as características do capitalismo neoliberal. Segundo o autor:

Essas políticas incluíram a liberalização do comércio e a subsequente inundação de mercados locais com importação de alimentos baratos subfaturados, com os quais os agricultores locais dificilmente conseguem competir; o corte da sustentação de preços e dos subsídios para produtores de alimentos; a privatização do crédito, da comercialização e da assistência técnica; a promoção excessiva da exportação; patenteamento de recursos genéticos de cultivares; e um favorecimento da pesquisa agrícola em prol de tecnologias caras como a engenharia genética (Roset, 2006, p. 316-317).

Além disso, houve uma concentração tanto dos insumos (sementes, fertilizantes, agrotóxicos etc.) quanto dos produtos da agricultura (comércio mundial de grãos, de frutas, de matérias primas para a produção industrial, de carnes etc.) nas mãos de poucas corporações multinacionais. Essa concentração, em função da condição de quase monopólio, permite que as empresas multinacionais fixem os preços de toda a cadeia produtiva na agricultura do mundo inteiro.

Esse processo é completado, ainda, pela indução à privatização massiva das terras através da titularidade individual (em especial na África e nas terras indígenas da América Latina e Ásia, historicamente comunais), e o incentivo à integração dos pequenos agricultores à agroindústria através de programas de financiamento privados. Além disso, pressiona os Estados, através de um modelo conhecido como reforma agrária de mercado e propugnado pelas instituições econômicas multilaterais, a basearem os critérios de aquisição de terras para reforma agrária nos preços de mercado. Segundo Borras, essas políticas "[...] buscam homogeneizar os direitos de propriedade em todo o mundo, isto é, os direitos privados e individuais, com o objetivo de impulsionar a acumulação de capital privado na economia rural" (Borras, 2004, p. 9).

A Via Campesina surge no momento de consolidação de um sistema que vinha se delineando desde o pós-Segunda Guerra Mundial, o qual inclui a produção intensiva e mecanizada, a padronização dos produtos em escala mundial, a concentração da cadeia produtiva nas mãos de grandes empresas multinacionais. A esta industrialização da agricultura somaram-se outras características do capitalismo do final do século xx: a financeirização global da atividade agrícola, a privatização e concentração de bens historicamente considerados públicos ou comunais como a terra, a água e o patrimônio genético. Por fim, o surgimento da Via Campesina se dá no contexto da eclosão de expressivos protestos que questionam exatamente os novos formatos do capitalismo mundial.

> [...] Vía Campesina se revelou como um *ator* principal nas lutas populares internacionais contra o neoliberalismo que, entre outras coisas, exigem responsabilidades das agências intergovernamentais, enfrentam e se opõem ao controle corporativo sobre os recursos naturais e a tecnologia, e defendem a soberania alimentar. Além disso, desempenhou um papel destacado em campanhas de grande polêmica política como, por exemplo, as dirigidas contra a omc, contra os gigantes corporativos mundiais como o McDonalds, e contra os organismos geneticamente modificados (ogm) e as multinacionais que os fomentam, como a Monsanto (Borras, 2004, p. 3. Grifo no original).

4.1.2 Antecedentes e processo de consolidação

Os movimentos sociais que compõem a Via Campesina também identificam o acirramento de formas agressivas de apropriação do mundo rural pelo grande capital transnacional como o ponto de partida para o aparecimento de movimentos rurais que acabaram por construir essa articulação internacional. A passagem abaixo do brasileiro João Pedro Stédile, dirigente do Movimento dos Trabalhadores Rurais Sem Terra (MST), é bastante elucidativa da percepção que têm os próprios movimentos da Via Campesina sobre o processo de globalização da agricultura.

> [...] nós pegamos esse novo ciclo de uma maior intensidade do processo de internacionalização da agricultura. Lembro que lá no Rio Grande do Sul, durante toda a década de 1970, nós fomos bombardeados pela avalanche da soja e todos os agricultores tinham que escutar a rádio Guaíba para saber a cotação da Bolsa de Chicago, coisa que nunca tinha aparecido antes na vida do camponês... Imagina: saber onde fica Chicago, quem é que decidia o preço, quem comprava?! Então, os elementos da internacionalização do capital foram se transformando como parte do cotidiano da vida do camponês. A própria entrada de mais empresas multinacionais começa com a presença física, não é? Em todos os ramos: no leite, na uva, nos frigoríficos (Entrevista com João Pedro Stédile em 19/dez./2007).

Segundo a chilena Francisca Rodríguez, dirigente da Asociación Nacional de Mujeres Rurales e Indígenas (Anamuri), e Ramiro Maradiaga, assessor da Via Campesina Centroamérica, o próprio nome Via Campesina é uma tentativa de construir uma alternativa ao modelo dominante na agricultura. A percepção coletiva, por parte das diferentes organizações que se reuniram na Via Campesina, de que havia um modelo em curso, e de que esse modelo era nocivo aos interesses dos trabalhadores rurais, levou à construção de uma proposta alternativa, de uma via, de um caminho diferenciado.

> A gente se colocou um grande desafio de constituir, de gerar uma via alternativa ao modelo neoliberal. E é por isso que se chama Via Campesina, não é a confederação, não é a união internacional, é esse processo em que nós estamos levando a cabo a construção de uma

DOS PROLETÁRIOS UNIDOS À GLOBALIZAÇÃO DA ESPERANÇA 181

via alternativa, a partir dos camponeses, frente às políticas neoliberais (Entrevista com Francisca Rodríguez em 19/mar/2007).

Um dos grandes desafios da Via Campesina é fundamentalmente lutar contra o modelo neoliberal. [...] Via Campesina está lutando por uma agricultura ecológica, por uma política, por um desenvolvimento diferente. É como uma via, um caminho, uma rota contrária à rota, ao caminho que segue o modelo neoliberal (Entrevista com Ramiro Maradiaga em 07/set./2007)

Mas não é apenas a contraposição ao modelo neoliberal de agricultura que surge na fala dos dirigentes. Há também um resgate das próprias lutas camponesas e da esquerda. Os dirigentes da Via Campesina da América Latina identificam uma continuidade entre as lutas dos anos 1960, 1970, 1980 e o processo de criação da Via Campesina. Em geral, observa-se que as lutas contra as ditaduras, o papel da igreja progressista na América Latina, as lutas contra a implantação do capitalismo na agricultura e a experiência de militantes que se formaram nesses processos estão relacionados.

A Via é uma articulação de organizações camponesas numa época em que o sindicalismo é derrotado, os movimentos tradicionais estão derrotados e o campo vai sofrer grandes contradições, entre o capital que se desenvolve na agricultura e o que vai dar na resistência. Então, a América Latina joga um papel importante nesse período. [...] é um cenário bastante importante dessa contradição e o movimento camponês, uma espécie de vanguarda. [...]Olha na América Latina: quem são as organizações? A ATC[6] na Nicarágua, as de El Salvador, as da Guatemala, o próprio México. Elas estão ligadas aos movimentos revolucionários, guerrilheiros. A própria Colômbia, o Peru, quem são as organizações peruanas? No Chile a resistência contra a ditadura era ligada aos partidos. Então, essas organizações ideológicas seguem e vão, claro, surgindo novas organizações (Entrevista com Egídio Brunetto do MST em 23/mar./2007).

---

6 Asociación de Trabajadores del Campo.

Eu acho que houve uma vocação ideológica [internacionalista] das influências que nós sofremos da CPT.[7] A CPT sempre teve uma visão latino-americanista, provavelmente por influência de Dom Pedro Casaldáliga, e mesmo porque a Igreja, de certa forma, ela é mais universal, né? Então, eu acho que a CPT sempre influenciou positivamente o MST, para nós termos uma visão mais latino-americana. E eles nos ajudaram, por exemplo, no congresso de fundação do MST, vieram delegações praticamente de todos os países da América Latina. E quem passou o contato foi a CPT porque nós nem existíamos e nem tínhamos uma rede de contatos. E eu acho que uma outra influência foi também das ideias das esquerdas, que já estavam mais latino-americanizadas, né? A teoria da dependência, tudo isso, eu acho que foi criando um contexto para que o MST já nascesse com um DNA internacionalista (Entrevista com João Pedro Stédile em 19/dez./2007).

A perspectiva de alguns é, entretanto, de que essas experiências de esquerda apareceram na Via de forma reelaborada.

[...] alguns dirigentes que começaram a falar de Via Campesina vinham de partidos de esquerda, mas não acho que foi uma esquerda tradicional a que se instalou no modelo de organização e condução da Via Campesina. [...] Evidentemente há uma influência desses dirigentes. Recordemo-nos que muitos desses dirigentes, a maioria, teve formação política e ideológica nas décadas de 1960 e 1970 (Entrevista com Ramiro Maradiaga em 07/set./2007).

Indica-se também uma forte influência das lutas revolucionárias no período, com particular destaque para a Revolução Sandinista na Nicarágua, e as relações com a experiência cubana. Segundo os dirigentes, paralelamente à decomposição do bloco soviético na Europa Oriental, a América Latina, nesse mesmo período, vivia a eclosão de muitos movimentos que reivindicavam o caráter socialista e que influenciaram os processos de formação da Via Campesina.

---

7 Comissão Pastoral da Terra.

DOS PROLETÁRIOS UNIDOS À GLOBALIZAÇÃO DA ESPERANÇA 183

Minha primeira viagem foi em 1987, para a Nicarágua. Nós sempre trabalhamos, desde antes do movimento ser movimento [MST], muito nessas reuniões. A gente tinha muito contato, principalmente na época da Revolução Sandinista e tinha uma mística das lutas na América Central na nossa região. E no nosso primeiro congresso foi trazida muita gente que fez parte desta articulação depois. Então foi criando todo um clima, uma mística em relação à questão internacional. [...] Nós vivemos dois períodos, e eu acho que isso é importante. O ascenso das lutas revolucionárias nos anos 1980: as lutas de independência na África, as lutas guerrilheiras na América Central, a Revolução Sandinista etc. E depois a queda do socialismo, da União Soviética, do Leste Europeu, essa crise política e ideológica de ofensiva do neoliberalismo. [...] Nós somos meio que a síntese dessas duas etapas, não é? (Entrevista com Egídio Brunetto em 23/mar./2007).

Teve muita influência também, é que nós pegamos o auge da Revolução Nicaraguense, que era uma revolução popular, mas camponesa também. E eles tinham muitos quadros camponeses e eles teorizaram muito sobre as mudanças no campo. Então, nós tivemos muito intercâmbio com a ATC, que era a organização dos camponeses da frente sandinista. [...] A segunda vertente foi que, eu acho, [...] os cubanos, muito espertamente, começaram a convidar esses movimentos, que iam surgindo com uma nova matriz de esquerda na América Latina, para eventos que eram organizados pela União de Trabalhadores Agrícolas, que era o braço rural da Federação Sindical Mundial [ligada aos soviéticos] (Entrevista com João Pedro Stédile em 19/dez./07).

Há um grande destaque para o processo de articulação das próprias organizações camponesas da América Latina durante os anos 1980. Nesse processo, a Campanha "500 anos de Resistência Indígena, Negra e Popular" foi o centro articulador de organizações que há algum tempo mantinham relações e que, nesse momento consolidam experiências de luta conjunta. A Campanha se desenvolveu entre os anos 1989 e 1992 como parte da reflexão sobre os 500 anos da chegada de Colombo à América. Os movimentos sociais envolvidos na Campanha organizaram quatro Encontros Continentais, realizados em Bogotá (Colômbia, 1989),

184   FLÁVIA BRAGA VIEIRA

Xelaju (Guatemala, 1991 – onde foi incluída a temática negra), Manágua (Nicarágua, 1992) e São Paulo (Brasil, 1995).

> Eu creio que a Campanha dos 500 anos foi uma tábua de salvação muito importante para os camponeses da América Latina. [...] A Campanha dos 500 anos é a raiz da gestação de movimentos sociais na América Latina. Mas, além disso, está na raiz da concreção da Via Campesina no mundo. Eu creio que esses cinco anos de campanha, enquanto se baixavam as bandeiras do mundo, enquanto caía o socialismo, enquanto caía Nicarágua – porque foi um golpe muito forte – nós nos nucleamos para colocar na mesa a resistência do nosso povo. E o reconhecer de nossas capacidades, o reconhecer dessa resistência, é que permitiu ao movimento camponês da América Latina não perder sua consciência de classe. Prevaleceu e pode ser rearticulado em um novo. Creio que vivemos a Campanha intensamente (Entrevista com Francisca Rodríguez em 19/mar./2007).

As articulações crescentes em função da Campanha dos 500 anos levaram a um encontro das organizações camponesas latino-americanas dois meses antes da Rio-92.[8] Nesse encontro, em Vitória (Brasil), além dos debates e reflexões que pudessem capacitar os movimentos sociais para intervir no processo da Cúpula do Rio, foi decidida a criação de uma organização de camponeses em nível continental. Dois anos depois, em 1994, foi criada a Coordinadora Latinoamericana de Organizaciones del Campo (Cloc).

> Terminamos a Campanha dos 500 anos e veio outro evento importante que foi a Cúpula da Terra, em 1992, no Rio de Janeiro. Nesta Cúpula da Terra nós formamos a Cloc. [...] nesta reunião que fizemos para os camponeses em Vitória, [...] discutimos muito a sede, discutimos porque a Cloc era a "*coordinadora de organizaciones del campo*" e não de "*organizaciones campesinas*". [...] E era porque havia uma composição muito forte em alguns países onde estava o componente indígena. E estavam também os assalariados agrícolas (Entrevista com Francisca Rodríguez em 19/mar./2007).

---

8 Conferência das Nações Unidas sobre o Meio Ambiente e o Desenvolvimento, realizada em junho de 1992, no Rio de Janeiro, onde foi consagrado o conceito de desenvolvimento sustentável.

DOS PROLETÁRIOS UNIDOS À GLOBALIZAÇÃO DA ESPERANÇA 185

[...] tu vê que não é articulação, não é federação, é uma coordenadora [...]. E "do campo" foi a forma genérica que nós chegamos para fugir do camponês, porque aí os assalariados, os povos indígenas se sentiam excluídos e também para não cair num nome de dois quilômetros. Então a síntese da Cloc, que é o reflexo também de uma linha política, foi decidida nessa reunião que nós fizemos em abril de 1992, em Vitória (Entrevista com João Pedro Stédile em 19/dez./2007)

Segundo vários relatos e o próprio site da Cloc,[9] o surgimento dessa nova organização é a consolidação do processo de lutas camponesas no continente. No congresso de fundação em Lima (Peru) em fevereiro de 1994 estiveram presentes 84 organizações de 18 países da América Latina e Caribe. Desde então, a Cloc organizou congressos, cursos de formação, encontros temáticos, campanhas e processos de luta conjunta. O processo correu paralelo à formação da Via Campesina em nível internacional, mas não compete com este, pois grande parte das organizações que participa de um, está também organizada no outro.[10]

Quase todas as organizações membros da Via Campesina na América Latina participam da Cloc e a maioria das organizações da Cloc participa da Via Campesina. Ambas contribuíram para a formação de outras redes latino-americanas, incluindo o Grito dos Excluídos e o Fórum pela Diversidade Biológica e Cultural (Edelman, 2003, p. 194-195).

No mesmo período, ocorriam também contatos internacionais e articulações regionais entre os movimentos camponeses na Europa e na América do Norte. Segundo Edelman (2003), a crise econômica dos anos 1980 nos Estados Unidos propiciou o surgimento ou fortalecimento de organizações que combinavam nos seus quadros dirigentes vertentes de direita e de esquerda. A mais emblemática dessas organizações era a

---

9 <www.movimientos.org/cloc/>
10 Para maiores informações sobre a história da Colc ver Edelman, 2003 e Zanotto, 2005.

186 FLÁVIA BRAGA VIEIRA

US Farmers Association (Associações de Agricultores Norte-americanos – Usfa), a qual incluía membros que, acusados de comunismo, haviam sido expulsos das organizações mais proeminentes de agricultores norte-americanos. Essas organizações mais progressistas denunciavam desde os anos 1970 a crise na agricultura e a problemática do endividamento entre os pequenos agricultores. No Canadá, o National Farmers Union (União Nacional de Agricultores – NFU) também denunciava a crise na agricultura e buscava apoios internacionais desde os anos 1970.[11]

Em 1983 foi criada, então, a North American Farm Alliance (Aliança dos Agricultores da América do Norte – Nafa) que desde a sua criação denunciava a agricultura intensiva e defendia uma produção mais adaptada à preservação do meio ambiente. Edelman (2003) afirma que, apesar de seu caráter progressista inicial, a Nafa acabou por adotar políticas protecionistas e perdeu seu papel articulador regional ao longo dos anos 1980. A partir do princípio dos anos 1990, contudo, em função das negociações governamentais da North American Free Trade Area (Área de Livre Comércio da América do Norte – Nafta), novas articulações começaram a ser feitas. Agricultores dos Estados Unidos, Canadá e México passaram a ter contatos regulares e a organizarem eventos e protestos em conjunto.

> Os movimentos de agricultores e outros sobre o Nafta reconfiguraram as alianças tradicionais e oposições nas linhas não nacionais. [...] gerando novas formas de protesto que levaram a ação transnacional e que dividiram ou uniram pessoas menos nas linhas nacionais do que em relação ao compartilhamento de classe, temática ou interesse setorial. A preocupação comum com o comércio livre no continente também abriu o caminho para novas formas de colaboração entre setores, entre agricultores e ambientalistas, por exemplo, entre ONGs e movimentos sociais (Edelman, 2003, p. 198-199).

---

11 Para maiores informações sobre a história das relações internacionais do NFU ver Desmarais, 2007.

Segundo Edelman (2003) e Desmarais (2007), a história de contatos internacionais entre os camponeses na Europa é ainda mais antiga. Desde o acordo de 1957 que lançou as bases da União Europeia, e em especial após a criação da Política Agrícola Comum nos anos 1960, muitas foram as trocas e tentativas de organização de movimentos de camponeses e agricultores em nível continental. Segundo Desmarais (2007), o peso de agricultores na política nacional de alguns países, como a França e a Holanda, contribuiu para a formação de um expressivo número de dirigentes que articulavam reflexões e formulações políticas bastante elaboradas a respeito da política agrária de seus países e da União Europeia.

Preocupações com a questão ambiental, com as formas capitalistas de produção na agricultura, entre outras, começavam a aparecer já nos últimos anos da década de 1970. Em 1981, agricultores da Áustria, França, Alemanha, Holanda e Suíça organizaram o primeiro dos encontros anuais que levou, em 1985, à criação da Coordenação Camponesa Europeia (CPE), que posteriormente viria a ser uma das principais organizações na construção da Via Campesina.

> Através destas trocas e diálogos, lideranças dos agricultores começaram a entender a realidade uns dos outros e definir a natureza da solidariedade. [...] Este conhecimento prévio sobre, e a experiência e o contato pessoal com, o trabalho e as realidades uns dos outros contribuíram significativamente para o sucesso das organizações do campo em encontrar um alto nível de acordo [...]. Armados com esse tipo de capital social, com uma sofisticada análise coletiva baseada nas realidades cotidianas, com uma afirmação coletiva de que "não vão sumir conosco", e com um comprometimento em construir alternativas ao neoliberalismo, muitas lideranças camponesas que participaram dos intercâmbios dentro e além de suas regiões estavam inspirados para dar à luz a Via Campesina (Desmarais, 2007, p. 83).

A ideia de uma organização mundial de camponeses surge, então, em abril de 1992 em Manágua (Nicarágua), dois anos depois da derrota eleitoral dos sandinistas, quando vários líderes camponeses da América Central,

América do Norte e Europa foram convidados para o congresso da Unión Nacional de Agricultores y Ganaderos (Unag). Alguns dirigentes identificam que este foi o ponto de partida para a criação da Via Campesina.

Nós, na Europa, já tínhamos há alguns anos relações com variadas organizações europeias porque era claro que deveríamos defender nossos valores e interesses frente às políticas de nossos países e também da União Europeia. Entendíamos que as políticas agrárias vinham de dinâmicas muito mais globais. E partindo disso, percebíamos que fazia falta uma voz camponesa. [...] No ano de 1992, houve na América Central, na Nicarágua, um congresso com convite para diferentes organizações camponesas europeias e americanas. Então, a Coordenação Camponesa Europeia levou a esse encontro a ideia sobre a necessidade de uma voz camponesa global (Entrevista com Paul Nicholson, da CPE, em 17/maio/2007).

A Via Campesina começou a ser gestada na Nicarágua, no âmbito de um congresso de Unag [...] para o qual são convidados dirigentes camponeses da Europa e da América Latina. Foi aí que começamos a nos dar conta de que a problemática camponesa passava por fora das fronteiras latino-americanas (Entrevista com Ramiro Maradiaga em 07/set./2007)

Desmarais (2007) e Edelman (2003) afirmam que os representantes das organizações camponesas presentes ao encontro produziram um documento, a Declaração de Manágua, que sintetizava o desejo de construir um projeto coletivo no qual pudessem desenvolver alternativas ao neoliberalismo. A Declaração de Manágua condenava a inclusão da agricultura nas negociações do Gatt e o impacto das dívidas externas nos países pobres, demandando uma participação direta na Cúpula da Terra, que seria realizada dois meses depois, no Rio de Janeiro.

Essas primeiras articulações se consolidaram quando a Fundação Paulo Freire, ONG holandesa que trabalhava sobre a temática agrária, organizou, em maio de 1993 em Mons (Bélgica), um encontro de 55 organizações de camponeses de 36 países. A Fundação, que estivera presente ao encontro da Unag na Nicarágua, havia ficado encarregada de dar suporte e facilitar os contatos entre as organizações signatárias da Declaração de

Manágua. A entidade anfitriã não havia planejado, contudo, que o encontro fosse posteriormente considerado a conferência de fundação de um movimento político como a Via Campesina.

Vários dirigentes apontam que o encontro na Bélgica foi uma surpresa para ambos os lados. De um lado, boa parte das organizações camponesas que compareceram, ao responder ao chamado, não tinha dimensão do resultado que um evento organizado por uma ONG poderia ter para sua articulação política em nível internacional. Por outro lado, foi uma surpresa para a instituição promotora que não previra que colocando juntas diversas organizações camponesas com larga história de lutas e embates, não teria qualquer controle sobre as deliberações do evento.

A intenção inicial da Fundação Paulo Freire era fazer uma espécie de investigação em nível mundial sobre as transformações no meio rural. A ideia era que esta pesquisa fosse feita de forma participativa pelos próprios camponeses, por isso, era fundamental contar com o apoio dos movimentos sociais. A própria Fundação pretendia fazer d processo a construção de uma articulação em nível internacional, mas não previa seu componente político.

O quê? A Via Campesina como um "projeto de pesquisa"? O entendimento da KMP[12] naquele momento era esse, e isso está muito vivo na minha memória: o encontro de Mons tinha o objetivo de formar um movimento camponês internacional [...] (Declaração de Jun Borras, da KMP. Citado em Desmarais, 2007, p. 94).

[...] o problema que tivemos em nossa primeira Assembleia foi com o Instituto Paulo Freire, da Holanda, que hoje se chama Agriterra. Foi um conflito principalmente sobre o papel que podiam ter os movimentos camponeses, o papel que teríamos e a posição que teríamos. Para nós, a Via Campesina era um espaço político de luta e claramente enfrentava o modelo neoliberal. A ONG Paulo Freire achava que deveria ser um fórum de debates e que não deveria ter uma posição política (Entrevista com Paul Nicholson em 17/maio/2007).

---

12 Kilusang Magbubukid ng Pilipinas (Movimento Camponês das Filipinas).

O pessoal do Canadá e dos países da Europa já viam o monstro diferente de nós, né? Nós estávamos em outra fase. Nessa época o neoliberalismo ainda não tinha entrado com tanta força, mas lá já [...] começavam a falar dos transgênicos e essas coisas todas. [...] A Francisca [Rodríguez] estava lá e outras pessoas, e foi uma guerra porque quem convocou isso foi uma Fundação Paulo Freire, da Holanda, e eles tinham outra estratégia. Aí o Paul Nicholson e uns outros caras que entendiam um pouco fizeram uma guerra e derrubaram os caras da Fundação. E aí começaram a trabalhar essa ideia da Via Campesina. Teve gente que estava lá que nem entendeu bem. Mesmo o menino do Movimento [MST] que foi não conseguiu entender o que estava acontecendo. (Entrevista com Egídio Brunetto em 23/mar./2007).

Os dirigentes da Via Campesina afirmam que os processos que vinham ocorrendo desde os anos 1980, possibilitaram um ambiente em Mons que levou à criação da Via Campesina. Como visto anteriormente, na Europa, desde 1986, já havia sido criada a Coordenação Camponesa Europeia. Na América Latina, o Congresso de fundação da Cloc já estava marcado para o ano seguinte, culminando as articulações que se desenvolveram desde 1989, com a Campanha dos 500 anos. A força das formulações dos europeus, juntamente com o expressivo movimento de massas latino-americano criou e consolidou a Via Campesina.

[...] nos encontramos lá porque eles pagaram a passagem de todo mundo. [...] os europeus tinham uma visão mais estratégica. Eles sacaram que era importante ter uma articulação internacional [...], sacaram que nós tínhamos que manter o princípio da autonomia e independência como classe. E, portanto, era muito perigoso fundar uma coisa que ia estar sob as asas de uma ONG. Que podiam até ser bem-intencionados, não era uma crítica à iniciativa, mas era tentar resgatar esse princípio. [...] Os europeus estavam bem articulados na comissão que eles tinham. E nós já estávamos articulados dentro da Cloc. Aí nós viramos a mesa e a entidade ficou puta da cara porque na verdade ela armou o circo e não pode comemorar (Entrevista com João Pedro Stédile em 19/dez/2007).

Nem todos os dirigentes compartilham a "paternidade/maternidade" da criação da Via Campesina entre europeus e latino-americanos. Francisca Rodríguez afirma que a Via Campesina só se consolidou porque os movimentos latino-americanos alcançavam então um expressivo enraizamento nas bases e uma profunda articulação regional.

> Nos nossos encontros, começaram a participar também os dirigentes da Europa. Os primeiros passos da Via Campesina foram dados na Nicarágua. Mas, te digo: surge pelo ambiente que se criou na América Latina. Eu sempre discuto com o Paul [Nicholson] porque ele me diz: "não te esqueças que eu estive lá". Então eu digo: "não te esqueças que nós estávamos preparando o solo". [...] Se não tivesse havido a Campanha dos 500 anos, se não tivéssemos mantido os movimentos, se não tivéssemos mantido a consciência política e de classe do movimento camponês na América Latina, a Via Campesina não existiria. [...] Mesmo que tenha se constituído em Mons, a Via Campesina tem raízes latino-americanas (Entrevista com Francisca Rodríguez em 19/mar./2007)

Mesmo o nome da Via Campesina, ressalta o seu caráter latino. Em todo o mundo o nome La Vía Campesina não é traduzido. Às vezes usa-se a expressão precedida do artigo, em outras vezes apenas a expressão, mas sempre o nome em espanhol. As versões sobre os motivos dessa opção são variadas, mas em geral indica-se que ela reflete a congregação das forças que criaram a Via Campesina em Mons e que, até hoje, são os movimentos mais fortes dentro da articulação, ou seja: latino-americanos e europeus do sul.

> O nome Via Campesina foi e está em castelhano exatamente por essa presença latino-americana muito forte desde as origens, desde as primeiras reuniões, desde os primeiros encontros. E foi dado esse nome no sentido de ser o caminho camponês para o mundo, para os povos (Entrevista com Geraldo Fontes, do MST, em 24/set/2007).

> Dado que a história começou a ser gestada na América Latina, se fala de Via Campesina em espanhol. [...] Veja que na última reunião que tivemos [...] discutimos se é Via Campesina ou La Vía Campesina. Me entende? Então, o que passa é que se trata de uma

via campesina, um caminho. Por questões de gramática, em certos idiomas não se fala o artigo, como no português, certo? Mas nos documentos é La Via Campesina, está estabelecido (Entrevista com Ramiro Maradiaga em 07/set/2007)

Olha, tem um sentido. Na Europa, a maior parte dos movimentos camponeses que estava participando [do encontro de Mons] era latino. Mesmo em espanhol, os italianos entendiam, os franceses também, os espanhóis, claro! E da América Latina todo mundo, inclusive os brasileiros. [...] Eu não sei se não foi uma demagogiazinha dos europeus para ganhar todos nós. Mas, de qualquer maneira, a hegemonia era latina (Entrevista com João Pedro Stédile em 19/dez./2007).

No encontro de Mons, foi montado um Comitê Coordenador Internacional (CCI) com representantes de cinco regiões: MST pela América do Sul; Asocode[13] pela América Central, Caribe e América do Norte; Peasant Solidarnosc pela Europa Oriental; KMP pela Ásia; e CPE pela Europa Ocidental. A Declaração de Mons afirma que, em resposta ao modelo dominante de produção, os movimentos camponeses reunidos na Via Campesina propõem um desenvolvimento da agricultura ecologicamente sustentável e socialmente justo através da defesa dos seguintes direitos:

1. Direito dos pequenos produtores de viver no campo; o que implica o direito total dos agricultores a autônoma organização e o reconhecimento da sua importância social na definição e im-

---

13 Asociación de Organizaciones Campesinas Centroamericanas para la Cooperación y el Desarrollo. Essa organização existiu entre 1991 e 2001 e foi um das principais espaços de articulação das organizações camponesas da América Central. Atualmente, parte da estrutura e as articulações da Asocode estão compreendidas no que vem sendo chamado de Via Campesina Centroamérica (informações recebidas na entrevista com Ramiro Maradiaga em 07/set/2007). Para maiores informações sobre Asocode e o papel que desempenhou na articulação dos movimentos camponeses da América Central ver Edelman, 2003.

plementação do desenvolvimento em geral, e o desenvolvimento rural em particular.

2. Direito a uma agricultura diversificada que garanta, como prioridade, o provimento de alimentos saudáveis e de qualidade para todos os povos do mundo, baseado em profundo respeito pelo meio ambiente, em uma sociedade equitativa e no acesso efetivo à terra.

3. Direito de todos os países para definir sua própria política agrícola de acordo com os interesses nacionais e em acordo com as organizações camponesas e indígenas, garantindo sua real participação (Declaração de Mons, maio de 1993. Citado em Desmarais, 2007, p. 77).

A Via Campesina teve sua primeira aparição pública no espaço internacional durante a Assembleia Global sobre Segurança Alimentar, a qual ocorreu em 1995 na cidade de Quebec (Canadá), como parte das comemorações pelos 50 anos da Organização das Nações Unidas para Agricultura e Alimentação (FAO). A NFU do Canadá, membro fundador da Via Campesina, fazia parte do Comitê Organizador do evento e conquistou espaço para que lideranças do movimento camponês pudessem falar e denunciar a situação no meio rural em várias partes do mundo.

> Nos eventos de Quebec as vozes dos camponeses e agricultores apareceram altas e claras, pois uma liderança após a outra se dirigiu ao microfone para explicar como as coisas eram de verdade no meio rural. A maioria começou sua intervenção orgulhosamente declarando sua participação na Via Campesina. Pela primeira vez em uma arena internacional dominada por ONGs, lideranças camponesas trabalharam de forma concertada e coletiva para falar sobre suas realidades, em suas próprias vozes e refletindo suas próprias análises. (Desmarais, 2007, p. 98).

A Via Campesina seguiu se encontrando e ampliando sua influência. De 1993 a 1996 a estrutura da Via Campesina era muito restrita: cada membro do CCI articulava sua região utilizando os recursos de sua própria organização. A CPE, na figura do basco Paul Nicholson, ficou responsável por realizar algumas tarefas de secretaria e comunicação internacional paralelo à coordenação das atividades europeias.

Em 1996, uma Secretaria Operativa Internacional foi estabelecida para tratar do trabalho de articulação em nível internacional que aumentava a cada dia. Por conta de sua experiência de articulação regional anterior, a Asocode, com sede em Honduras, assumiu a tarefa e o Secretário Operativo passou a ser o dirigente hondurenho, Rafael Alegria, que desempenhou papel por mais oito anos.

Em abril de 1996 ocorreu a II Conferência da Via Campesina, em Tlaxcala (México), e estiveram presentes 69 organizações de 37 países. Muitos delegados, especialmente da Ásia e da África faziam parte de organizações que ainda não eram formalmente ligadas à Via Campesina, mas que vinham se aproximando nos três primeiros anos de articulação. Segundo Edelman (2003), quase três dúzias de militantes não puderam comparecer, pois tiveram os vistos de entrada negados pelo México. Além disso, o evento foi preparado de forma apressada uma vez que estava previsto para acontecer nas Filipinas. Conflitos entre organizações locais transferiram a sede para o México com alguns meses de antecedência.

Apesar dessas dificuldades, a II Conferência teve expressivos desdobramentos.[14] Pela primeira vez, as bases do conceito de "soberania alimentar" foram discutidas. A caracterização feita em Mons a respeito do modelo de agricultura dominante e a proposta alternativa, isto é, o "caminho camponês" foram sendo amadurecidas.

> A conferência de Tlaxcala era para ser nas Filipinas. Como o KMP se dividiu, bem nesse meio tempo, não tinha condições de fazer lá. Aí convocamos para o México, assim meio de acidente. E lá também havia muitas turbulências, problemas. Não havia um comando para esta Conferência. Mas a gente reuniu umas 120 pessoas, eu acho. Então, se você resgatar a memória de Tlaxcala vai ver que os debates de soberanià alimentar, essas coisas, já estavam lá. Isso porque tanto os caras

---

14 Alguns desdobramentos serão detalhados mais à frente neste capítulo, como o conceito de soberania alimentar, as relações com ONGs e o Dia Internacional da Luta Camponesa.

da Europa como os do Canadá já tinham acumulado há mais tempo (entrevista com Egídio Brunetto em 23/mar./2007)

Além disso, começou a ser debatida a política da Via Campesina em relação às ONGS. Segundo Desmarais (2007), as ONGS que vinham se aproximando da Via Campesina montaram um fórum paralelo para acompanhar a Conferência pois a comitê organizador do evento decidiu que ativistas de ONGS não poderiam ser delegados, mas apenas observadores. Em virtude da pouca abertura que receberam, apenas dez organizações compareceram ao evento paralelo. Algumas dessas ONGS, e outras que sequer foram à Conferência, criticaram o papel subordinado que lhes estava sendo oferecido. A Via Campesina reafirmou em seus debates que esta relação só poderia se dar sob os princípios de autonomia e independência. Desmarais afirma que este debate "revelava a relutância de algumas ONGS em deixar o espaço que haviam ocupado por tanto tempo na arena internacional" (Desmarais, 2007, p. 100).

Durante a Conferência chegaram notícias sobre o massacre, em 17 de abril, de 19 militantes do MST em Eldorado do Carajás (Pará-Brasil). O massacre teve ampla repercussão mundial por ter sido registrado ao vivo por equipes de reportagem. A Via Campesina condenou os assassinatos e declarou que, a partir daquele momento, o 17 de abril seria celebrado anualmente em todo o mundo para lembrar as vítimas da luta pela terra e esse seria o Dia Internacional da Luta Camponesa.

A III Conferência da Via Campesina foi realizada em Bangalore (Índia), em outubro de 2000. Contou com a participação de mais de 100 delegados de 40 países. Naquele momento, a proposta da soberania alimentar já estava avançada, tendo sido apresentada em vários fóruns internacionais. Os debates se concentraram, então, nos próprios desafios de construção da identidade da Via Campesina. Em Bangalore foi criada a palavra de ordem "globalizemos a luta, globalizemos a esperança!", que viria a acompanhar a Via Campesina desde então.

A palavra de ordem "globalizemos a luta, globalizemos a esperança!" foi da Conferência da Índia. A gente tinha essa compreensão de que era preciso aumentar a capacidade de luta, no sentido de resistir, não é? Assim, tinha que fazer a luta internacional, mundial. Mas tinha também o outro lado, que era a questão da esperança, a ideia do projeto alternativo. Então combinamos as duas coisas numa frase só (Entrevista com Egídio Brunetto em 23/mar./2007).

Uma das principais temáticas foi a questão de gênero.[15] Desde 1996, as mulheres da Via Campesina vinham se organizando. O primeiro evento ocorreu em El Salvador, quatro meses após a Conferência de Tlaxcala, tendo sido formada a Comissão de Mulheres da Via Campesina e aprovado o primeiro documento sobre o tema. A Comissão organizou vários eventos regionais nos anos que se seguiram e, imediatamente antes da III Conferência, realizou a I Assembleia Internacional das Mulheres Camponesas. Essa iniciativa levou a um crescimento expressivo do número de delegadas no evento de Bangalore em comparação com o de Tlaxcala. Esse quadro trouxe uma mudança na estrutura do Comitê Coordenador Internacional da Via Campesina, que passou de oito para 14 coordenadores regionais, cada região contando com um coordenador e uma coordenadora.

Entre 2000 e 2004, as lutas em escala internacional tomaram novas dimensões. A quantidade de protestos contra as organizações multilaterais, a concepção e realização de várias edições do Fórum Social Mundial, tudo isso colocou a Via Campesina em destaque. Em maio de 2003, dez anos após a Conferência de fundação, foi realizado um encontro para pensar as estratégia da Via Campesina. Membros do CCI discutiram em Natoye (Bélgica) tanto as questões internas como as externas, e produziram um documento que serviria de base para os debates preparatórios para a IV Conferência.

O documento era composto por textos de análise sobre a situação agrária em nível internacional, sobre a política de alianças e comunicação, sobre a necessidade de formação política, sobre a questão de gênero e de juventude. Além disso, trazia ao final um roteiro de perguntas a respeito do funcionamento interno e sobre a plataforma política da Via Campesina.

---

15 Esse debate também será detalhado mais à frente neste capítulo.

DOS PROLETÁRIOS UNIDOS À GLOBALIZAÇÃO DA ESPERANÇA 197

> O processo de preparação dessa IV Conferência foi iniciado em maio de 2003 [...] no qual se discutiu que tão importante quanto garantir a presença das organizações membros [...] seria realizarmos um grande mutirão para que a notícia da conferência, seus temas, sua metodologia fossem debatidos nas bases, em cada país e região. [...] Portanto, o que se propõe como metodologia é que todos os militantes das organizações camponesas, mesmo que não participem diretamente da conferência, possam debater os temas e acompanhar o seu processo de construção e, ao mesmo tempo, que se estimule a realização de encontros regionais e nacionais (Via Campesina, 2003, p. 5).

A IV Conferência da Via Campesina ocorreu, em junho de 2004, na cidade de Itaici (São Paulo – Brasil), reunindo mais de 400 delegados de 76 países. Nos dias imediatamente anteriores à IV Conferência, ocorreram também a II Assembleia Mundial de Mulheres Camponesas e a I Assembleia Mundial de Jovens da Via Campesina.

Na Conferência de Itaici mais de 40 novas organizações camponesas se incorporaram à Via Campesina, e a África foi incorporada como uma oitava região.[16] Além disso, a Secretaria Operativa Internacional, que desde 1996 estava em Honduras, foi transferida para Jacarta (Indonésia), a cargo do dirigente da Federação dos Sindicatos Camponeses da Indonésia (FSPI), Henry Saragih.

A Conferência de Itaici estava sob responsabilidade do MST e dos outros movimentos brasileiros da Via Campesina. Participam da Via Campesina as seguintes organizações brasileiras: o Movimento dos Trabalhadores Rurais Sem Terra – MST, o Movimento dos Atingidos por Barragens – MAB, o Movimento dos Pequenos Agricultores – MPA, e o Movimento de Mulheres Camponesas – MMC.[17] A Comissão Pastoral da Terra – CPT e a Federação dos

---

16 Até a IV Conferência a Via Campesina tinha sete regiões (cada região com um coordenador e uma coordenadora): América do Norte, América do Sul, América Central, Caribe, Europa, Sul e Sudeste da Ásia, Sul da Ásia. A partir de Itaici foi incluída a África e o CCI passou a ter 16 membros.

17 A Pastoral da Juventude Rural – PJR passou a fazer parte da Via Campesina Internacional em 2008 na V Conferência.

Estudantes de Agronomia do Brasil – Feab, se articulam no que é chamado Via Campesina Brasil, mas como não são organizações de base camponesas, não fazem parte da Via Campesina em nível internacional. O comitê organizador teve como principal característica a inclusão de linguagens e processos diferenciados de debate. A utilização de "místicas", a manifestação cultural espontânea, as palavras de ordem em diferentes línguas, músicas, festas e cerimônias variadas deram o tom do evento.[18]

> Estas místicas ajudaram a quebrar as barreiras linguísticas e estabelecer bases comuns, acentuando o significado cultural das sementes e das cerimônias de plantio, a história de opressão e repressão, e a determinação em sobreviver apesar das enormes ameaças. [...] Muitos participantes que compareceram à IV Conferência Internacional disseram que nunca antes haviam experimentado tal senso de comunidade em nível internacional (Desmarais, 2007, p. 188).

A tabela a seguir permite perceber a dimensão do crescimento e consolidação da Via Campesina Internacional entre a III e IV Conferências. Entre 2000 e 2004, a Via Campesina cresceu mais de 41%.

Tabela 1: Distribuição regional e crescimento das organizações-membro da Via Campesina

Regiões da Via Campesina	Número de organizações em 2000	Número de organizações que ingressaram em 2004	Número total de organizações
África	1	4	5
Europa	22	1	23
América Central	19	1	20
Caribe	10	1	11

---

18 A seguir será discutido de forma mais aprofundada o papel do MST em difundir para outros movimentos da Via Campesina um conjunto de práticas, como a mística.

América do Sul	20	10	30
América do Norte	7	4	11
Sul da Ásia	3	17	20
Leste e Sudeste da Ásia	19	4	23
Total	**101**	**42**	**143**

Retirado de: Desmarais, 2007, p. 6.

Após a IV Conferência, a Via Campesina seguiu ampliando sua atuação e realizou em Moçambique, no ano de 2008, a V Conferência Internacional. A partir deste evento, assim como sucedeu após a III Conferência na Ásia, houve uma maior participação do continente africano, onde a Via Campesina tinha historicamente menos enraizamento. Por isso, a partir da V Conferência, na regionalização da Via Campesina, o continente africano passou a ter duas regiões África 1 e 2.

O APÊNDICE B desta Tese contém a lista completa, atualizada, das organizações da Via Campesina, por região e país, incluindo as organizações que ingressaram em 2008, na conferência de Maputo, totalizando 148 organizações de 69 países.

4.2 UM NOVO ATOR

4.2.1 Via Campesina por dentro

A Via Campesina se define como "um movimento internacional de camponeses e camponesas, pequenos e médios produtores, mulheres rurais, indígenas, sem terras, jovens rurais e trabalhadores agrícolas" (Via Campesina, 2007), que defende os valores e interesses de seus membros. Atualmente, reúne organizações de 56 países da Ásia, África, Europa e Américas. Ideologicamente, a Via se define como "um movimento autônomo, plural, multicultural, independente, sem nenhuma filiação política, econômica ou de outro tipo" (Via Campesina, 2007).

Como visto anteriormente, desde a sua fundação, a Via Campesina ampliou bases geográficas, se estendendo e consolidando ininterruptamente. As principais tarefas a que se propõe são a articulação, comunicação e a coordenação de atividades em comum, quando possível em nível mundial e, mais frequentemente, em nível regional. Segundo seus documentos, o principal objetivo da Via Campesina é:

> Desenvolver a solidariedade e a unidade dentro da diversidade entre as organizações membros, para promover relações econômicas de igualdade, de paridade de gênero, e de justiça social, a preservação e conquista da terra, da água, das sementes e outros recursos naturais, a soberania alimentar, a produção agrícola sustentável e uma igualdade baseada na produção de pequena e média escala (Via Campesina, 2007).

No detalhamento de seus objetivos, a Via Campesina afirma querer influenciar os centros de poder e de tomada de decisão dentro dos governos e nas instituições multilaterais para dar um rumo diferente às políticas econômicas e agrárias que afetam a pequena e média produção. Para tanto, se desafia a formular propostas em relação aos seguintes temas: reforma agrária, biodiversidade e recursos genéticos, soberania alimentar, direitos humanos, agricultura camponesa sustentável, migração e trabalhadores rurais, questão de gênero. Cada um dos temas trabalhados compõe uma Comissão Temática e as organizações-membro devem participar de pelo menos uma dessas comissões.

> É importante ampliar a participação e a presença da Via Campesina em nível mundial para distribuir também essa participação nas instâncias. O que fundamenta o atuar da Via são as comissões, onde todas as organizações que fazem parte devem estar participando de pelo menos uma delas. Claro, dentro da sua área de atuação. O MST, por exemplo, está na reforma agrária. O MPA na de soberania alimentar (Entrevista com Geraldo Fontes em 24/set./2007).

A estrutura organizativa da Via Campesina é bastante simples. A Conferência é seu órgão máximo de decisão política e se reúne a cada quatro anos em países diferentes, de forma a cobrir as diferentes regiões do mundo. O Comitê Coordenador Internacional (CCI) é escolhido na

Conferência e cada uma das oito regiões tem um coordenador e uma coordenadora, sendo estes de organizações diferentes de forma a partilhar, entre pelo menos dois movimentos, a responsabilidade de articulação regional. Os escritórios regionais são os espaços responsáveis pelas relações e articulações dentro de cada região e é aí que se realiza a maior parte do trabalho da Via Campesina. A Secretaria Operativa Internacional coordena as comunicações e executa as resoluções das instâncias políticas.

> Fora das Conferências Internacionais o cci é o organismo-chave das decisões políticas e de coordenação da Via Campesina. Todas as decisões maiores são tomadas em consulta aos 16 membros. Em temas-chave o processo de consulta vai além do cci, porque cada coordenador regional deve refletir as necessidades, concepções e decisões da sua própria região. É apenas através das extensas comunicações e consultas que os coordenadores regionais ganham autoridade para apresentar posições e resoluções ao cci. Para as organizações da Via Campesina, as regiões são os pontos centrais de interseção entre as comunidades e as lutas nacionais e internacionais (Desmarais, 2007, p. 30).

Muitos dirigentes da Via Campesina afirmam que sua estrutura é horizontal, isto é, que as hierarquias internas são evitadas. O entendimento é de que experiências do passado, construídas sobre a base de estruturas verticais, tanto nos movimentos sociais quanto nas articulações internacionais, acabaram fracassando.

> Desde o primeiro momento havia características que seguem mantendo-se. Uma é a horizontalidade: queríamos ser um movimento de organizações autônomas e independentes e isso era, então, também a diferença, pois todos os modelos existentes eram verticais. Por outro lado, já no princípio a ideia era construir um movimento de organizações camponesas que tivesse um caráter político e não simplesmente um fórum de debates [...] e que íamos construir uma luta a nível internacional (Entrevista com Paul Nicholson em 17/maio/2007).

> Houve disputas no começo porque muitos preferiam o sistema vertical, criar tipo uma federação internacional, essas coisas. Mas há uma compreensão e uma definição, e uma cobrança para que todas as áreas sejam dessa forma colegiada, democrática. [...] porque uma organização dessas só é possível se ela for altamente coletiva [...]. Ela tem que ser coletiva, participativa e democrática (Entrevista com Egídio Brunetto em 23/mar./2007).

> Na Via Campesina não há um presidente, não há um coordenador, não há um secretário-geral. Há, digamos, um espaço onde está a representação política de várias formas de conduzir. Há espaço para diferentes pensamentos, mas não para um esquema ao estilo tradicional (Entrevista com Ramiro Maradiaga em 07/set./2007).

Mesmo os que entendem que há um componente hierárquico na composição do CCI, acreditam que ele é positivo na medida em que proporciona uma coordenação maior das políticas comuns. Há nesses casos uma crítica também aos modelos excessivamente abertos, nos quais seria impossível constituir uma identidade como movimento internacional.

> Eu sinto que a Via Campesina é um pouco hierárquica, e no CCI reside essa característica. Mas isso forma parte de sua força também. O excesso de democracia, o democratismo, opera contra nós. As organizações muito abertas têm riscos muito profundos, pois se perde a identidade e a noção de quem tem a responsabilidade (Entrevista com Francisca Rodríguez em 19/mar./2007).

Nesse sentido, desde os primeiros momentos afirmou-se que era preciso construir uma articulação que estivesse enraizada nos movimentos de base e evitasse a burocratização de lideranças ou mesmo a consolidação de grandes estruturas materiais. No entendimento da Via Campesina, as experiências concretas dos movimentos é que devem servir de base para a construção da articulação internacional.

A construção vem a partir do que você aporta de baixo para cima. É a contribuição da luta lá no país e a compreensão de que temos que sair da luta corporativa local para aquilo que eles fizeram no século retrasado e passado, que são as lutas internacionais (Entrevista com Egídio Brunetto em 23/mar./2007).

[...] seguimos buscando maneiras de organização e funcionamento diferentes e novas. Temos muito medo dos processos de burocratização. Eu creio que preferimos correr o risco de sermos ineficazes, e por isso mantemos um ritmo e um processo mais lentos, ou seja, entendemos que sendo mais eficazes não vamos ser necessariamente melhores. [...] Não é uma luta de salários ou condições de trabalho, é uma visão mais integral da vida em si. Nós trabalhamos valores e uma identidade também (Entrevista com Paul Nicholson em 17/maio/07).

Apesar da Via Campesina ter uma estrutura global, ela é muito atenta à importância das regiões e da base. [...] o trabalho internacional das organizações camponesas só é possível quando as organizações são fortes e consolidadas nos níveis local e nacional (Desamarais, 2007, p. 160).

Para uma organização se tornar membro da Via Campesina é preciso, antes de mais nada, que ela esteja engajada nas lutas sociais concretas a respeito da questão agrária, confrontando o modelo dominante. Além disso, é preciso que seja aprovada pelas organizações nacionais ou regionais que já fazem parte da articulação. Assim, uma nova organização brasileira só será aceita se MST, MAB, MPA e MMC aprovem o seu ingresso, inclusive em consulta com as outras organizações da América do Sul. Com isso, pretende-se garantir que não sejam trazidas para dentro da Via Campesina as divergências e disputas locais, nacionais e regionais.

Os próprios dirigentes afirmam que esse é um processo complexo. Na medida que a Via Campesina alcança destaque internacional e desenvolve campanhas e lutas, mais organizações se aproximam. As disputas nacionais ou regionais acabam por comprometer alguns desses novos ingressos, o que entra em contradição com relações que possam existir entre organizações-candidatas e organizações-membro de outros países ou regiões.

Uma adesão à Via Campesina deve ser através dos processos de luta e tem que ser aprovada a nível regional. Como a Via Campesina não é uma instituição vertical, os processos são mais subjetivos. Provavelmente hoje esse é um problema para a Via Campesina: como integrar todas as organizações que querem entrar e que podem ter problemas por resistência e oposição das que já estão. É muito complicado. Isto tem que ser muito conversado em nível regional e se existe um problema insuperável, internacionalmente temos que buscar outros meios de superá-lo. Mas aí existe um problema indubitavelmente (Entrevista com Paul Nicholson em 17/maio/2007).

Nós temos um problema que não sei se vamos resolver lá em Moçambique por causa da autonomia das organizações nacionais. Uma das normas da Via Campesina é a seguinte: para uma nova entidade de um país entrar, ela tem que ser apoiada pelas organizações do país que já estão na Via. Isto para não criar briga interna. O princípio é razoável. Mas há casos, como o da Índia... a Índia é um mundo, né? Lá tem uma filiada que é de pequenos e médios proprietários, e ser proprietário na Índia é coisa pra caramba! O MST tem relações bilaterais com umas oito, de dalits, de assalariados e a que a gente menos gosta é a que é filiada da Via, só que ela veta a entrada das outras por causa das disputas internas (Entrevista com João Pedro Stédile em 19/dez./2007).

Esta é uma das contradições com as quais se confronta a Via Campesina no momento. Um dos caminhos apontados para a solução do impasse seria o aprofundamento dos acordos político-ideológicos da Via. Uma vez que esses princípios estejam cada vez mais claros, aquelas organizações que não concordassem poderiam ter seu ingresso vetado nos espaços internacionais de decisão, como o CCI e as Conferências. Outra possibilidade é trabalhar com organizações de caráter nacional e não regional ou local, como existe hoje. Dessa forma, haveria um incentivo para as organizações resolverem os problemas domésticos no país e tentarem se articular nacionalmente para ingressar na Via. É, contudo, uma questão em aberto.

Outro desafio importante da Via Campesina é lidar com sua diversidade interna. Um dos principais elementos dessa heterogeneidade é a diferença que existe entre as regiões. Enquanto o continente americano está organizado em quatro regiões diferentes, cada uma delas contando com um número significativo de organizações, a África tem apenas cinco organizações e enfrenta grandes dificuldades para sua articulação interna. A Europa, por outro lado, mesmo sendo uma única região na Via, tem uma coordenação continental que precede historicamente a articulação internacional. Além disso, as regiões que contam com uma história de luta conjunta mais longa, amadureceram as questões internacionais há mais tempo e seus quadros dirigentes têm uma maior capacidade de articulação e formulação tanto no que diz respeito aos embates com o modelo dominante, quanto à proposição do modelo da Via Campesina.

> Ainda tem muitas regiões do mundo em que a Via Campesina não tem uma presença forte. Europa Oriental, norte da África, mundo árabe, Ásia Central. Enfim, pela própria conformação da Via Campesina, a participação da América Latina é muito carregada. [...] O cci é composto de 16 pessoas, sendo que oito, a metade, são das Américas. [...] então, mais que disputa de poder, o que ocorre é uma participação inequitativa das regiões (Entrevista com Geraldo Fontes em 24/set./2007).

> As organizações de camponeses da Europa estão bastante evoluídas e o nível de consciência do problema é maior. Conhecem as políticas, conhecem o Banco Mundial, conhecem a omc, não é? [...] Então, o nível de formação permite que eles estejam em vantagem nos debates que ocorrem dentro da Via Campesina. E isto não é porque eles pretendem de alguma maneira se impor àquilo que seria a agenda dos países mais pobres, mas simplesmente porque dominam a informação, eles têm mais vantagens de colocar as ideias, de dar mais sugestões que nós (Entrevista com Diamantino Nhampossa em 25/jul./2007).

Outro componente da heterogeneidade interna diz respeito às diferenças socioculturais e históricas e no tipo de organização que faz parte da Via. Contextos políticos de maior ou menor democratização, segundo alguns dirigentes, podem influenciar na possibilidade de articulação nacional e internacional dos camponeses. Barreiras linguísticas e culturais também são um desafio para a troca de experiências e para a construção de programas políticos comuns. Além disso, muitos identificam que a diversidade de base social e do formato das organizações conduz a características materiais e infraestruturais muito distintas, interferindo nas condições de atuação e de participação internacional.

> Os desafios são grandes. Pensando no continente africano, a questão da diversidade cultural e linguística é um desafio quando se trata de divulgar, debater, dialogar com os movimentos. A troca de experiências entre os movimentos pode ser afetada pela condição da língua. A Via Campesina aqui enfrenta esse problema, pois além das línguas africanas, que são muitas, ainda temos as línguas europeias. [...] Também existem as dificuldades que podem ser causadas pelo nível de liberdade de expressão que se encontra em cada país. Algumas partes da África são um desafio por causa das guerras que ainda estão a ocorrer, como os Grandes Lagos, a Nigéria. A riqueza do petróleo, a exploração de recursos, venda de armas tudo isto é um desafio para um movimento como a Via Campesina se implantar e fazer as lutas (Entrevista com Diamantino Nhampossa em 25/07/2007).

> Há desde organizações e cooperativas de produtores rurais que têm um nível mais avançado em termos de recursos e estruturas, até os sem-terra e outros, por assim dizer, que mal têm condições de sobreviver. [...] Há também desde grupos que têm vínculos com partidos políticos e outros mais autonomistas, que desdenham o papel do Estado e dos partidos. Enfim, é muito heterogêneo (Entrevista com Geraldo Fontes em 24/set./2007).

Outro elemento apontado como desafio interno da Via Campesina é o papel das mulheres. Segundo Desmarais (2007), a questão de gênero avançou na Via Campesina, pois muitas organizações já vinham se debatendo com o tema em seus contextos locais e nacionais. Ao consolidar o movimento internacional, a questão do papel das mulheres e da igualdade de gênero apareceu rápida e espontaneamente. Logo após a Conferência de Tlaxcala, em 1996, as mulheres da Via Campesina começaram a se organizar de forma autônoma e a promover seus fóruns de debate.

Desde a Conferência de Bangalore esse se tornou um tema de debate e vem sendo amadurecido. Já ocorreram duas Assembleias Internacionais das Mulheres da Via, em 2000 e 2004, antecedendo as Conferências Internacionais. Em outubro de 2006, foi realizado em Santiago de Compostela (Espanha) o Congresso Mundial das Mulheres da Via Campesina. Em todos esses eventos o papel da mulher do campo na defesa da vida e dos modos de vida camponeses é ressaltado, a violência doméstica e as desigualdades de gênero são denunciadas. Há também um trabalho no sentido de interiorizar nas práticas da Via Campesina essa questão. Os principais avanços foram a conquista da paridade de gênero nas instâncias representativas e a inclusão do tema das mulheres entre uma das Comissões Temáticas.

> No âmbito da questão de gênero, temos avançado. Mas é muito difícil introduzi-la com os companheiros. Primeiro porque são todos dirigentes potentes, com uma história, com uma cultura dirigencial e com um sentimento e um pensamento amplo e claro sobre a participação das mulheres. Mas não basta o pensamento, tem que existir prática. E na prática há muitos mais impedimentos, mais dificuldades, mais problemas. Eu creio também, te digo, que a dominação, o patriarcado é tão dominante, tão forte, que está interiorizado em nosso ser e que não é somente um problema dos companheiros, mas também nosso. [...] E isso perpassa todos os movimentos e organizações. Não somos uma exceção. E creio que a exceção está dada na medida em que alcançamos a paridade de gêneros. Mas, volto a dizer, uma paridade não assumida, nem por eles nem por nós, em toda sua dimensão (Entrevista com Francisca Rodríguez em 19/mar./2007).

Analistas e dirigentes da Via Campesina indicam, contudo, que a diversidade interna deve ser trabalhada do ponto de vista da unidade, isto é, as diferenças devem ser entendidas como um elemento de fortalecimento da organização em nível internacional. A heterogeneidade aparece como desafio, como situações a serem minimizadas durante o processo de construção das lutas e políticas comuns. A identidade ideológica e política é o elemento que permite suplantar as diferenças entre as organizações.

A realidade ajudou a gente muito. Temos um inimigo em comum, temos análise em comum. No início teve umas disputazinhas, mas hoje há um consenso grande. [...] O que ajudou muito foi que, lá por 2000, havia essa ideia de que algumas regiões eram muito contestatórias e deveriam ser mais propositivas etc. e tal. Achavam que ainda era possível ter um projeto de desenvolvimento local, aquelas coisas. Pegava uma experiência, um dinheiro de uma ONG, e isso bastaria. Mas isso se derrotou em pouco tempo. Muita gente achava que tinha que democratizar a OMC, mas com o passar do tempo também foi uma ideia derrotada (Entrevista com Egídio Brunetto em 23/mar./2007).

Até este momento não me recordo de ter havido algum problema resultante das diferenças, porque sempre ocorreu muito espaço para diálogo entre os camponeses do norte e do sul. Isso permitiu criar as agendas que vão de acordo com os interesses de todos. Teve aquela questão dos subsídios, mas logo que se chegou ao diálogo tivemos uma conclusão de que tanto os camponeses do norte como os do sul precisam de subsídios para produzir e não para exportar, porque estes beneficiam aos impérios multinacionais de exportação (Entrevista com Diamantino Nhampossa em 25/set./2007).

Não são detectados elementos de fracionamento ou de divisão interna. A ideia de "unidade na diversidade" aparece em muitos discursos e mesmo nos documentos públicos da Via Campesina. Segundo Desmarais (2007), através da estratégia de construir a unidade na diversidade, a Via Campesina consegue superar as diferenças e construir um projeto comum que potencializa as experiências de cada organização ou região. Os dirigentes também são afirmativos na ideia de que a diversidade é um elemento que fortalece a Via.

DOS PROLETÁRIOS UNIDOS À GLOBALIZAÇÃO DA ESPERANÇA 209

Não restam dúvidas de que em cada país há contradições e existem organizações da Via Campesina que podem, em um momento específico, ter muitas diferenças. O que é mais importante é que a diversidade seja uma força e nunca um fator de divisão. Então, a metodologia de debate e de acordos tem que ser um processo naturalmente lento (Entrevista com Paul Nicholson em 17/maio/2007).

Não podemos falar em "tendências" na Via Campesina: esse movimento reúne camponeses do mundo inteiro, que defendem o que lhes parece mais pertinente no presente. [...] As trocas de ponto de vista e de experiência fazem dessa rede um instrumento fantástico de formação e reflexão. As delegações da Via Campesina não negociam em termos de conquista de mercado e sim, antes de mais nada, pelo desenvolvimento em termos de respeito mútuo. Essa "internacional de camponeses" é um mapa vivo dos novos princípios de relações entre o norte e o sul (Palavras de François Dufour. In: Bové e Dufour, 2001, p. 202).

Nós não podemos ter, nem querer ter, apenas uma maneira de pensar porque nós somos muitos e somos muito grandes. O que é importante é discutir, participar do debate e concordar sobre os caminhos de seguir adiante. Se existem contradições ou diferenças, isso é normal. O que precisamos fazer na Via Campesina é garantir que nós sempre teremos a capacidade de ouvir uns aos outros, sempre agiremos com profundo respeito pela maneira de pensar de cada organização, e sempre discutiremos de forma aberta e transparente para avançar. O dia em que a Via Campesina quiser impor maneiras de pensar de forma vertical, então nós teremos deixado de ser um movimento social distinto e comprometido verdadeiramente com a construção de um modelo alternativo (Declaração de Rafael Alegria, secretário operativo da Via Campesina entre 1996 e 2004. Citado em Desmarais, 2007, p. 38).

Dessa forma, apesar de sua heterogeneidade interna, ou por causa dela, a Via Campesina se afirmou progressivamente como elemento articulador e organizador de lutas internacionais e vem construindo um sentido de solidariedade internacional bastante forte entre seus militantes. A identidade com a Via Campesina é perceptível entre os dirigentes que circulam nas articulações internacionais. O enraizamento desse sentimento na base dos movimentos é, contudo, mais difícil, sendo identificado por seus dirigentes como um desafio.

Um dos elementos apontados para a difusão da identificação com a Via Campesina entre os militantes de base, é a construção, por meio de ações concretas, das campanhas e do modelo de agricultura da Via. Nesse sentido, não seria pelos de discursos ou seminários que a identidade seria construída, mas por de um processo gradual e prático.

> A Via Campesina não é o escritório na Indonésia. Não está na capital. A Via Campesina é a luta que um determinado grupo leva em um território e é também a luta que leva outro grupo de campesinos em outro país. [...] Estamos trabalhando para fazer com que as lutas se conectem. [...] As pessoas fazem resgate das sementes, fazem conservação, e o fazem porque é bom! Então, podem se dar conta de que em outro país fazem o mesmo, que em outro país é uma campanha nacional. [...] Então, agora podem ver mais facilmente que a Via Campesina é os que fazem marcha em Cancun ou Hong Kong, os que estão lutando contra a OMC, as mulheres que estão destruindo plantas de monocultura, mas também estamos descobrindo que Via Campesina é organização, é articulação, é luta, é aliança. Esse é o sentido pelo qual o campesino vê a Via hoje (Entrevista com Ramiro Maradiaga em 07/set./2007).

Outro elemento que vem sendo trabalhado para o aprofundamento de uma identidade com a Via Campesina é a construção de símbolos e de uma linguagem própria. Parte significativa da simbologia da Via Campesina é composta por um figurino (bonés, lenços e camisetas verdes com o logotipo colorido da Via), bandeiras e faixas com palavras de ordem que se repetem ao redor do mundo. Segundo Desmarais (2007), a imagem da Via Campesina está muito associada aos movimentos da América Latina e sua simbologia ainda não incorporou elementos culturais de outras partes do mundo.

> A imagem prevalecente da Via Campesina reflete vários aspectos da cultura latino-americana: os chapéus verdes, *pañuelos*, slogans e a mística inspirada no MST se tornaram a marca da Via Campesina. Em numerosas ocasiões o espanhol tem sido a

DOS PROLETÁRIOS UNIDOS À GLOBALIZAÇÃO DA ESPERANÇA   211

língua dominante dos encontros. Consequentemente, as delegações da América do Norte, da Europa e da Ásia frequentemente se juntam aos seus parceiros latino-americanos ao levantar os punhos e em voz alta gritar slogans em espanhol como "*la lucha continúa*" e "*viva la Via Campesina!*" Esta solidariedade não foi, até recentemente, acompanhada de uma reciprocidade com slogans da Via Campesina sendo cantados em tailandês, indonésio ou kannada. [...] A Via Campesina não seria o que é hoje se não fosse a participação significativa da América Latina (Desmarais, 2007, p. 184-185).

Os símbolos visuais contribuíram, então, para a construção da visibilidade externa e da identidade interna do movimento nos últimos anos. Externamente, colocou a Via Campesina em destaque nos fóruns e protestos globais. Nesses espaços caracterizados pela multiplicidade de movimentos e organizações, como os protestos antiglobalização e os Fóruns Sociais Mundiais, um movimento que quase sempre se faz presente em número expressivo e se apresenta visualmente uniformizado, sobressai nos registros de mídia e chama a atenção de todos no seu entorno. Internamente, vem contribuindo para a construção do sentimento de pertencimento entre os militantes das dezenas de organizações que fazem parte da Via Campesina.

Na gigantesca manifestação que contribuiu para degringolar as negociações da OMC em Seattle, os militantes da Via Campesina adotaram a prática empregada pelo MST do Brasil e seus aliados [...], através da qual a política simbólica de usar lenços e bandeiras tremulantes construiu uma mística entre os militantes e gerou oportunidades de fotos na mídia. Distribuindo lenços e bonés aos simpatizantes na multidão, os militantes da Via Campesina atraíram a atenção dos outros ativistas e de muitos jornalistas que cobriam os protestos (Edelman, 2003, p. 206).

Nós fazíamos uma reunião na América Central e colocávamos as bandeiras das organizações presentes. Quando começamos a usar também o boné, o *pañuelo*, a bandeira, então, passamos a ser membro de A, B ou C e também da Via Campesina. Junto ao pensamento há o simbolismo, que permite que a gente vá se conhecendo mais. Nós colocamos o simbolismo, a terra, a foto dos mártires, mas fazer aquela mística do MST, ainda estamos anos-luz distante. [...] se pôde avançar em alguns países, algumas regiões, mas o elemento fundamental é que as pessoas se conheçam e se apropriem do movimento (Entrevista com Ramiro Maradiaga em 07/set./2007).

O papel das mulheres na construção da simbologia da Via Campesina também é destacado. Algumas ações se destacam como a Campanha das Sementes, que faz parte dos esforços de elaboração do conceito de soberania alimentar,[19] e atos simbólicos como a destruição de mudas de eucalipto nos laboratórios da Aracruz Celulose durante as manifestações do dia 8 de março de 2006, no Rio Grande do Sul (Brasil). Atividades de ampla repercussão na mídia, protagonizados por mulheres, têm sido avaliadas como de fundamental importância para a construção de um "sentimento" em relação à terra e ao modo de vida camponês dentro e fora da Via Campesina.

> Se não fôssemos nós, as mulheres, essa organização seria um movimento de lutas econômicas e reivindicativas, e não um movimento que hoje reivindica a identidade, reivindica a cultura, reivindica os territórios, reivindica o direito a respirar. Então, isso é o que faz a riqueza da Via Campesina. Nós somos as porta-vozes do movimento. Porque o transmitimos de uma forma diferente, de uma forma que encanta, que atrai as pessoas, que põe sentimento nas lutas (Entrevista com Francisca Rodríguez em 19/mar./2007).

A troca de experiências que se dá em nível internacional pela circulação de militantes é outro elemento que contribui para a formação da identidade dentro da Via Campesina. Muitos dirigentes apontam que nos eventos regionais e internacionais, nas viagens de troca bilateral entre organizações, enfim, nos contatos presenciais entre os militantes há um processo de aprendizagem importante. Mais do que nas reuniões ou nos momentos formais de tomada de decisão e deliberação, é no reconhecimento da vivência concreta das realidades que vêm sendo

---

19 Mais à frente neste capítulo, será destacado o papel das mulheres na campanha pela soberania alimentar.

DOS PROLETÁRIOS UNIDOS À GLOBALIZAÇÃO DA ESPERANÇA   213

construídos os laços mais profundos entre as organizações membro da Via Campesina.

> O camponês, como ele tem uma tradição oral da nossa cultura, nossa idiossincrasia, então, em todos os encontros internacionais que há, as noites varam adentro e é conversando, contando histórias, intercâmbio de ideias. O melhor está fora das plenárias, porque aí tu aprende, aí que tu se identifica, não é? (Entrevista com João Pedro Stédile em 19/dez./2007).

A Via Campesina construiu também duas datas para marcar a sua identidade e construir um calendário de lutas comuns. A primeira delas é o dia 17 de abril, Dia Internacional da Luta Camponesa. Essa data foi escolhida, porque, como já mencionado anteriormente, em 17 de abril de 1996, enquanto ocorria a Conferência Internacional de Tlaxcala, no México, 19 militantes do MST foram assassinados, no Brasil, no episódio que ficou conhecido como massacre de Eldorado dos Carajás. A partir de então, a cada ano são realizadas manifestações, ocupações, mobilizações as mais diversas em muitos países, as quais trazem à opinião pública a luta por reforma agrária e denunciam a violência contra os camponeses no mundo todo.

Em 2003, a Via Campesina se juntou à forte mobilização contra a Conferência Ministerial da OMC em Cancún, México, levando aproximadamente 10 mil manifestantes. Um evento marcou essa mobilização: o camponês coreano Lee Kyung Hae se imolou com uma navalha diante das câmeras de televisão de todo o mundo. No momento de seu suicídio ele carregava um cartaz com os dizeres: "a OMC mata os camponeses". No dia seguinte, organizações da Via Campesina, em vários países do mundo, organizaram manifestações em memória de Lee Kyung Hae. Desde então, todos os anos, a Via Campesina celebra o dia 10 de setembro como Dia Internacional de Luta contra a OMC e o Neoliberalismo, com mobilizações em vários países. Segundo dirigentes e analistas, essa atitude extrema de um militante do movimento trouxe um expressivo sentimento de solidariedade para a Via Campesina.

Os protestos contra a OMC em Cancún foram profundamente marcados pela morte de Lee, e aqueles que estiveram lá falam da transformação após as notícias de que ele tinha morrido, falam de uma experiência coletiva que sacudiu a multidão desorganizada em direção à unidade. [...] A adoção, por um conjunto de organizações camponesas, do slogan "nós somos Lee", cantado em inglês, é um sintoma de um novo tipo de globalização rural. [...] Ele foi transformado em um ícone de um novo tipo de solidariedade camponesa (Patel, 2004, p. 3).

Veja só como foram surgindo fatos emblemáticos. [...] Uma das marcas desda generosidade, da solidariedade internacional entre os camponeses foi o martírio do Lee. Ele não era qualquer um, eu falei com a filha dele agora no Máli, e fiquei bobo. Era um homem sábio, não era um cara que motivado pela emoção vai ao desespero. Era um quadraço nosso! Era um dirigente e tinha doutorado em agronomia, em arroz. O sacrifício dele eu acho que é o símbolo dessa nova marca da internacionalização, da articulação internacional dos camponeses, ou seja, baseada na solidariedade. (Entrevista com João Pedro Stédile em 19/dez./2007).

4.2.2 Via Campesina para fora

Internamente afirma-se uma identidade camponesa com datas, mártires, campanhas e ações em comum. Por outro lado, para reforçar esse sentimento de pertencimento, constrói-se o seu "outro", que compreende, em especial, as instituições financeiras internacionais consideradas elemento-chave do neoliberalismo e da destruição da agricultura camponesa. Além deste antagonismo existe, entretanto, um conjunto de outros aspectos que compõem a imagem externa da Via Campesina.

Como visto anteriormente, a Via Campesina foi progressivamente se afirmando internacionalmente através de sua participação nos fóruns das organizações multilaterais. Nos órgãos das Nações Unidas, a presença adquire um caráter mais participativo, na medida em que, sempre que possível, os representantes da Via se fazem presentes, juntamente com algumas ONGs, em plenárias e discussões, mesmo que divergindo das políticas de suas parceiras.

Esse foi o caso de eventos da FAO, como a Assembleia Global sobre Segurança Alimentar, em 1995 no Canadá, anteriormente citada.

Com relação aos organismos financeiros multilaterais como a OMC, o FMI e o Banco Mundial a postura tem sido diferente. Não existe espaço para movimentos sociais e ONGS nas reuniões desses organismos e, tampouco, a Via Campesina busca espaços de diálogo. Nesses casos, a Via Campesina se junta aos chamados movimentos antiglobalização[20] para construir grandes protestos do lado de fora das reuniões.

> Com as instituições multilaterais, com as instituições do Banco Mundial, com o Fundo Monetário Internacional não tomamos nem um tostão, nem uma ajuda, não há nenhuma relação. [...] essas instituições são instrumentos do modelo neoliberal e nós não temos nenhuma relação com elas. Não tivemos nenhuma conversa no passado, nunca. Outra coisa são as instituições das Nações Unidas, a FAO, a Unesco. Aí nós entendemos que a fragilidade política delas é um marco no qual podemos intervir, e podemos buscar uma interlocução e colocar nossas denúncias e propostas na mesa. E fazemos isso cada vez mais (Entrevista com Paul Nicholson em 17/maio/2007).

Alguns protestos foram determinantes para a imagem externa da Via Campesina. Em 1999, a Via Campesina participou da grande mobilização de Seattle,[21] nos Estados Unidos, e contribuiu decisivamente para o desmantelamento da Conferência Ministerial da OMC. Um mês antes da Batalha de Seattle, um grupo de militantes da Via Campesina se deslocou para os Estados Unidos e percorreu vários estados participando de reuniões com organizações de pequenos e médios fazendeiros que compareceram em peso aos protestos. Além disso, foi um momento importante para a consolidação de relações com ONGS e outras organizações.

---

20 A respeito desses movimentos, cf. Capítulo 2 deste trabalho.

21 A expressiva presença dos militantes da Via Campesina entre os manifestantes com sua simbologia visual foi detalhada anteriormente neste capítulo.

Para mim, a primeira visão da manifestação, de alcance simbólico, são cinco camponeses da Via Campesina, entre eles Rafael Alegria, seu secretário-geral, e José Bové, com os bonés verdes do movimento camponês, dirigindo a manifestação ao lado de sindicalistas da AFL-CIO, o maior sindicato operário americano. O símbolo é forte. A primeira manifestação mundial com sindicatos e ecologistas tinha camponeses na direção. Isso é importantíssimo para todos os países do sul, onde a população é ainda, majoritariamente, agrícola ou rural (Palavras de François Dufour. In: Bové e Dufour, 2001, p. 205).

A Via Campesina também esteve presente nos protestos de Washington e Praga (2000), e no de Gênova (2001), seguindo em um processo de articulação com outros movimentos sociais e ONGS. A partir dessas experiências, a Via Campesina ampliou seu papel em campanhas que compõem o conjunto de ações dos chamados movimentos antiglobalização, como a Campanha pelo Perdão da Dívida Externa (Coalizão Jubileu Sul), e a Campanha contra a OMC.

Em 2003, a Via Campesina organizou uma forte mobilização, com aproximadamente 10 mil camponeses, contra a Conferência Ministerial da OMC em Cancún (México). A exigência era a retirada da agricultura da pauta de debates da OMC. Ainda que esse objetivo não tenha sido alcançado, a conferência também foi mal sucedida e, como a de Seattle, não chegou aos acordos que os países dominantes esperavam. Nesse evento ocorreu o suicídio de Lee Kyung Hae, marco na construção da identidade interna da Via Campesina, como analisado anteriormente.

Além da participação nos protestos de massa e campanhas, a Via Campesina também se incorporou ao terceiro eixo de ação dos movimentos antiglobalização, que são as conferências. Desde os primeiros momentos de articulação do Fórum Social Mundial, a Via Campesina se fez presente. Como os três primeiros Fóruns (2001, 2002 e 2003) foram em Porto Alegre (Brasil), as organizações da Via Campesina da América do Sul jogaram um importante papel. A participação no processo do FSM, segundo alguns dirigentes, foi importante para a consolidação de alianças e parcerias, mas também para ampliar a própria pauta reivindicativa da Via.

DOS PROLETÁRIOS UNIDOS À GLOBALIZAÇÃO DA ESPERANÇA 217

A Via Campesina, em 2001, nesse primeiro Fórum Social Mundial, se mostrou ao mundo. Ou seja, antes tinha suas linhas políticas, suas áreas de atuação, mas era mais corporativo: soberania alimentar, reforma agrária etc. Mas a partir de 2001, quando foi formado esse espaço do Fórum Social Mundial, então a Via Campesina começou a ter uma relevância maior em nível mundial [...] e, não querendo ser arrogante, atualmente é a única articulação em nível mundial de um determinado setor que, além de cuidar das questões corporativas, também participa e promove outras iniciativas (Entrevista com Geraldo Fontes em 24/set./2007).

A Via Campesina participou ativamente da organização do FSM, mas a partir do Fórum que se realizou em Mumbai (Índia), em 2004, alguns questionamentos começaram a surgir no interior da Via. Muitos dirigentes passaram a questionar o enorme investimento feito para um encontro anual que, no final das atividades, não tinha deliberação política quase nenhuma. O formato do FSM, concebido para abrigar o maior número e a maior variedade de organizações possíveis, não permite uma declaração final, nem uma linha política mais clara. Essa característica suscitou um questionamento sobre o formato do Fórum, sobre periodicidade e a estrutura dos encontros. Apesar de a Via participar até hoje do FSM, suas críticas acarretaram em algumas alterações, o que demonstra o papel preponderante que ela desempenha nessa articulação internacional.

A partir daí, de 2004, a Via Campesina começou um debate sobre o porquê, o para quê do Fórum Social Mundial. [...] o entendimento geral é que é importante ter um espaço como esse porque possibilita, para além de dar visibilidade, também o encontro com os outros movimentos sociais e o articular de uma série de lutas. [...] Um movimento social que participa de um seminário não está lá para ficar mais sabido. A gente precisa seguir adiante, dar continuidade, levar para a prática. O Fórum, não permitia isso, por conta da sua metodologia. [...] E, além disso, a gente colocava o maior investimento de recursos financeiros, humanos, militância, para depois sair de lá sem nada. [...] foi aí que em 2005, no outro Fórum de Porto Alegre, a gente colocou a proposta de que acontecesse a cada três anos ou mais e que se fortalecessem as articulações mais regionais ou temáticas onde pudesse ter linhas de ação mais claras e imediatas (Entrevista com Geraldo Fontes em 24/set./2007).

Em todos estes momentos de articulação internacional – protestos, campanhas e conferências – a Via Campesina se relaciona com ONGS. Essas relações não são, contudo, lineares. Muitos dirigentes afirmam que poucas são as ONGS que podem ser consideradas realmente parceiras, e o caráter das relações vai se dando progressivamente em cada campanha, em cada contato específico.

> Com as ONGS eu acho que existe uma leitura caso a caso. Há algumas redes de ONGS que se politizaram e se aproximaram da Via Campesina, tipo os Amigos da Terra, tem também uma de defesa dos bosques e contra o eucalipto, enfim, tem algumas que são nossas amigas. Mas tem outras que, digamos, a turma tampa o nariz, sabe? Tipo o Greenpeace que às vezes a gente faz alguma ação pontual junto, mas eles não gostam de se articular com movimento de massas. E tem aquelas que são parceiras mesmo, tipo a Fian e o Focus.[22] Com as ONGS não dá pra tu ter uma política, porque aí tem de tudo, tem que ser mesmo caso a caso (Entrevista com João Pedro Stédile em 19/dez./2007).

Dessa forma, não há uma política de alianças clara, mas uma afirmação tanto da necessidade de se relacionar, quanto da busca por garantir autonomia frente às ONGS. Por um lado, valoriza-se a ideia de que a luta pela terra e por uma produção agrícola mais justa deve ultrapassar os camponeses e trabalhadores rurais, afirmando-se a relevância das par-

---

22 A Food First Information and Action Network (Fian) é uma ONG com base na Alemanha e escritórios em 18 outros países, que trabalha nas temáticas da reforma agrária, conflitos agrários, violações de direitos humanos e emergências alimentares. A Focus on the Global South é uma ONG com escritórios na Tailândia, Filipinas e Suíça que trabalha principalmente em pesquisa e assessoria aos movimentos sociais nos temas relacionados ao comércio internacional. Ambas têm uma longa história de parceria com a Via Campesina na temática da soberania alimentar, dos organismos geneticamente modificados, na questão das patentes de sementes, e na denúncia e protestos contra a OMC etc.

cerias na luta contra o neoliberalismo em nível internacional. Por outro lado, o princípio da autonomia com relação às ONGs é fortemente reafirmado em diferentes documentos e atividades da Via Campesina. Há ainda um terceiro elemento, que diz respeito às alianças com outros movimentos sociais, que ainda está em construção dentro da Via, mas que vem sendo debatido como um processo fundamental.

> A gente defende autonomia e parceria naquilo que temos em comum. Por exemplo, no Fórum de Mali, para discutir soberania alimentar, havia muitas forças de ambientalistas, da Marcha das Mulheres, de movimentos de consumidores. Foi um encontro muito bom porque selou também alianças. E é nisso que eu queria chegar. Achamos que há uma necessidade urgente da Via Campesina fazer alianças, e aí não é parceria, mas aliança mesmo com outros setores da classe trabalhadora, seja do campo, seja da cidade. Nós, por enquanto, estamos nos aproximando dos pescadores (que estão divididos), dos pastores (que têm muito lá na Ásia). Mas temos outros setores para buscar também, como os assalariados, que é uma incógnita, trabalhadores da agroindústria e outros mais (Entrevista com João Pedro Stédile em 19/dez./2007).

O princípio de autonomia e independência da Via Campesina causa polêmica e divergências com as ONGs, desde o princípio dessa relação. Como visto anteriormente, em 1996, durante a II Conferência da Via Campesina, em Tlaxcala (México), as ONGs reivindicaram mais espaço e não aceitaram pacificamente o papel de observador que lhes atribuía o recémformado movimento. Progressivamente essas diferenças foram aparecendo, como na Conferência Mundial sobre Alimentação da ONU(Roma, 1996), onde a Via Campesina se negou a assinar a declaração conjunta das ONGs e trouxe à tona o conceito de soberania alimentar, o qual foi depois incorporado por muitas ONGs e redes internacionais. Há também divergências com algumas ONGs pois estas acabam sendo intermediárias de recursos nas campanhas que se faz em conjunto e, nesse sentido, tentam impor formatos ou agendas que a Via Campesina trabalha para combater.

Na Via Campesina há boas relações com algumas ONGS, mas também existem dificuldades com outras, porque não podemos esquecer que muitas ONGS são intermediárias de recursos. Na medida em que elas têm capacidade de determinar recursos, têm mais capacidade de sobreviver como pessoas e como profissionais. Essa é uma das dificuldades que temos, na Via Campesina, com relação a algumas ONGS (Entrevista com Ramiro Maradiaga em 07/set./2007).

Assim, a Via Campesina trabalha com um grupo restrito de ONGS em nível internacional, embora as organizações nacionais e locais tenham autonomia para consolidar políticas de aliança em suas respectivas escalas de ação. De toda forma, o princípio de autonomia que é defendido pressupõe parcerias. Após a consolidação da Via Campesina, contudo, somente falam internacionalmente pelos movimentos de camponeses os próprios camponeses, o que desagrada a muitas ONGS, acostumadas a ocupar este espaço.

[...] A Via Campesina trabalhou duro para distinguir-se do [...] abraço paternalista de ONGS bem-intencionadas. Fazendo isso, forçou ONGS, que trabalham em nível internacional, a pensar sobre temas críticos como os de representação, interlocução, *accountability* e legitimidade (Desmarais, 2003, p. 27).

A Via Campesina mandou uma mensagem clara e direta às ONGS que por muito tempo dominaram a arena internacional: ONGS não poderiam mais falar "em nome de" ou como representantes dos camponeses e agricultores. [...] a Via Campesina desafiou não apenas quem ia falar, e em nome de quem, mas também o que seria dito e como se construiriam posições coletivas (Desmarais, 2007, p. 101).

A Via Campesina também se distingue em nível internacional de uma outra organização de agricultores, a Federação Internacional de Produtores Agropecuários (Ifap, sigla em inglês). Segundo Borras (2004) e Niemeyer (2007), a Ifap foi fundada em 1946, reunindo médios e grandes produtores, principalmente dos países desenvolvidos. Esta sempre foi hegemonizada pelos grandes produtores e, como única organização do setor por décadas, acabou por se firmar como representante dos agricultores frente às organizações inter-governamentais e os circuitos do agronegócio.

Com o surgimento da Via Campesina e as mudanças no meio rural no final do século xx, a Ifap passou a se aproximar também de pequenos produtores rurais. Segundo Edelman (2003) e Desmarais (2003), a Ifapfaz a intermediação de recursos entre grandes empresas multinacionais e os agricultores, o que lhe confere significativo poder no trato com os camponeses. Durante algum tempo, organizações participavam da Via Campesina e também da Ifap, mas progressivamente as duas entidades se tornaram opositoras no cenário internacional. Atualmente, segundo Ramiro Maradiaga, da Via Campesina Centroamericana, "quem está na Ifap, não pode estar na Via Campesina e quem está na Via Campesina, tampouco pode estar na Ifap".

Apesar de sua existência em países da África e da Ásia, a Ifap ainda tem sua base muito concentrada na Europa e nos Estados Unidos, em especial nas organizações de médios e grandes produtores. Analistas e dirigentes da Via Campesina afirmam que nos últimos anos tem havido uma deliberada estratégia de avançar sobre as bases da Via Campesina. A maior dificuldade causada para a Via Campesina pela existência da Ifap é, contudo, o espaço de representação em organismos multilaterais. Nos encontros da FAO, por exemplo, a Ifaptem lugar assegurado e compete com a Via Campesina para falar em nome dos camponeses do mundo.

O último elemento das relações externas da Via Campesina é sua interação com governos e partidos políticos. Da mesma forma que ocorre na relação com as ONGS, é reafirmado o princípio da autonomia. Segundo documentos e discursos de dirigentes, a Via Campesina como articulação internacional é independente de partidos, governos e Estados nacionais, mas suas organizações-membro têm liberdade para agir na escala nacional e local.

> A relação com os partidos políticos é complicada, somos autônomos e independentes dos partidos políticos como Via Campesina, mas não resta dúvida de que existem processos nacionais onde a

relação entre as organizações de camponeses e os partidos políticos são muito mais próximas (Entrevista com Paul Nicholson em 17/maio/2007).

Esse é um tema que vem sendo debatido permanentemente na Via Campesina. Porque dentro da Via há dirigentes que logicamente são militantes de partidos de esquerda e [...] há pessoas que acham que quando um dirigente assume um cargo eletivo, não pode seguir sendo dirigente da Via Campesina, ao menos no espaço de representação internacional. [...] é um pouco complicado. O que está claro é que, mesmo que alguns militantes ocupem espaços nos partidos políticos, o movimento camponês não está amarrado a uma cor, a um partido político (Entrevista com Ramiro Maradiaga em 07/set./2007).

A relação com os governos progressistas é um pouco mais complexa, na medida em que, além da liberdade local e nacional, também a Via Campesina internacional estabelece relação em algumas situações. Assim como no caso das ONGS, as aproximações e parcerias com governos são analisadas e construídas caso a caso.

A Via Campesina tem maturidade para identificar os governos que se comprometem com uma política antineoliberal e anti-imperialista. Venezuela, Cuba, agora tem um governo desse tipo no Nepal, embora tenha rei, né? Mas, passar da identidade para uma parceria mais de cooperação aí é difícil. [...] Nós conseguimos avançar um pouco com o governo da Venezuela porque lá eles têm necessidade, a agricultura é muito atrasada. E na Europa, como eles são muito federados, houve avanços em parcerias com alguns governos regionais: o governo de Trento, no norte da Itália, o governo do País Basco (Entrevista com João Pedro Stédile em 19/dez./2007)

Existem alguns Estados que são aliados da Via Campesina. O caso de Mali que aceitou o conceito de soberania alimentar na sua política agrícola. Os governos de Cuba e Venezuela, e mais recentemente este da Bolívia com os quais a Via Campesina estabelece alguma relação. Mas isso não significa que esses

DOS PROLETÁRIOS UNIDOS À GLOBALIZAÇÃO DA ESPERANÇA   223

governos exerçam algum poder sobre a Via Campesina. São aliados que podem apoiar a facilitação de encontros, a divulgação de pautas. São governos populares que surgiram das lutas dos povos e por isso mesmo têm uma gênese ligada aos camponeses, aos trabalhadores pobres. (Entrevista com Diamantino Nhampossa em 25/07/2007).

Por exemplo, o governo da Venezuela ia aprovar uma lei sobre os transgênicos, imediatamente nós da Via Campesina mandamos uma carta ao presidente dizendo que os camponeses lutam contra isso. Eles retiraram a lei (Entrevista com Ramiro Maradiaga em 07/set./2007).

Cabe um último exemplo para ilustrar a complexidade das relações político-ideológicas que a Via Campesina estabelece em âmbito internacional. Apesar de se colocar fora das disputas por poder,[23] algumas situações de solidariedade internacional entre camponeses podem gerar posicionamentos políticos.

Foi o caso da participação da Via Campesina no conflito Palestina-Israel em 2002. Segundo Edelman (2003), havia relações entre camponeses palestinos e franceses desde os anos 1990, inclusive com visitas mútuas às duas regiões. Durante o Fórum Social Mundial de 2002, em Porto Alegre, agricultores palestinos, levados pelos franceses, contataram a Via Campesina e falaram sobre as dificuldades que estavam tendo para cultivar em função da ocupação israelense. Poucos meses depois alguns dirigentes da Via Campesina foram ao Oriente Médio visitar os plantios de oliveira destruídos pelos herbicidas do exército israelense. Atividade coincidiu com o cerco ao quartel da Organização para a Libertação da Palestina (OLP), em Ramallah.

Em um ato de solidariedade que ganhou as manchetes de jornais do mundo todo, militantes da Via Campesina entraram no prédio bombardeado e se juntaram a Yasser Arafat durante semanas, até cessarem os ataques israelenses. Paul Nicholson, José Bové e o dirigente do MST, Mário Lill, estavam entre os militantes que realizaram o ato. Edelman (2003)

_____
23 Ao final deste capítulo analisaremos o posicionamento da Via Campesina quanto à questão do poder.

afirma que o envolvimento da Via Campesina no conflito Palestina-Israel é ilustrativo do quão amplas e complexas têm se tornado as ligações entre os camponeses do mundo.

> Nós temos claro que se não fosse a nossa ação, Israel tinha matado o Arafat. [...] Eles tinham ido lá levar solidariedade pelo dia 30 de março, que é o dia da terra na Palestina. [...] O nosso pessoal estava hospedado a uns 200 metros do quartel [...] e decidiram entrar lá, umas 50 pessoas. Sabiam que a possibilidade de voltar era mínima. [...] E tinha uns caras da CNN junto. Aquela foto que saiu em todos os jornais com a bandeira do movimento, na nossa avaliação e de muita gente, foi o que salvou eles lá dentro, porque repercutiu no mundo inteiro. Esse é um tipo de ação de solidariedade da Via, das mais bonitas que fizemos (Entrevista com Egídio Brunetto em 23/mar./2007).

4.2.3 O projeto alternativo: soberania alimentar

As construções da identidade interna e da imagem externa da Via Campesina têm sido marcadas pela noção de soberania alimentar. O conceito, cujas ideias centrais começaram a ser discutidas na II Conferência da Via Campesina, em Tlaxcala (México), foi elaborado e pela primeira vez divulgado na Conferência Mundial sobre Alimentação da ONU (Roma, 1996). Naquele momento, soberania alimentar era definida como "o direito de cada nação de manter e desenvolver sua própria capacidade de produzir alimentos básicos, respeitando a diversidade cultural e produtiva" (Via Campesina, 1996).

Posteriormente o conceito foi ampliado e incluiu-se a ideia de que "os povos têm o direito de definir sua política agrícola e de alimentos" (Via Campesina, 2000). Assim, a noção deixou de estar referida apenas aos Estados nacionais e construiu-se uma ideia de soberania societária, comunitária ou, como dizem alguns dirigentes, cidadã. Isto não significa dizer que, para a Via Campesina, desapareçam os Estados, mas que, na política agrícola e de alimentos, essa não é a única unidade de medida.

Soberania alimentar não é o nacionalismo do passado. O conceito de soberania alimentar é cidadão, partindo do que comemos,
como comemos, quem produz, e quem controla estes alimentos.
[...] nossa perspectiva é que a soberania alimentar é uma proposta
principalmente dos povos, desde o local, e que, na medida em que
conseguimos que governos comecem a compreendê-lo e mudar
de lógica, isto teria um impacto muito maior (Entrevista com Paul
Nicholson em 17/maio/2007).

Nossa concepção de soberania é justamente a de deixar os povos pensarem-se a si mesmos, sem impor nenhum modelo, nem
agrícola, nem de sociedade, e viverem essa soberania na abertura
e na solidariedade. A primeira soberania é a alimentar: poder se
alimentar e escolher como e do que se alimentar (Palavras de José
Bové. In: Bové e Dufour, 2001, p. 203).

Segundo Desmarais (2007), o conceito de soberania alimentar surgiu em contraposição à ideia de segurança alimentar defendida pela FAO e
por ONGs internacionais, segundo a qual deveria ser produzido em cada país
uma quantidade suficiente de alimentos e esta alimentação básica deveria estar à disposição de todos os indivíduos. No conceito de soberania alimentar,
igualmente importante é o tipo de alimentação que é produzida, como ela é
produzida e em que escala. Assim, o conceito de soberania alimentar é um
guarda-chuva que inclui a ideia de segurança alimentar, uma vez que discute
também quantidades básicas de alimentos *per capita*, mas a transcende, pois
debate as condições de produção, e as escolhas coletivas com relação à alimentação dos povos. Para a Via Campesina, soberania alimentar significa:

O direito dos povos, comunidades, e países de definir suas próprias
políticas sobre a agricultura, o trabalho, a pesca, a alimentação e
a terra que sejam ecologicamente, socialmente, economicamente
e culturalmente adequados às suas circunstâncias específicas. Isto
inclui o direito a se alimentar e produzir seu alimento, o que significa que todas as pessoas têm o direito a uma alimentação sau-
dável, rica e culturalmente apropriada, assim como, aos recursos
de produção alimentar e à habilidade de sustentar a si mesmos e
as suas sociedades (Via Campesina, 2002).

A ênfase na alimentação dos povos, o que inclui a prioridade de alimentação da população dentro de cada país, entra em contradição com o mercado internacional de produtos agrícolas. Dessa forma, mesmo que a noção de soberania advogada não seja restrita à ideia tradicional de soberania ligada ao Estado nação, ela coloca em cheque o modelo mundial de agricultura hegemônico na contemporaneidade. Esse modelo, como visto anteriormente, *centraliza* a produção de alimentos e produtos agrícolas nas mãos de algumas empresas multinacionais e divide o mundo em áreas de produção de determinados produtos, *homogeneizando* a produção em cada parte do globo.

Como conceito de soberania alimentar, a Via Campesina propõe, então, o contrário do modelo dominante. A Via Campesina defende que a produção seja *descentralizada* por meio da produção, por cada população, de seus próprios alimentos, e *diversificada*, uma vez que os agricultores de cada país vão produzir a totalidade de seus alimentos e produtos agrícolas. Há, assim, uma forte ênfase no combate ao comércio internacional de produtos agrícolas.

> Para as pessoas do Sul, soberania alimentar significa o direito de proteger-se contra as importações. Para nós, significa lutar contra subsídios de exportação e contra a agricultura intensiva. E não há contradição. Podemos ter uma ação em uma parte do mundo sem, de forma alguma, afetar os interesses dos camponeses em outra parte – seja arrancando mudas de soja geneticamente modificada com o MST no Brasil, como fizemos em janeiro passado, ou protestando com os agricultores indianos em Bangalore, ou destruindo o arroz geneticamente modificado com eles quando vieram à França, ou protestando com os camponeses e zapatistas no México – efetivamente, nossas demandas são as mesmas. É claro que existem diferentes pontos de vista, mas é a troca de opiniões e experiências que faz desta uma fantástica rede de formação e debate. É uma verdadeira Internacional dos camponeses, um exemplo vivo de novas relações entre Norte e Sul (Bové, 2001, p. 96).

> Se há um lugar no mundo onde a soberania alimentar é indispensável para viver e respirar, este lugar é a África. Aí existem governos que começam a abordar a questão da soberania alimentar

e começam a dizer: não queremos exportar porque não queremos morrer de fome (Entrevista com Paul Nicholson em 17/maio/2007).

Para a Via Campesina, a soberania alimentar passa também por um conceito amplo de reforma agrária que vai além da distribuição de terra, envolvendo uma mudança no sistema agrícola de forma a favorecer a pequena agricultura. Segundo Desmarais (2007), para a Via Campesina, reforma agrária significa retirar a terra e os recursos produtivos do âmbito do mercado e praticar o princípio da propriedade social da terra. Existem muitas diferenças entre as organizações da Via Campesina no que diz respeito ao modelo de reforma agrária. Essas diferenças baseiam-se nas distintas experiências das organizações e também no contexto histórico de relação com a terra e a propriedade. Alguns acordos, entretanto, têm sido alcançados em nível internacional.

> Um ponto em que concordamos, a nível internacional, é que precisamos ter um tipo de reforma agrária que possa democratizar a terra – tanto como base para a democracia política, quanto para construir uma agricultura de outro tipo. [...] a inspiração para a reforma agrária [no passado] era a ideia de que a terra pertencia a quem nela trabalhava. Hoje, precisamos ir além disso. Não é suficiente dizer que se você trabalha a terra, você tem direitos de propriedade sobre ela. [...] Nós queremos uma prática agrícola que transforme agricultores em guardiões da terra, e uma forma diferente de produzir que garanta equilíbrio ecológico e que a terra não seja vista como propriedade privada (Stédile, 2002, p. 99-100).

O conceito de reforma agrária advogado pela Via Campesina vem sendo difundido e discutido desde 1999, através de uma campanha em parceria com a Fian. Segundo Borras (2004), a Campanha Global pela Reforma Agrária ganhou muito espaço nos seus quase dez anos de existência. Em julho de 2000, a Campanha realizou, em Honduras, o Encontro Internacional de Camponeses e Camponesas Sem Terra. Em 2003, em Cochabamba (Bolívia) foi organizada a Conferência Reforma Agrária e Gênero, cuja declaração final afirmava que "as novas reformas agrárias devem garantir às mulheres direitos sobre recursos agrários que historicamente lhes foram negados" (Borras, 2004, p. 13).

Nas várias edições do Fórum Social Mundial, a parceria Fian/ Via Campesina foi responsável por conferências, seminários e produziu inúmeros documentos. Todos esses eventos aprofundaram a Campanha Global pela Reforma Agrária e pautaram a atuação das organizações que fazem parte da Campanha nos fóruns internacionais sobre políticas agrárias. Um dos momentos de maior destaque da Campanha foi o Fórum Mundial sobre a Reforma Agrária, em 2004, na cidade de Valência (Espanha), evento temático do processo Fórum Social Mundial.

> O Fórum indicou a existência de busca de um protagonismo baseado no reconhecimento do campesinato como grupo social capaz de colocar questões contemporâneas para uma sociedade que insiste em produzir seu desconhecimento. [...] Assim, o tema da reforma agrária aparece em uma chave bastante distinta da que se colocou há 30 ou 40 anos, quando ela era apresentada como um caminho para vencer o atraso do campo e quebrar o poder do latifúndio. Hoje, a crítica aos princípios organizadores da sociedade que ela embute é muito mais global e profunda. Longe de ser sinal de atraso, ela se apresenta como sinalizadora de valores relacionados ao futuro (Medeiros, 2006, p. 120).

Para a Via Campesina, outro elemento indispensável para a soberania alimentar é controle democrático dos recursos e do patrimônio genético. Por isso, desde a III Conferência Internacional, em Bangalore (Índia), as organizações da Via Campesina declararam sua total recusa ao patenteamento das formas de vida. Segundo os documentos da Via Campesina, as sementes são um meio de produção básico e até recentemente estiveram nas mãos dos agricultores. As recentes iniciativas de patenteamento de plantas, animais e seus componentes teriam tirado o controle tradicional das mãos dos camponeses e indígenas, significando a imposição de novas formas de controle sobre as nações e os povos.

Neste sentido, como resultado de uma longa elaboração, foi lançada na IV Conferência Internacional, em Itaici (Brasil), a campanha "Sementes: patrimônio dos povos a serviço da humanidade". Desde então, a Campanha das Sementes vem tendo ampla divulgação, principalmente através dos coletivos de mulheres da Via Campesina e de suas organizações. Nas comemorações do dia 8 de março, e em todas as suas atividades as mulheres da Via Campesina têm denunciado as corporações mundiais que detém patentes de sementes e organismos geneticamente modificados, assim como vêm desenvolvendo uma campanha por constituir bancos de "sementes crioulas"[24] em cada país. Segundo documentos da Via Campesina e declarações de vários dirigentes, as mulheres camponesas historicamente tiveram o papel de guardar as sementes e, exatamente por isso, as militantes da Via estariam liderando a campanha.[25]

> É por isso que para nós a Campanha das Sementes foi tão importante. [...] Nós a tomamos com mais força, porque nos pareceu uma aposta importante que nos identificava muito. Essa identificação é quase ingênua, quase inocente. Isso tem a ver com a capacidade infinita da mulher de criar, tem a ver com o nosso papel principal na agricultura. Nós temos sido as criadoras das sementes. [...] Eu sempre digo que a Campanha das Sementes deu coração à ideia de soberania alimentar. A semente é o coração da nossa luta e sem teu coração deixas de viver, morres. Isto gerou uma luta que, ao lado da luta econômica e política, é acompanhada também por uma luta social de identidade e de cultura. E essa marca quente, essa marca de sentimento, que faz com que todos nos vejam como pessoas que sentimos, que lutamos, que sofremos, que amamos, esta marca quem criou fomos nós, as mulheres (Entrevista com Francisca Rodríguez em 19/mar./2007).

---

24 As sementes crioulas são sementes derivadas dos cultivos tradicionais, em geral sem a utilização de agrotóxicos ou qualquer outro produto químico e que, portanto, não sofreram alterações genéticas em laboratório, sendo resultado de seleção e cruzamento dos próprios produtores.

25 Operam, nessa construção, mitos tradicionais que associavam as mulheres a ritos de fertilidade da terra e que, por outro lado, construíram uma divisão sexual do trabalho que atribuía à mulher determinadas tarefas, quase sempre subordinadas e vistas como secundárias.

Em fevereiro de 2007, ocorreu em Sélingué, Mali, o Fórum pela Soberania Alimentar: Nyéléni 2007. Esse Fórum, convocado pela Via Campesina e mais oito organizações, debateu e aprofundou o conceito de soberania alimentar, além de propor uma agenda comum de ações e campanhas para os próximos anos. Um dos elementos mais destacados pelos que lá estiveram foi, contudo, o papel das mulheres nas discussões e elaborações.

O próprio nome do Fórum já carregava uma forte marca feminina, pois Nyéléni é uma figura feminina lendária no meio rural do Mali. Segundo as tradições locais, ela foi uma camponesa cuja família sofreu muitos preconceitos por não ter filhos homens. Todos achavam que morreriam de fome. Nyéléni, entretanto, alimentou sua família e sua comunidade com seu próprio trabalho na agricultura durante toda a vida. Durante o evento havia uma estátua de Nyéléni, feita em madeira de uma árvore local, na praça central do acampamento que recebeu os militantes do mundo todo, e onde ocorriam as místicas do encontro, todos os dias.

Dessa forma, a proposta da soberania alimentar ganhou um papel importante de resgate de tradições e de saberes da cultura camponesa. A Campanha das Sementes e a liderança que desempenham as mulheres em suas ações e eventos são apontadas como fundamentais. Além disso, o conceito de soberania alimentar inclui uma valorização do modo de vida camponês no que diz respeito à sua relação com a natureza e os alimentos. Essa valorização é bastante clara quando se define a visão a respeito da biodiversidade que, para a Via Campesina, também inclui a diversidade cultural, política e de produção.

> Cada região tem uma característica. Isso significa costumes, diversidades de paladar e também nutricional. Hoje o capitalismo impõe alguns alimentos que não são nutritivos. Essa nossa diversidade está ligada a sabores e a saberes. Então, temos que recuperar as técnicas tradicionais de produção dos alimentos saudáveis (Entrevista com Egídio Brunetto em 23/mar./2007).

> A biodiversidade tem uma base fundamental no reconhecimento da diversidade humana, na aceitação de que somos diferentes e que cada pessoa tem a liberdade de pensar e de ser. Vista dessa

forma, a biodiversidade não é apenas flora, fauna, terra, água e ecossistemas; é também cultura, sistemas de produção, relações humanas e econômicas, formas de governo: em essência, é liberdade (Via Campesina, 2000b).

Segundo Desmarais (2007), o modelo alternativo da Via Campesina não é, portanto, uma rejeição da modernidade ou da tecnologia. É uma proposta que junta os aspectos tradicionais, locais, do saber camponês com o conhecimento da tecnologia onde e quando as populações considerarem apropriado. A Via Campesina rejeita a ideia de modernidade na qual a produção, a tecnologia e o conhecimento são privatizados e onde não há espaço para o saber comunitário. Procura, entretanto, um modelo que possa unir a ciência ao conhecimento tradicional e melhorar as condições de vida da população como um todo.

Por trás da ideia de soberania alimentar está, então, um conflito de modelos de agricultura (e de mundo) que alguns autores têm identificado como de "contra-hegemonia".[26] Esta é uma construção bastante sofisticada, pois apesar de muitos movimentos antiglobalização proclamarem a luta por "um outro mundo",[27] a maioria de suas pautas diz respeito às reformas do modelo dominante sem a proposição de um projeto alternativo claro.

O projeto de contra-hegemonia da Via Campesina, concretizado no conceito de soberania alimentar, envolve diferentes elementos. Por um lado, representa uma resignificação da própria ideia de soberania, a qual passa a ser baseada nos povos e não nos Estados nacionais e contempla novas relações norte-sul no que diz respeito à produção e à comercialização dos produtos agrícolas no mundo. Esse novo significado amplia também a noção de segurança alimentar, passando a englobar não apenas a quantidade de alimentos, mas o tipo, a forma e a escala de produção dos mesmos.

Por outro lado, a soberania alimentar representa a resignificação do tema da reforma agrária, não apenas compreendida como acesso à terra e

---

26 Patel (2004) trabalha com este termo baseado no conceito gramsciano de hegemonia/contra-hegemonia.
27 O slogan do Fórum Social Mundial é "um outro mundo é possível".

modernização do campo, mas como democratização da terra – bem comum e patrimônio da humanidade – que não pode ser apropriado privadamente. Junto a isso, questiona-se também a propriedade de outros bens naturais como a água, os recursos genéticos e, em especial, as sementes. Por fim, o projeto defendido pela Via Campesina valoriza os saberes tradicionais e culturais dos camponeses, mas não defende o retorno a algum ideal bucólico tantas vezes referido ao mundo camponês. Pelo contrário, afirma-se seu caráter de projeto que une visões políticas contemporâneas e incorpora o debate sobre a tecnologia e as bases materiais da modernidade.

> A agricultura camponesa, para nós, é como uma margarida e suas muitas pétalas. Todas as partes estão ligadas: o estatuto do camponês, a renda e a partilha do trabalho, a qualidade das produções, a transmissibilidade dos empreendimentos, o respeito aos recursos naturais, a equidade das relações Norte-Sul. Todos os elementos dessa margarida são indissociáveis. Quando falta uma pétala, há desequilíbrio. Porém, esse não é um modelo, é um caminho, uma filosofia da profissão. Há os agricultores biológicos e não biológicos, os cerealistas e os criadores de porcos na agricultura camponesa, todos trabalhando no mesmo sentido (Palavras de François Dufour. In: Bové e Dufour, 2001, p.179).

Segundo as deliberações do Fórum de Nyéléni, o conceito de soberania alimentar ainda tem que ser massificado internamente e para fora da Via Campesina. Para isso, as datas de luta, como o dia 8 de março, o 17 de abril, o primeiro de maio, o 10 de setembro devem ser todas trabalhadas no contexto da soberania alimentar. Ademais, pretende-se iniciar uma campanha para fazer da soberania alimentar mais um dos direitos fundamentais da humanidade, incorporando-se à carta dos Direitos Humanos das Nações Unidas.

4.2.4 A Reconstrução do conceito de campesinato

> Há razões para definir "camponês" e há razões para deixar indefinida a palavra [...]. Tal decisão jamais é inconsequente, pois este

conceito, se aceito como tal, vincula-se ao próprio âmago do pensamento teórico sobre a sociedade global contemporânea e reflete-se em conclusões de imediato interesse político e analítico. [...] o pensamento dos cientistas sociais deve sempre mergulhar diretamente nas realidades e nos problemas sociais e políticos. Entretanto, de vez em quando, recomenda-se fazer um teste do conceito ou voltar às suas raízes epistemológicas (Shanin, 1980, p. 43).

Seguindo a inspiradora reflexão de Shanin acima citada, buscar-se-á, agora, realizar uma breve reflexão teórica sobre o conceito de campesinato para, em seguida, discutir o conteúdo político que a Via Campesina dá a essa noção.

Como visto no capítulo 3 desta tese, para o marxismo clássico o camponês era uma figura híbrida: de um lado, sobrevivência feudal condenada, como o feudalismo, ao desaparecimento; e, de outro lado, pequeno-burguês, este também condenado ao desaparecimento pelo desenvolvimento do capitalismo na agricultura, que levaria à formação de uma burguesia e um proletariado agrícolas. No capitalismo tenderia inevitavelmente à extinção, embora autores diferentes identifiquem variadas formas de absorção histórica do campesinato.

Assim, a teoria marxista sobre a questão agrária e camponesa foi marcada pela ideia de que o desaparecimento do campesinato era elemento intrínseco e inexorável do desenvolvimento capitalista. Como consequência, a política do movimento comunista internacional em boa parte do século XX também trabalhou na perspectiva da eliminação do campesinato e da superação do "atraso" no campo.

Na segunda metade do século XX, entretanto, dois movimentos teórico-políticos trouxeram elementos novos e alteraram o quadro da discussão a respeito da questão agrária e camponesa. O primeiro deles, mais propriamente político, foi o maoismo. A valorização do campesinato feita pela revolução chinesa de 1949 teve grande impacto sobre intelectuais e organizações de esquerda no mundo ocidental.

A revolução chinesa apresentava ao mundo um outro modelo de revolução. No lugar da insurreição urbana que ocupava os principais prédios da administração pública (como ocorrera em

Moscou, em 1917), Mao propunha uma "guerra popular prolongada", que se estendia pelas vastas regiões do interior da China e que só era possível com a ativa participação dos camponeses (Araújo, 2002, p. 72).

Para muitos militantes e analistas de então a China teria aberto um caminho alternativo para a revolução socialista e neste caminho, ao que parecia, o camponês era um personagem valorizado. Nas décadas seguintes, diversas revoluções nacionais e/ou socialistas em países do terceiro na América Latina, Ásia e África tiveram o campesinato no centro da luta política.

Muitos dos seguidores de Mao Tsé-Tung viram nele o primeiro a intuir a importância revolucionária dos camponeses e, realmente, nas mobilizações que levaram à Longa Marcha os camponeses tiveram um papel fundamental. Alguns autores, contudo, consideram Mao um leninista, na medida em que utilizava em seus escritos as categorias de Lenin a respeito da economia, da revolução e das classes sociais, tanto na cidade quanto no campo. Assim, sua grande contribuição teria sido adaptar o marxismo para a realidade de um enorme país agrário como a China.

Mao se inspirava nas análises de Lenin sobre o campo e mostrava estar plenamente familiarizado com conceitos como "semiproletariado" e com a subdivisão dos camponeses em ricos, médios e pobres, cada setor com uma atitude própria e distinta em face da revolução (Bernal, 1987, p. 390).

O segundo movimento que alterou a abordagem sobre a questão agrária e camponesa foi de caráter mais teórico. A partir da década de 1960, começaram a surgir intelectuais voltados para as questões do desenvolvimento nos países da periferia capitalista. Para muito desses intelectuais havia a necessidade de adaptar os postulados marxistas para a realidade diferenciada vivida por esses países. Nesse esforço a questão camponesa adquiria especial relevância, pois a maioria era essencialmente agrária.

Essas correntes foram chamadas de "terceiro-mundistas". Elas procuravam apontar para esses países – marcados pelo atraso econômico e por relações de dependência e submissão às grandes potências – a possibilidade de desenvolvimento econômico e político independente. Para muitos desses intelectuais, esse desenvolvimento só poderia ser possível através de uma revolução socialista que rompesse de forma profunda os laços de dependência com o capitalismo internacional (Araújo, 2002, p. 68).

Um exemplo desse esforço teórico foi feito por Amim e Vergopoulos no livro A questão agrária e o capitalismo (1977). Na obra, os autores retomam as teses do russo Chayanov sobre a economia familiar camponesa para entender a economia familiar rural da África. Segundo Amim e Vergopoulos, Chayanov parte da análise de um "modo de produção camponês", não capitalista, cujas unidades elementares são constituídas por famílias de camponeses trabalhadores, proprietários do solo, cujo produto é destinado principalmente à autossubsistência da família, sendo destinada ao comércio apenas uma parte desse produto. Assim, trata-se de um modo de existência, um modo de vida e um modo de produzir.

Amim e Vergopoulos observam, contudo, que o modo de produção camponês não pode ser estudado fora da realidade social mais ampla na qual está incluído. Os autores afirmam que quando está integrado a uma formação capitalista, o modo de produção camponês se esvazia e passa a ser dominado pelo capital. A consequência para os camponeses é que passariam a ter apenas a propriedade formal da terra, uma vez que não decidiriam mais o que produzir e como produzir. Segundo os autores, essa seria a situação da África, no momento em que analisavam, isto é, durante o processo de descolonização.

Na América Latina, também houve um esforço para entender a especificidade do capitalismo na periferia e, particularmente, do meio rural. O esforço passou por um confronto teórico com as teses dos partidos comunistas. As teorias sobre o capitalismo autoritário, tardio, dependente ou periférico, que proliferaram nos anos 1960 e 1970, são alguns exemplos dessa busca pela especificidade e foram examinadas mais detalhadamente no capítulo 1 desta tese.

Houve ainda uma terceira e fundamental contribuição para a reconfiguração teórica da questão agrária e camponesa. São os chamados novos estudos camponeses da década de 1970, cujo principal autor é Theodor Shanin. Recuperando também a obra de Chayanov, Shanin analisa a economia camponesa como modo de produção específico que se apresenta, contudo, historicamente de acordo com o modo de produção dominante da formação social no qual está inserido. Shanin vai mais além dizendo que, ao lado do modo de produção camponês propriamente dito, existem outras características societárias do campesinato. O campesinato representaria, portanto, especificidades sociais e econômicas que se refletem nos sistemas sociais em que operam.

> [...] a história camponesa se relaciona com as histórias societárias mais amplas, não como seu simples reflexo, mas com medidas importantes de autonomia. Em poucas palavras significa que uma formação social dominada pelo capital, que abarque camponeses, difere daquelas em que não existem camponeses (Shanin, 1980, p. 69).

Para Shanin (1980), o conceito de campesinato tem diversos aspectos. De um lado, é uma reflexão conceitual sofisticada sobre a realidade, pois compreende uma reflexão estrutural sobre os aspectos econômico, social e cultural de uma classe social. De outro lado, sua análise histórica permite compreender as relações reais das quais deriva a reflexão epistemológica. E, por fim, o conceito de campesinato permite definir as relações de opressão e os caminhos de luta para combatê-las.

Para a Via Campesina, esses diversos aspectos do conceito de campesinato também estão presentes. Embora nos seus documentos não exista uma reflexão mais consolidada para a adoção do campesinato como identidade, vários de seus dirigentes refletem sobre o porquê da opção. As opiniões são diferentes, mas é possível perceber uma complementariedade na diversidade.

A explicação mais frequente para a adoção do conceito de camponês é a ideia de que nessa palavra unificam-se todas as categorias de trabalhadores do campo. Nesse sentido, apesar de existirem muitos tipos de trabalhadores, e em cada região as denominações são variadas, existiria uma unidade dada pelo trabalho no campo, o trabalho na agricultura.

De fato, é um debate muito grande para nós o conceito de camponês. Eu acho que na Via, e aqui no MST também, nós colocamos sempre o camponês, não num sentido acadêmico, mas no sentido de quem está no campo. Você pode ser um assalariado rural, ou um sem-terra, mas o que importa é que sua participação no processo produtivo está no campo. Eu acho que a gente usa mais esse conceito de camponês, ou campesino, nesse sentido. Mas não entramos nesse debate sobre o que é essa categoria camponês, pequeno-burguês, essas coisas todas, sabe? (Entrevista com Geraldo Fontes em 24/set./2007).

Camponês, como a própria palavra diz, é a pessoa que vive no campo. E não é necessariamente a pessoa pobre, ou atrasada. Camponês é quem tem uma relação íntima entre o homem e a natureza, o que não acontece na cidade. Achamos que deve ser esse o entendimento da palavra (Entrevista com Diamantino Nhampossa em 25/jul./2007).

Além disso, o camponês, entendido como o trabalhador do campo, é também uma maneira de construir uma identidade fora das denominações tradicionais dos trabalhadores urbanos. O próprio nascimento da Via Campesina se dá no momento em que as formas históricas de organização dos trabalhadores, isto é, os sindicatos parecem viver uma profunda crise. Assim, alguns dirigentes afirmam que a Via Campesina precisava construir uma nova identidade por conta da falência das experiências dos trabalhadores de outros setores.

Apesar do golpe que sofriam os trabalhadores do mundo com a queda do socialismo, nós levantávamos bandeiras a partir dos camponeses. Talvez o setor mais discriminado no conjunto da sociedade. Mas a discriminação te ajuda a juntar-se para proteger-se. Muitas de nossas organizações participavam dos setores rurais de algumas centrais sindicais mundiais, mas nos juntamos e rompemos as barreiras anteriores e criamos um movimento que se diferencia dos movimentos que havia nos sindicatos internacionais [...]. Para nós o centro é a terra, o trabalho na terra e a produção. [...] Claro que existem matizes, mas não estamos parados nessa briga sobre se somos ou não camponeses. Eu creio que o que nos define é o trabalho na agricultura (Entrevista com Francisca Rodríguez em 19/mar./2007).

Essa explicação não contém, portanto, uma reflexão mais aprofundada sobre a teoria do campesinato, nem pretende dialogar com as tradições analíticas que se debruçaram sobre o tema. O conceito é usado do ponto de vista instrumental para unificar a diversidade de situações concretas encontradas no meio rural nas diversas partes do mundo e criar uma identidade distinta em relação aos trabalhadores de outros setores. Alguns dirigentes associam a esse sentido também uma valorização do campesinato que seria percebido pelo resto da sociedade como um grupo subalterno e economicamente menos importante.

Eu te digo que a sociedade sempre viu o camponês como uma pessoa de segunda ou terceira categoria. É sempre alguém à margem. E na prática existem muitas diferenças. Por exemplo, em El Salvador um pequeno produtor tem um hectare de terra, na Nicarágua, um pequeno produtor tem 50 hectares de terra. Em El Salvador, quem tem 50 hectares é um latifundiário, entende? E, além disso, na sociedade tem essa diferença: camponês é de terceira categoria, produtor é quem tem bens de produção. Então para a Via Campesina, resgatar o papel econômico e social do camponês é algo que lhe dá valor (Entrevista com Ramiro Maradiaga em 07/set./2007).

Outros dirigentes afirmam que utilização da ideia de camponês é também um resgate das lutas camponesas em várias partes do mundo. De alguma forma ao utilizar esse conceito estariam acionando as experiências passadas nas quais os trabalhadores do campo fizeram parte das lutas mais amplas da sociedade, como no atual momento se faria também necessário.

Ao longo da história houve um sentido pejorativo da palavra camponês, mas não em todos os lugares. No meu país, por exemplo, a luta pela libertação foi baseada nos camponeses, que apoiaram a Frente de Libertação de Moçambique. Os camponeses davam comida, mostravam os caminhos para o movimento pela libertação.

São uma classe, portanto, uma classe importante para a sociedade. E isto não apenas em Moçambique. Na maior parte do continente africano, nas frentes de libertação, estiveram os camponeses. Isso hoje acho que é também uma continuação do que aconteceu no passado. Estamos a ver muitas organizações de camponeses a questionar todo o sistema, tudo que vai contra a vida (Entrevista com Diamantino Nhampossa em 25/jul./2007).

Por fim, a utilização do conceito de campesinato é associada à construção de uma identidade de classe para os trabalhadores do campo. Essa identidade de classe busca suas raízes nas conceituações do marxismo clássico mesmo que, de forma contraditória, esse mesmo marxismo tenha dado tão pouco valor ao campesinato como agente da transformação social. Algumas teorias são pinçadas de forma a construir uma ressignificação do conceito mais adequada à realidade da luta concreta que se trava hoje. Identifica-se que essa denominação é uma construção dos dirigentes que vem sendo construída para as bases dos movimentos que compõem a Via Campesina.

Nós achamos mais correto usar "campesinato" porque recupera a questão de classe, classe social. Trabalhador rural é quase um genérico para você classificar uma atividade e não uma classe, não é? Pode ter uma dona de casa que não é trabalhadora rural no sentido que ela não vai trabalhar na roça, mas ela é uma camponesa. A família dela, a ideologia, a classe dela é camponesa. O filho dela pode estar estudando agronomia, vai se formar agrônomo, mas a classe dele é camponesa. Recupera a questão de classe e ajuda a conscientizar. Se é para ter um rótulo que tenha um que ajude a ideologizar o movimento. [...] Mesmo que aqui no Brasil e em outros países as pessoas da classe camponesa, no seu vocabulário, usem outras palavras. Isso é o vocabulário popular, é uma questão de tradição. O conceito de camponês é uma construção política e necessária. Pode até não ser didática, mas nós não construímos esse conceito para fazer agitação e propaganda. [...] Eu não vou lá no meio da Amazônia dizer "camponeses da Amazônia", os caras nunca ouviram falar dessa palavra! Eu vou lá e falo de ribeirinhos mesmo. [...] Mas esse é um conceito em construção, em assimilação. [...] E talvez uma das contribuições da Via Campesina seja recuperar os conceitos clássicos, do Marx, do Lenin, do Mao, e entender direito o que acontece. Assim como a Via Campesina está ajudando muito a recuperar o conceito clássico do imperialismo, saindo dessas coisas de neoliberalismo e globalização (Entrevista com João Pedro Stédile em 19/dez./2007).

Assim, a identificação da Via Campesina com o conceito de camponês segue algumas das características que foram apontadas pelos autores da questão agrária e camponesa, em especial os trabalhos de Shanin. De um lado, há uma busca de seu caráter conceitual-estrutural, isto é, do lugar do camponês na agricultura. De outro lado, aparece uma análise histórica sobre o lugar e a realidade do campesinato na contemporaneidade, tanto no que diz respeito à sua diferença com relação aos outros movimentos de trabalhadores, quanto de sua oposição ao modelo de agricultura dominante. Junto a isso, há uma redefinição das características da luta. E, nesse sentido, destaca-se a necessidade e o projeto de construir uma identidade de classe.

Os conceitos são construídos e ressignificados de forma a autorizar uma determinada prática política, não trazendo, contudo, um resgate de seu conteúdo clássico. Assim, mesmo que Marx tenha considerado o campesinato como um "saco de batatas", isto é, como um grupo social que não se constitui como classe, ele é invocado no discurso para construir a identidade de classe dos camponeses, uma vez que é considerado um autor legítimo no pensamento de esquerda. De certa maneira, a dinâmica da luta política coloca necessidades, as quais são respondidas com o acionamento de teorias, ainda que estas verdadeiramente não respondam às questões colocadas. A impressão que se tem é de que na ausência ou incipiência da elaboração de uma nova teoria, o marxismo comparece como a teoria autorizada.

Da mesma forma, na reflexão dos dirigentes sobre o uso da expressão "Via Campesina", não há referências ao termo "via camponesa" em Lenin. Como visto anteriormente, para Lenin, a via camponesa é uma via de desenvolvimento "do" capitalismo e não "alternativa" ao mesmo. A Fundação Paulo Freire, ONG que batizou a Via Campesina em seu encontro de criação, talvez tivesse em mente exatamente esse significado, na medida que estava propondo uma pesquisa participativa sobre a agricultura camponesa no mundo contemporâneo, isto é, sobre a via camponesa "no" capitalismo. O significado de luta e questionamento que a Via Campesina acabou tomando é exatamente o contrário, o que novamente demonstra uma instrumentalização de termos sem, necessariamente, a reflexão sobre o seu conteúdo original e seu contexto de produção.

Dessa forma, a Via Campesina transforma o conteúdo marxista clássico do conceito de campesinato, mas ainda não preenche totalmente seu novo conceito. Certamente, o conteúdo que vem se delineando nas práticas e ações da Via Campesina não é o de um "saco de batatas", nem tampouco de uma pré-história analítica do capitalismo. O que parece permanecer do marxismo clássico na nova conceituação do campesinato é a análise política sobre os camponeses historicamente reais, sobre os camponeses que participaram de revoluções (vitoriosas ou não) ao longo do século XX. Nas palavras de Shanin:

> A luta de classes significa, nesse nível, não apenas uma contradição objetiva de interesses, mas uma confrontação real de organizações específicas, palavras de ordem e homens. [...] Quando a análise política imediatamente relevante [no marxismo] reconheceu o lugar dos camponeses, estes se transformaram, de derivações e deduções, em exércitos e atores [...]. Os camponeses tornaram-se, de fato, uma classe, mesmo "dentro de um país capitalista" – citando o Lenin pós-1906 (Shanin, 1980, p. 70-71).

Vale resgatar também de Shanin (1980) a ideia de que o conceito de campesinato é insuficiente em si, assim como qualquer outro conceito, mas sem as construções teóricas seria impossível o avanço na reflexão sistemática sobre o mundo social. O mais importante é verificar que se esse conceito ainda não foi substituído nem nas práticas sociais reais, como as que a Via Campesina realiza, nem nas ciências sociais, ele continua tendo validade.

> Em última instância, os conceitos devem servir não a uma reconciliação dialética de conceitos, mas à compreensão das relações reais. Devemos acrescentar, aqui, o compromisso, dentro da tradição socialista, de definir as dimensões da opressão do homem pelo

homem e os caminhos da luta para combatê-las. Excetuando sua mistificação e sua utilização ideológica, o conceito de campesinato cumpriu, muitas vezes, todos esses serviços. Essa capacidade ainda não se esgotou (Shanin, 1980, p. 77).

4.3 PERMANÊNCIAS E RUPTURAS

Tanto na construção de sua identidade interna, por meio de datas, mártires, ações e campanhas em comum, quanto na construção de sua alteridade, pela contraposição ao setor agroindustrial, e mesmo nas suas relações externas com parceiros e aliados, a Via Campesina sugere e permite a reflexão sobre permanências e rupturas nas formas da ação internacional dos trabalhadores.

Segundo dirigentes da Via Campesina, os camponeses têm uma organização internacional recente, pois apenas nas últimas décadas o capitalismo no meio rural se tornou incompatível com a produção camponesa. A convivência do campesinato com as formas capitalistas de produção estaria agora impossibilitada e ao camponês só restaria se articular em nível internacional para continuar existindo, isto é, para fazer frente aos avanços do capitalismo na agricultura, mais precisamente ao neoliberalismo. Essa situação teria gerado uma politização do campesinato que levou à criação da Via Campesina.

> Enquanto o imperialismo estava apenas na sua fase de dominação industrial havia uma função para os camponeses. Éramos aceitos pelo capitalismo industrial pela lógica de exploração dos camponeses, fornecimento de mão de obra, alimentos baratos, matéria- prima. Agora, no neoliberalismo, nessa economia internacionalizada, não há mais espaço para os camponeses e todo mundo está sentindo isso. Por isso, ou os camponeses se articulam em nível internacional ou não conseguem barrar, né? [...] Nós temos uma necessidade objetiva de trocar experiências, pois nós somos muito jovens em termos de história da luta de classes. É diferente dos partidos comunistas, da classe operária industrial, dos sindicatos que têm cem anos, têm muita experiência acumulada, entendeu? Os camponeses como uma organização mais politizada são muito pobres e recentes, porque toda a tradição de

organização camponesa era de movimentos localizados, corporativos e até messiânicos, baseados em líderes carismáticos (Entrevista com João Pedro Stédile em 19/dez./2007).

Apesar de se considerarem como uma articulação recente, os militantes da Via Campesina identificam uma continuidade entre suas lutas e as lutas internacionais do passado. A continuidade aparece nas referências ao internacionalismo e, principalmente, à solidariedade internacional. Esses valores são apresentados como fundamentais para o enfrentamento do modelo dominante da agricultura, assim como foram fundamentais às lutas sindicais e dos partidos de esquerda para o enfrentamento de outros formatos do capitalismo.

A gente sempre fez muita campanha de solidariedade. Teve essa experiência da Palestina, teve o tsunami lá na Indonésia, que foram ações da Via Campesina. Mas, mesmo antes, a gente vinha acumulando essa capacidade. [...] Fizemos muita campanha de solidariedade com a Nicarágua, depois contra o apartheid na África do Sul. Teve uma história de um sindicalista preso nos Estados Unidos, e eu nem me lembro o nome dele. [...] E hoje, em muitas regiões do mundo, as pessoas pensam na Via Campesina. O cara está lá se afundando e quer pegar nas mãos de outros. Querem que a Via vá lá. Então, criou esta mística e esse exemplo, né? (Entrevista com Egídio Brunetto em 23/mar./2007).

Nós precisamos criar relações entre os camponeses de solidariedade, ou seja relações internacionais que não estejam marcadas por interesses econômicos ou vantagens comerciais ou de algum interesse oportunista. A marca agora é da solidariedade: você apanhou do capital no México, eu sou solidário! Todo pensamento socialista desde Marx, Engels, Rosa, Lenin, a revolução espanhola, tudo de bom que foi construído a nível internacional pelos trabalhadores, foi quando teve essa marca da solidariedade (Entrevista com João Pedro Stédile em 19/dez./2007.)

O entendimento é de que, apesar de colocados em um momento novo, os valores da solidariedade e da troca de experiências internacionais têm uma permanência histórica. Muitas vezes as próprias organizações e os militantes, são apontados como sendo os mesmos, isto é, haveria uma transmutação de um formato para outro, mas com a manutenção de conteúdo, que se constitui num resgate das lutas passadas.

> Eu creio que a Via representa um movimento novo, mas não tão novo, pois as organizações que se articularam, e que no caso da América Latina já estavam articuladas, todas são organizações com história. [...] Eu creio que nesse ponto de vista, uma das forças importantes que houve para a constituição da Via Campesina é que havia organizações históricas que se mantiveram no tempo (Entrevista com Francisca Rodríguez em 19/mar./2007).

> Do ponto de vista das pessoas, elas estão continuando. Há uma troca, tipo a cobra: ela troca o couro, a roupagem, o jeito, mas o conteúdo segue. A Via Campesina é uma nova fase da luta. Ela é fruto dessa militância, desses dirigentes que já tinham experiências, e o que foi mudando foi o jeito, o pensamento no mundo camponês. Fomos criando uma maior autonomia em relação aos partidos da esquerda tradicional, mas mantivemos a relação política. As pessoas, mesmo não sendo muito velhas, elas vêm da militância partidária, de outras lutas, em todos os continentes (Entrevista com Egídio Brunetto em 23/mar./2007).

Muitos dirigentes da Via Campesina, em discursos e manifestações fazem alusão às lutas de trabalhadores do mundo em outros momentos históricos e reivindicam uma continuidade dessas lutas. José Bové, por exemplo, relembra em seu discurso na manifestação de Millau (França), em junho de 2000, a qual havia sido convocada para acompanhar o julgamento dele e de mais nove militantes processados por desmontarem as obras de construção de uma filial do McDonald's um ano antes na mesma cidade,[28] que as lutas dos trabalhadores têm uma história comum.

---

28 A "desmontagem" do McDonald's de Millau foi um ato de grande repercussão na imprensa mundial e colocou a Confederação Camponesa da França, membro da Via Campesina, em destaque. O protesto foi feito, segundo seus organizadores, para

No momento de dizer ao microfone "liberdade, igualdade, fraternidade", uma imagem me veio à mente e me incitou a ir até o limite dessa divisa. Foi a lembrança dos sindicalistas americanos presos após os dias sangrentos de primeiro e dois de maio de 1886, quando a polícia atirou em um grupo de manifestantes que exigiam a jornada de oito horas. Os dirigentes sindicais presos foram condenados à morte e executados. Eram operários de diferentes origens e, quando subiram no estrado onde iam ser enforcados, cantaram juntos a Marselhesa, porque esse canto, comum a todos, lhes veio à mente para morrer contestando. Por causa de sua execução, celebra-se o Primeiro de Maio todos os anos. Ironia da história, esses operários trabalhavam na McCormick, uma das primeiras fábricas de material agrícola. A história operária está ligada à nossa (Palavras de José Bové. In: Bové e Dufour, 2001, p. 240).

Muitos elementos, entretanto, são identificados como novidade na articulação internacional da Via Campesina. A principal mudança, na opinião de seus dirigentes, são os métodos de organização. Esses métodos diferem das organizações de trabalhadores, tanto sindicatos quanto partidos, e buscam horizontalidade, massificação das lutas e uma atenção especial aos riscos de burocratização.

Uma coisa vai morrendo e a outra vai nascendo. Tem uma ligação, não está desligada. Mas a gente surge na crise das formas tradicionais, dos partidos de esquerda. [...] foram sendo criados movimentos diferentes, com um jeito diferente, mas que recupera o velho. O jeito da mobilização e da organização muda, mas mantém como princípio fundamental essa questão do internacionalismo e da solidariedade. [...] A Via é uma articulação de camponeses, numa época em que o sindicalismo é derrotado, os movimentos tradicionais são derrotados e o campo passa a sofrer contradições grandes que levam à nossa resistência. [...] E nós hoje fazemos grandes mobilizações em qualquer parte do mundo (Entrevista com Egídio Brunetto em 23/mar./2007).

---

denunciar a homogeneização alimentar do mundo e o papel de multinacionais da alimentação na destruição da cultura camponesa.

A Via Campesina surgiu tentando renovar os métodos. Nós não temos que ter diretoria, presidente, secretário-geral. Não temos que liberar ninguém, a nível internacional, para ficar circulando e viajando. Bom, se há necessidades internacionais, todo mundo vai dividir tarefas. Então, sempre o espírito foi colegiado, divisão de tarefas. E construir processos, né? Menos documentos e mais luta. Menos discurso e mais ação (Entrevista com João Pedro Stédile em 19/dez./2007).

Além dos métodos de organização, outra mudança identificada são as pautas e os temas da Via Campesina. Ao lado das lutas reivindicativas, surgem temas como o meio ambiente e a luta das mulheres. A análise dos dirigentes é de que estes novos temas ampliam as lutas e fazem da pauta da Via Campesina um projeto mais amplo que atrai muitos setores da sociedade. Por outro lado, esse projeto mais amplo também ajudaria a construir a politização dos camponeses e uma identidade forte com a Via Campesina.

Eu acho que a responsabilidade, especialmente do campesinato, agora não se compara com a que foi, por exemplo, a dos movimentos operários da época contra o fascismo. Agora é salvar o planeta. Então não é uma luta contra o fascismo, agora é contra o capital. Uma coisa que não estava colocada há 40, 50 anos porque não existia a revolução verde. A Via Campesina luta pela sobrevivência do planeta. A contradição principal se dá no campo [...] e claro que não são só os camponeses, mas nós temos uma responsabilidade maior (Entrevista com Egídio Brunetto em 23/mar./2007).

Creio que defendemos formas de organização e de debate que superam a questão da liderança. Na Via Campesina não existe uma cultura de lideranças. O papel da mulher é muito mais visível na Via Campesina e a abordagem da mulher também confere a Via Campesina uma característica diferenciada. Nós lutamos sobre questões fundamentais da vida que fazem com que tenhamos um atrativo especial para a cidadania quando trabalhamos as sementes, a terra, a comida, culturas. Não é uma luta de salários ou condições de trabalho, é uma visão mais integral da vida em si. Nós trabalhamos valores e uma identidade também. Eu creio que hoje

DOS PROLETÁRIOS UNIDOS À GLOBALIZAÇÃO DA ESPERANÇA   247

na Via Campesina há um orgulho de ser membro (Entrevista com Paul Nicholson em 17/maio/2007).

Outro elemento apontado como diferente em relação às experiências do passado é o que diz respeito à luta pelo poder. Segundo alguns dirigentes, a Via Campesina surge e constrói sua política num momento em que a tomada do poder político, isto é, do poder de Estado, não é mais um objetivo valorizado. Há uma descrença nas lutas eleitorais e institucionais, assim como nas experiências de tomada de poder pelos trabalhadores. Nessa perspectiva, o caminho a ser adotado deveria ser o da construção de um poder desde as comunidades, desde a sociedade organizada. O próprio poder é entendido como algo mais difuso a ser disputado cotidianamente.

Eu penso que há uma relação de continuidade, mas que sofre muitas transformações ao longo do tempo. Hoje não é mais possível chegar à conclusão de que só um governo, só a chegada ao poder é a solução para resolver os problemas do mundo. O governo tem o seu papel a desempenhar, mas os camponeses, os trabalhadores organizados também desempenham um papel crucial. [...] Eu acho que essa ideia de um outro mundo possível, para a qual estamos a caminhar e lutar, é a ideia de que o povo tem que estar consciente do que passa e ser capaz de conduzir as políticas que vão definir a sua própria vida. Portanto, não pode ser só a democracia representativa, pois esta tem os seus problemas. [...] Daí eu penso que é uma continuidade dos processos de luta, pois não foi uma elaboração teórica que fez surgir os movimentos. Foi a lógica do sistema neoliberal que criou mais e mais pobreza e fez com que tantas pessoas decidissem se unir em cada ponto do mundo para fazer frente a esse sistema. E não recorrem a lutas para assumir o poder, mas, principalmente, lutam para fazer coisas concretas diárias (Entrevista com Diamantino Nhampossa em 25/jul./2007).

A ruptura mais expressiva entre a Via Campesina e as experiências passadas de internacionalismo é, contudo, a ideologia. Enquanto as articulações internacionais do passado primavam pela homogeneidade,

248 FLÁVIA BRAGA VIEIRA

na Via Campesina há lugar para diversas filiações ideológicas e, mesmo, para a recusa dos modelos ideológicos. Alguns dirigentes apontam que o questionamento ao modelo de agricultura capitalista dominante hoje já seria o caminho para a construção de uma ideologia comum. Não há acordo, entretanto, sobre qual ideologia seria esta. Muitas organizações e militantes carregam forte influência dos movimentos socialistas, mas a Via Campesina não adota formalmente nenhuma filiação.

A gente vem construindo um monte de coisas: ajuda, solidariedade, lutas internacionais. Sabemos que nem todo mundo vai viajar para outros lugares para militar, mas já começa a ter essa compreensão, definir os inimigos, que é, no final das contas, o capital. [...] Agora, do ponto de vista da construção ideológica é um pouco mais complicado. Há um entendimento do projeto alternativo, mas tem gente que quer negar a ideia de um instrumento político. Então, não está colocada em debate a questão do socialismo. Embora eu ache que 90% das organizações acabariam tendo consenso nessa ideia. Mas não está colocado, não é a discussão atual (Entrevista com Egídio Brunetto em 23/mar./2007).

A hegemonia ideológica da Via Campesina internacional tem uma marca antineoliberal e antiimperialista. Mas ela ainda não é anti-capitalista, não é socialista. Até porque os europeus passaram por toda aquela experiência e se tu fala socialismo eles dizem "tá bom, mas que socialismo?". [...] e quando começa a querer adjetivar é que as coisas não estão bem resolvidas (Entrevista com João Pedro Stédile em 19/dez/2007).

Existem organizações que se dizem anticapitalistas. E outras que são apenas antineoliberais, ou seja, que se opõem somente a esta fase do capitalismo, mas creem que existem outras faces do capitalismo mais humano com as quais estariam de acordo. [...] Então, claramente, esses conceitos não são apenas palavras distintas. Há uma ideologia, uma cosmovisão que é diferente. E nessa diversidade o caminho é árduo, é difícil. Às vezes, mesmo dentro de uma mesma organização, dentro do mesmo país (Declaração de Mafalda Galdames, da Anamuri, em 21/mar./2007 em conversa gravada).

Da mesma forma que há aqueles que reivindicam o socialismo, existem outros que acionam as tradições anarquistas. Em número menor e com menos irradiação entre as organizações como um todo da Via Campesina, suas ideias não deixam de estar presentes, por exemplo, na defesa da autonomia das organizações, no questionamento às estratégias de luta pelo poder, e em várias outras discussões anteriormente apresentadas.

> [...] estamos atados às raízes do sindicalismo, com a tradição da Federação do Departamento do Jura, alternativa ao projeto marxista. Quando da criação da Primeira Internacional, duas grandes correntes confrontaram-se sobre duas formas de organização do mundo operário – Marx de um lado, Bakunin do outro. [...] O sindicato dos construtores de relógios no Jura reuniu trabalhadores camponeses e operários. [...] Sua experiência conduziu a uma reflexão sindical sobre a autonomia dos movimentos e sobre o fato de que os operários, em seus sindicatos, deveriam refletir também sobre por que trabalhavam (Palavras de José Bové. In: Bové e Dufour, 2001, p. 240).

A própria palavra de ordem da Via Campesina, "globalizemos a luta, globalizemos a esperança", é considerada por vários dirigentes como sendo contraditória. Por um lado, a Via Campesina questiona a globalização e, por outro, conclama a uma globalização das lutas e das esperanças. Da mesma forma, veem sendo trabalhados politicamente conceitos como os de neoliberalismo, imperialismo e, mesmo, capitalismo, enquanto a palavra de ordem reproduz a expressão que simbolicamente foi construída pelo próprio modelo dominante.

> Eu estava te falando ontem sobre a nossa palavra de ordem. Ela é um pouco essa ideia dos "proletários, uni-vos". Mas, claro, em outra dimensão. E tem essa contradição de falar na palavra globalização, que na verdade, sabemos, significa neoliberalismo. Mas foi isso que conseguimos construir, e ela pegou. Ela sintetiza um

período histórico e um projeto (Entrevista com Egídio Brunetto em 23/mar./2007).

Construímos uma consigna que é tão simples, mas ao mesmo tempo tão contraditória. Nós que somos contra a globalização, afirmamos que temos que nos globalizar, mas globalizar na luta. Que temos que enfrentar a globalização construindo uma esperança que é a luta por nossos direitos. Esse é o nosso caminho, até aqui conseguimos chegar. A Via Campesina é um movimento alternativo, que parte dos camponeses para gerar uma alternativa ao modelo neoliberal (Entrevista com Francisca Rodríguez em 19/mar./2007).

A diversidade de ideologias presentes na Via Campesina e mesmo as contradições que esta acarreta não são encaradas, entretanto, como um empecilho para que as organizações-membro possam estar juntas e consolidar lutas comuns. A estratégia adotada para lidar com as contradições é utilizar nos documentos e pronunciamentos públicos apenas o que é consensual. Cada organização tem o direito de reivindicar suas próprias filiações ideológicas, desde que, falando pela Via Campesina, postule apenas o acúmulo que as discussões da Via alcançaram. Dessa forma, a Via Campesina não é socialista ou anarquista. Não é também anticapitalista. O consenso alcançado até o momento é de que ela é um movimento antiglobalização neoliberal e nesses termos seus documentos e ações são apresentados.

A diversidade das bases sociais das organizações-membro também se manifesta como contradição ou, ao menos, ambiguidade, uma vez que os grupos acionam identidades muitas vezes distintas e significados variados para as mesmas ideias. Assim, o conceito de campesinato é utilizado pelas organizações latino-americanas e africanas como forma de valorizar segmentos historicamente marginalizados de suas sociedades, isto é, indígenas, comunidades tribais, sem terras. Já os europeus, franceses em particular, ao utilizar o conceito de camponês estão na verdade resgatando o espaço de um segmento social importante e influente de suas próprias sociedades.

Parece relevante, portanto, destacar que o lugar que ocupam os grupos e organizações em suas próprias sociedades nacionais, influencia seu posicionamento e ideologia na articulação internacional de que fazem parte, demonstrando uma clara inter-relação entre as escalas de ação dos sujeitos coletivos. Quando analisado o processo de consolidação da Via Campesina, por exemplo, evidenciou-se como as organizações latino-americanas percebem de forma diferente dos europeus a criação e o papel que joga a Via Campesina na luta política contemporânea, acionando tradições e trajetórias diferentes. Essas diferenças não são meras disputas "bairristas" ou "nacionalistas" e, na realidade, evidenciam processos interescalares mais complexos na dinâmica das articulações internacionais.

****

A Via Campesina é, portanto, uma articulação internacional de trabalhadores que constrói sua identidade em contraposição ao modelo dominante de agricultura, afirmando a economia, a cultura, os valores, os modos de vida do campesinato. Ao mesmo tempo, busca estabelecer relações com outros movimentos e organizações, pois entende o modelo agrícola como parte do formato mais geral do capitalismo mundial na contemporaneidade.

Na sua construção, a Via Campesina resgata ideias de outras experiências do passado, como o valor da solidariedade e a importância do enfrentamento em nível internacional. Faz a crítica, contudo, dos modelos hierarquizantes e burocratizantes que muitas dessas experiências passadas acabaram adotando. Aciona temas contemporâneos como as questões de gênero e o meio ambiente, utilizando, inclusive estratégias de divulgação emprestadas das ONGS e redes transnacionais. Não descarta, contudo, o papel da mobilização de massas, o trabalho com as bases dos movimentos e, tampouco, abandona a questão de luta de classes.

Por fim, a Via Campesina delineia um projeto de sociedade, que ganha concretude na proposta da soberania alimentar, mas inclui outras ideias e conceitos. Nesse sentido, afirma que sua luta não é apenas reivindicativa ou corporativa, mas que contempla valores que extrapolam o ambiente rural no questionamento ao modelo dominante. Postula-se como movimento autônomo em relação a partidos e governos e entende o poder numa perspectiva mais ampla que a da tomada do poder de Estado, incluindo formas cotidianas e microssocietárias de construção de agendas, propostas e projetos. Não advoga, entretanto, uma ideologia homogênea, permitindo a convivência, em seus quadros, de filiações político-ideológicas distintas. As diferenças são trabalhadas por meio de uma complexa metodologia de busca do consenso e só nele estabelecem-se as bases do que é a articulação internacional, embora seus dirigentes não estejam completamente alheios à diversidade com a qual têm que lidar.

CONCLUSÃO

Como indicado no início deste livro, a globalização é um termo absolutamente onipresente na sociedade contemporânea. O senso comum, em seus mais variados domínios, aciona essa ideia ao tratar dos fenômenos em escala internacional que influenciam e definem as vidas e os modos de vida das populações do planeta nas últimas duas décadas. A ciência, ao seu modo, também vem trabalhando com essa ideia ao construí-la e reconstruí-la como conceito em diferentes áreas do saber. Por tudo isso, discutir a globalização tornou-se uma tarefa ao mesmo tempo necessária e árdua.

A principal dificuldade colocada é conseguir observar os fenômenos e processos sem reproduzir os componentes ideológicos dos novos mecanismos de dominação. No início dessa pesquisa de tese, a inexorabilidade e naturalidade, que muitas análises identificam na chamada globalização, nos pareciam ser elementos ideológicos do conjunto de relações que pretendíamos estudar. A escolha metodológica assumida para fugir dessas armadilhas foi observar não apenas a contemporaneidade, mas perseguir as permanências históricas que a compõem.

No primeiro capítulo, buscou-se, então, apresentar as teorias mais difundidas nas ciências sociais sobre o tema. Grande parte das análises identifica um conjunto de transformações em escala internacional, no último quartel do século xx, como sendo o processo de globalização. Essas transformações teriam em sua base dois componentes: de um lado, alterações na composição da economia mundial, isto é, unificação e homogeneização, decorrentes da financeirização da economia e da expansão dos mercados; de outro lado, a diminuição do poder dos Estados Nacionais, que daria lugar a um mundo sem fronteiras, unificando e homogeneizando também o espaço social. A dissolução do poder dos Estados ou, como nos dizem muitos autores, a mudança de seu formato, e o desenvolvimento do mercado global seriam causa e consequência um do outro. Essa argumentação perpassa as análises de numerosos cientistas sociais ao redor do mundo bem como os discursos dos investidores do mercado financeiro, dos governantes das nações periféricas, dos ativistas de ONGS do Norte. É a visão mais comum sobre a globalização.

Perseguindo a opção metodológica de buscar as continuidades do processo histórico para poder perceber as novidades do momento atual, realizou-se um resgate das várias teorias que se debruçaram ao longo do século XX sobre as características do capitalismo em escala mundial. Embora em alguns casos pecando por um excesso de economicismo, as teorias sobre o imperialismo, a dependência e o sistema-mundo, permitiram perceber a natureza e o sentido das transformações em curso. Segundo nossa análise feita a partir dessas teorias, o grau de internacionalização econômica observado nas últimas décadas tem precedentes históricos, sendo comparável, e em alguns aspectos até inferior, ao observado no período anterior à Primeira Guerra. A integração alcançada nas últimas décadas é significativa, contudo, quando comparada ao baixo grau de abertura das economias logo após a Segunda Guerra. Na comparação comumente realizada – que não observa a história por mais de 40 ou 50 anos – há, portanto, um processo de internacionalização econômica.

A principal novidade nos pareceu, portanto, a ideia de que apenas agora essa internacionalização seja utilizada como elemento fundamental da retórica de dominação dessa materialidade. A imagem do mundo globalizado dá substrato ideológico à dominação política e econômica do capitalismo mundial na sua atual fase. Esse substrato ideológico não é um apêndice cultural ou simbólico de uma materialidade, mas constitui, ele próprio, uma das principais diferenças dessa fase em relação aos formatos anteriores do sistema. A ideia da globalização, isto é, essa ideologia de um caminho comum ao qual nenhuma sociedade poderia escapar, caracteriza como nenhuma outra o momento atual do capitalismo mundial. Assim, esse momento de agudização das tendências internacionalizantes do capitalismo assume uma dimensão ideológico-cultural específica que a difere, portanto, dos momentos anteriores. Frente a esse novo formato da dominação capitalista, diferentes grupos sociais reorganizam sua ação. No segundo capítulo, foram revisados os estudos sobre estas ações. Algumas análises identificam a formação de uma sociedade civil global formada fundamentalmente por redes de ONGS internacionais que articulam campanhas por interesses ditos comuns, tais como direitos humanos e a sobrevivência ecológica do planeta. A arena de atuação dessa sociedade civil são as conferências da ONU ou as consultas públicas do Banco Mundial. Dessa forma, como contraponto da nova governança global que substitui o Estado nacional estar-se-ia consolidando uma sociedade civil internacional.

Como visto, as análises primam por uma série de silêncios e desconhecimentos. O maior deles diz respeito às razões pelas quais esse tipo de "movimento" surge, e em particular, as razões pelas quais ele surge sobretudo nos países dominantes do sistema político, econômico e cultural internacional. Inexistem estudos em que a questão seja a da própria constituição dessas organizações – suas origens, motivações, constituição e base social. A discussão está, quase sempre, focada na eficácia desses movimentos e redes, e na sua relevância para conquistas de direitos em países periféricos. Além disso, os autores citam os valores da democracia, dos direitos humanos como se eles não tivessem origem e fossem universais.

Outro aspecto silenciado na análise sobre a sociedade civil global diz respeito à perspectiva histórica sobre as articulações internacionais. Não há referência às inúmeras formas de articulação dos movimentos socialista, comunista e anarquista que se iniciaram em meados do século XIX e se desenvolveram ao longo do século XX. Dessa forma, a história da ação coletiva em nível internacional é liberal, e centrada na experiência histórica dos países do centro do capitalismo, com especial destaque para a experiência norte-americana. Os autores transformam, assim, a experiência histórica particular da sociedade em que vivem na história universal.

Se de um lado é possível conhecer algumas das formas de articulação global da contemporaneidade pr meio desses estudos, é preciso também ter em mente que estes se referem a apenas uma parte do que é a ação coletiva internacional hoje. Além disso, os trabalhos em questão são profundamente influenciados pelos mecanismos de dominação ideológico-cultural que se manifestam no atual formato do capitalismo mundial, isto é, a chamada globalização.

No capítulo 2 também foi apresentada a emergência de um movimento de resistência às novas formas de exploração e dominação. São as experiências dos chamados movimentos antiglobalização, os Fóruns Sociais Mundiais, as redes de protesto nos encontros da Organização Mundial do Comércio. Mais plurais do que as redes da "sociedade civil global", essas articulações contam com a participação de ONGS de todas as partes do mundo, bem como movimentos populares dos mais diferentes tipos, sindicatos, associações.

Apesar de seu caráter mais contestatório e plural, essas experiências também incorrem no erro de naturalizar o processo de globalização e muitas vezes não são capazes de perceber a permanência de elementos do capitalismo mundial nas dinâmicas contemporâneas. Com raras exceções, os autores que se dedicam a estudar e compreender os mecanismos desse "movimento dos movimentos" também silenciam sobre as experiências passadas de articulação internacional popular. Consideram o movimento antiglobalização como novidade da contemporaneidade e resposta direta às dinâmicas econômicas atuais.

Existe, portanto, uma grande lacuna analítica e teórica que precisa ser preenchida de forma a poder-se identificar o que há de novidade e o que há de permanência na situação contemporânea das articulações internacionais. O terceiro capítulo pretendeu preencher a lacuna analisando as experiências passadas de internacionalismo dos trabalhadores.

Apesar de um claro componente ideológico em comum – isto é, a tradição do pensamento e das práticas da esquerda –, essas experiências iniciadas no século XIX são bastante diferenciadas entre si. Como vimos, a i Internacional era basicamente uma rede horizontal de organizações, que envolvia sindicatos, associações e partidos. A experiência foi, contudo, bastante limitada no que diz respeito à influência que exerceu sobre o conjunto das sociedades de então. A ii Internacional caminhou para um formato mais verticalizado e ideologicamente era mais coesa. Esse período foi marcado por um grande crescimento da esquerda e alguns partidos da ii Internacional alcançaram popularidade nos seus contextos nacionais, inclusive com resultados eleitorais. A iii Internacional, marcada pela experiência da Revolução Russa e da União Soviética, foi a mais vertical e centralizada experiência, obtendo, entretanto, expressiva influência nas massas de trabalhadores do mundo. A iv Internacional e as experiências anarquistas foram mais pulverizadas e não chegaram a se constituir como bloco internacional definido.

O que nossa revisão pôde evidenciar é que, a despeito das características próprias de cada uma dessas articulações, todas elas foram permeadas por valores e práticas que comparecem no cenário contemporâneo. Alguns exemplos esclarecem essa constatação.

Desde a Liga dos Comunistas, de Marx e Engels, a prática de "correspondências" foi um elemento fundamental para a troca de experiências em nível internacional. O que seria hoje a tão falada "potencialidade" do uso da internet para a internacionalização das lutas, se não a sofisticação tecnológica desse mesmo mecanismo? O telégrafo, muito utilizado nas comunicações internacionais no começo do século xx, permitia uma velocidade quase igual a que se observa hoje com a comunicação via e-mail ou fax. As conferências internacionais que marcaram todas essas articulações e reuniam centenas, às vezes milhares, de militantes a cada edição não são práticas semelhantes às reuniões de militantes que se observa nas últimas décadas?

Com relação aos valores compartilhados nas experiências de articulação internacional do passado, também aparecem semelhanças com o momento atual, em especial, a solidariedade e a defesa de direitos humanos. Essas ideias se manifestaram mais explicitamente nas campanhas internacionais das últimas décadas do século xix e primeiras do século xx. A experiência mais notável é certamente a das Brigadas Internacionais, durante a Guerra Civil Espanhola, que contaram com mais de 40 mil combatentes de 53 diferentes países. A dedicação a uma causa "alheia" aos interesses imediatos desses combatentes é impressionante, levando em conta que cerca de 10 mil desses militantes morreram em combate. Não parece que os ativistas dos direitos humanos hoje, defendendo causas universais ou a sobrevivência do planeta, estejam dispostos a entregar suas vidas a essas causas.

Menos heroicas, mas também impressionantes, foram as campanhas de defesa de prisioneiros políticos. Em 1869, a 1 Internacional lançou uma campanha pela anistia dos presos independentistas irlandeses, conhecidos como fenianos, na Inglaterra. Além de cartas públicas e abaixo-assinados, foi organizado um protesto com aproximadamente 200 mil manifestantes em outubro daquele ano na cidade de Londres.

Outro caso emblemático, já no século xx, é o dos imigrantes italianos Nicola Sacco e Bartolomeo Vanzetti, nos Estados Unidos. Acusados de assassinar um policial na porta de uma fábrica, os dois militantes anarquistas aguardaram por sete anos no corredor da morte até serem executados, em 1927, na cadeira elétrica. Durante o tempo na prisão, os condenados passaram por greves de fome e internações em hospícios, e, do lado de fora, a opinião pública tomou partido. A notícia fez sensação no exterior, graças às mobilizações chamadas pelos sindicatos de trabalhadores, que transformaram os dois presos em símbolo da luta de classes para socialistas, comunistas e anarquistas do mundo todo. Tumultos, comícios de massa, greves, tentativas mais ou menos violentas junto às embaixadas e consulados americanos na maior parte das grandes cidades europeias (Paris, Roma, Madrid, Bruxelas, Genebra, Zurique, Copenhague) ocorreram nesse período. Até mesmo o Papa Pio ix, influenciado pelas ações de massa na Europa, enviou mensagem à Washington pedindo o perdão dos condenados.

Não seriam essas ações, claras campanhas de luta por direitos humanos? Os presos políticos socialistas, comunistas ou anarquistas têm menos direitos ou são menos humanos do que os "povos do sul", submetidos a ditaduras e governos autoritários, que as redes da chamada "sociedade civil global" defendem?

Ao confrontar a história do internacionalismo com as análises sobre a sociedade civil global, é fácil perceber as diferenças. Em especial na comparação com a III Internacional e seu formato hierarquizado e diretivo. Por outro lado, o tipo de ação materializado nas "campanhas" citadas anteriormente pode ser verificado, em nova configuração, na contemporaneidade. Dessa forma, algumas permanências parecem existir, tornando injustificável o silêncio sobre esta tradição na maioria absoluta das análises sobre o presente. Algumas experiências contemporâneas têm, contudo, acionado, nas suas práticas e discursos, a tradição silenciada.

O capítulo 4 analisou a experiência da Via Campesina, buscando as permanências e rupturas nas práticas e valores da articulação internacional dos trabalhadores. Inicialmente, foi feito um histórico sobre o processo de surgimento e consolidação da articulação, que é apresentado por atores relevantes do processo, como sendo um contraponto ao avanço das formas de produção capitalista para a agricultura em nível mundial, nas últimas décadas. A Via Campesina, segundo as análises que fazem dela seus porta-vozes e intelectuais orgânicos, também seria fruto do processo de globalização. Aqui, novamente aparece a principal característica da atual fase do capitalismo, isto é, a utilização da escala internacional para a dominação ideológico-cultural.

Ao contrário, contudo, das leituras sobre a sociedade civil global, nas análises dos dirigentes da Via Campesina comparecem outros elementos, demonstrando um processo autoreflexivo, mesmo confuso e ainda pouco sistemático. Assim, as origens de esquerda das organizações latino-americanas, o longo processo histórico de integração econômica da Europa, as revoluções de independência africanas, são distintos elementos que buscam explicar, paralelamente ao processo de globalização, os porquês, os comos e os quandos do surgimento e consolidação da Via Campesina.

O capítulo seguiu analisando a estrutura e as dinâmicas internas e externas da Via Campesina. Congressos, campanhas, palavras de ordem, ações de massa, e uma plataforma política comum vêm delineando a identidade das organizações-membro da Via Campesina. Também a relação com atores externos (ONGs, partidos políticos, governos) contribui na definição sobre o que é essa articulação internacional. É fato que essa identidade é complexa e integra elementos muito distintos, os quais são absorvidos de forma diferente por organizações e militantes. Já há, entretanto, algumas convergências significativas. A mais relevante destas é o conceito de soberania alimentar. Considerado por autores e dirigentes políticos como o projeto de contra-hegemonia da Via Campesina, essa ideia envolve diferentes elementos. Por um lado, representa uma resignificação da própria ideia de soberania, a qual passa a ser baseada nos povos e não nos Estados nacionais e que inclui novas relações norte-sul no que diz respeito à produção e à comercialização dos produtos agrícolas. O novo significado amplia também a noção de segurança alimentar, passando a englobar não apenas a quantidade de alimentos, mas a forma e a escala de produção dos mesmos. Por outro lado, a soberania alimentar representa a ressignificação do tema da reforma agrária, não apenas compreendida como acesso à terra e modernização do campo, mas como democratização da terra – bem comum e patrimônio da humanidade – que não pode ser apropriado privadamente. Junto a isso, questiona-se também a propriedade de outros bens naturais como a água, os recursos genéticos e, em especial, as sementes.

Alguns temas, contudo, permanecem confusos ou obscurecidos. Um deles é a própria definição do que é campesinato para a Via Campesina. Os dirigentes definem o conceito de formas muito variadas. Muitos se referem simplesmente aos trabalhadores do campo. Outros, contudo, buscam raízes nas conceituações marxistas do conceito. Como visto no terceiro capítulo e problematizado na discussão sobre a Via Campesina, o marxismo também não tinha uma visão única sobre esse grupo social, mas, em geral, a visão era de que o campesinato não seria o portador da mudança social que hoje a Via Campesina advoga para si. Os intelectuais/dirigentes dos movimentos não conseguem resolver o impasse entre acionar a história da esquerda, em particular do marxismo, e a conceituação negativa que esse mesmo marxismo fez sobre o campesinato. Não se colocam essa questão e, assim, apesar de reivindicar a tradição silenciada, não enfrentam algumas de suas contradições mais significativas. Nesse sentido, não deixa de ser grave e problemático o silêncio acerca dos problemas enfrentados pela "construção do socialismo", em particular as violências cometidas pelo regime soviético contra milhões de camponeses. O mesmo ocorre no debate sobre as diferenças entre as organizações. De um lado, há um respeito pela diversidade ideológica e organizativa dos movimentos que compõem a Via Campesina; de outro lado, não existe uma reflexão mais acabada sobre o que fazer quando essas diferenças se transformam em empecilhos para a elaboração de uma política comum no âmbito internacional. A solução encontrada é permitir que cada organização só fale como Via Campesina nos temas que são consensuais. As diferenças ideológico-políticas ou as peculiaridades de cada organização são mantidas no contexto nacional ou regional de tais organizações. Assim, as organizações latino-americanas que defendem o socialismo não podem advogá-lo como política da Via Campesina, pois o consenso alcançado é de que a Via é antineoliberalismo.

Da mesma forma a Via Campesina não tem uma posição clara e única quanto aos subsídios governamentais para a agricultura. Nos países onde o peso do campesinato é forte, como na França, esses subsídios são considerados, pelas organizações locais da Via Campesina, como fundamentais para a soberania alimentar; nos países periféricos, onde o campesinato é um setor marginalizado da economia e não se beneficia dos subsídios que são conferidos ao agronegócio, as organizações locais da Via Campesina são contra os subsídios.

Ausente das reflexões globalistas, uma abordagem desse tipo permite lançar luz sobre as particularidades da luta política internacional dos trabalhadores na contemporaneidade. Ao invés de analisar a Via Campesina apenas do ponto de vista de suas dinâmicas internacionais, pareceu analiticamente mais fértil buscar entender como suas contradições internas e suas dificuldades de articulação internacional estão permeadas pelas histórias, estruturas e experiências, tanto nacionais quanto regionais, das organizações que a compõem. Neste sentido, o que é global na experiência da Via Campesina não pode ser entendido sem um olhar atento, também, às dinâmicas históricas nacionais, regionais, locais, que apareceram de muitas formas no capítulo 4, através das falas de seus dirigentes.

O olhar sobre a Via Campesina pelo prisma da comparação com experiências passadas e presentes de articulação internacional permitiu avançar, mesmo que de forma ainda embrionária, na compreensão das dinâmicas internacionais das lutas dos trabalhadores.

De um lado, pôde demonstrar a permanência de práticas e valores. A estrutura de secretaria que serve como elemento de comunicação e difusão de experiências, enquanto as deliberações e linhas políticas ficam quase restritas a congressos; o valor que tem a "campanha" na construção de projetos comuns e do sentimento de solidariedade internacional; o conteúdo classista da articulação internacional; ações de massa que se referenciam em uma base social específica; tudo isso parece remeter às experiências de articulação internacional do passado.

Por outro lado, a Via Campesina aciona formas de ação das ONGS e redes internacionais, estabelecendo algumas práticas e valores novos. O discurso ambiental, que busca construir uma identidade entre a agricultura camponesa e a sobrevivência do planeta ou o bem comum da humanidade, é uma novidade da contemporaneidade. O trato com as diversidades internas, isto é, a complexa metodologia do consenso que inviabiliza posições ideológicas mais definitivas, é claramente um elemento que não estava presente nas experiências socialistas, comunistas e anarquistas.

De toda forma, permanece em aberto a questão sobre a luta pela transformação social em escala internacional. O internacionalismo, de ontem e de hoje, não resolve a questão da escala pertinente de ação social, permanecendo a dúvida sobre as possibilidades de avanço das lutas em nível internacional, uma vez que as pessoas e as organizações vivem e se organizam em múltiplas escalas. Quando as ações nas diferentes escalas entram em contradição, é que a questão se coloca de forma mais aguda.

A experiência da Via Campesina traz para o presente a contradição da consigna clássica do Manifesto Comunista, isto é, a chamada para que os trabalhadores de todos os países unam-se, apesar de suas diferenças. A contradição permanece, mas a globalização/internacionalização da luta e da esperança também.

REFERÊNCIAS

AGOSTI, Aldo. As correntes constitutivas do movimento comunista internacional. In: HOBSBAWM, Eric *et al.* *História do Marxismo VI*: o marxismo na época da Terceira Internacional: da Internacional Comunista de 1919 às frentes populares. Rio de Janeiro: Paz e Terra, 1985.

_____. O mundo da Terceira Internacional: os "estados-maiores". In: HOBSBAWM, Eric *et al.* *História do Marxismo VI*: o marxismo na época da Terceira Internacional: da Internacional Comunista de 1919 às frentes populares. Rio de Janeiro: Paz e Terra, 1985b.

AGUITON, C. *O mundo nos pertence*. São Paulo: Vira mundo, 2002.

AMIN, Samir. *¿Son los Foros Sociais Mundiais útiles para las luchas de los pueblos?*. Fevereiro de 2007. Disponível em: <http://www.mre-valencia.org/spip.php?article189>. Acesso em: 13/jan./2008.

_____. *Os desafios da mundialização*. *Aparecida*, São Paulo: Ideias e Letras, 2006.

_____; VERGOPOULOS, Kostas. *A questão agrária e o capitalismo*. Rio de Janeiro: Paz e Terra, 1977.

ANAND, Anita. Global Meeting Place: United Nation's world conferences and civil society. In: FOSTER, John W. e ANAND, Anita (eds.) . *Whose*

World is it anyway? Civil Society, the United Nations and the multilateral future. Ottawa, Canada: The United Nations Association in Canada, 1999.

ARAÚJO, Maria Paula N. A questão camponesa na teoria marxista clássica. In: CHEVITARESE, André (org.). *O campesinato na História*. Rio de Janeiro: Relume Dumará/Faperj, 2002.

ARRIGHI, G.; SILVER, B. *Chaos, governance and modern world system*. Minnesotta Press, 1999.

BADIOU, Alain. *Ética*: um ensaio sobre a consciência do mal. Rio de Janeiro: Relume Dumará, 1995.

BATISTA Jr., Paulo Nogueira. *A economia como ela é...* São Paulo: Boitempo Editorial, 2002.

BATISTA Jr., Paulo Nogueira. Mitos da globalização. *Revista Estudos Avançados*, v. 12, n. 32, jan./abr. 1998.

BAUMAN, Zygmunt. *Globalização*: as consequências humanas. Rio de Janeiro: Zahar Ed., 1999.

BECK, Ulrich. *O que é globalização*: equívocos do globalismo, respostas à globalização. São Paulo: Paz e Terra, 1999.

BERNAL, Martin. Mao e a revolução chinesa. In: HOBSBAWM *et al. História do Marxismo VIII*: o marxismo na época da Terceira Internacional: o novo capitalismo, o imperialismo, o terceiro mundo. Rio de Janeiro: Paz e Terra, 1987.

BOLLOTEN, Burnett. *La Guerra Civil Española*: revolución y contrarrevolución. Madrid: Alianza Editorial, 1989.

BORRAS, Saturnino. *La via Campesina*: un movimiento en movimiento. Amsterdã: Transnational Institute, 2004.

BOURDIEU, Pierre; WACQUANT, Loic. A nova bíblia de Tio Sam. *Le Monde Diplomatique*, junho/2000.

_____. A astúcia da razão imperialista. In: WACQUANT, Loic (org.). *O mistério do ministério:* Pierre Bourdieu e a política democrática. Rio de Janiero: Revan, 2005.

BOURDIEU, Pierre. *Contrafogos 2:* por um movimento social europeu. Rio de Janeiro: Zahar Ed., 2001.

_____. *Contrafogos:* táticas para enfrentar a invasão neoliberal. Rio de Janeiro: Zahar Ed., 1998.

_____. *O poder simbólico.* Rio de Janeiro: Bertrand Brasil, 1998 b.

_____. Campo de poder, campo intelectual e habitus de classe e Condição de classe, posição de classe. In: BOURDIEU, Pierre. *Economia das trocas simbólicas.* São Paulo: Perspectiva, 1987.

BOVÉ, José. A Farmer's International?. *New Left Review,* n .12, nov./dez. 2001.

_____; DUFOUR, François. *O mundo não é uma mercadoria:* camponeses contra a comida ruim. São Paulo: Ed. Unesp, 2001.

BRADLEY, Ken; CHAPPELL, Mike. *International Brigades in Spain:* 1936-39. Londres: Reed Consumer Books, 1994.

BRAUDEL, Fernand. *A dinâmica do capitalismo.* Lisboa: Teorema, 1985.

BRECHER, J.; COSTELLO, T.; SMITH, B. *Globalization from below:* the power of solidarity. Cambridge, MA: Sound End Press, 2002.

BRESSER-PEREIRA, Luiz Carlos. Do Iseb e da Cepal à Teoria da Dependência. In: TOLEDO, Caio Navarro de (org.). *Intelectuais e Política no Brasil:* a experiência do Iseb. Rio de Janeiro: Editora Revan, 2005.

BROUÉ, Pierre. *História da Internacional Comunista.* São Paulo: Ed. Sundermann, 2007.

BROWN David; FOX, Jonathan (orgs.). *The Struggle for Accountability:* The World Bank, NGOs and Grassroots Movements. Cambridge: MIT Press, 1998.

266 FLÁVIA BRAGA VIEIRA

BUKHARIN, Nicolai. *O imperialismo e a economia mundial*. Rio de Janeiro: Ed. Laemmert, 1969.

CANO, Wilson. América Latina: do desenvolvimentismo ao neoliberalismo. In: FIORI, J. L. *Estados e moedas no desenvolvimento das nações*. Petrópolis: Vozes, 2000.

CARDOSO, Ciro Flamarion. Camponês, campesinato: questões acadêmicas, questões políticas. In: CHEVITARESE, André (org.). *O campesinato na História*. Rio de Janeiro: Relume Dumará/Faperj, 2002.

CARDOSO, Fernando Henrique; FALETTO, Enzo. *Dependência e Desenvolvimento na América Latina*. Rio de Janeiro: Zahar, 1970.

CARDOSO, Ruth. Movimentos Sociais na América Latina. *Revista Brasileira de Ciências Sociais*, n. 3, v. 1, 1987.

CARONE, Edgard. *A II Internacional pelos seus congressos (1889-1914)*. São Paulo: Edusp, 1993.

CHESNAIS, François. *Mundialização do Capital*. São Paulo: Ed. Xamã, 1996.

CHOMSKY, Noam. *Novas e velhas ordens mundiais*. São Paulo: Scritta, 1996.

CLARK, Dana; et alli (orgs.). *Demanding accountability*: civil-society claims and the World Bank Inspection Panel. Rowman and Littlefield Publishers, 2003.

CLAUDIN, Fernando. *La crisis del movimiento comunista* (dois tomos). Espanha: Ruedo Ibérico, 1970.

COGGIOLA, Osvaldo (org.). *Globalização e Socialismo*. São Paulo: Xamã, 1997.

DASSÚ, Marta. Frente única e frente popular: o VII Congresso da Internacional Comunista. In: HOBSBAWM et al. *História do Marxismo VI*: o marxismo na época da Terceira Internacional: da Internacional Comunista de 1919 às frentes populares. Rio de Janeiro: Paz e Terra, 1985.

DAVIES, R. W. As opções econômicas da URSS. In: HOBSBAWM *et al. História do Marxismo VII*: o marxismo na época da Terceira Internacional. Rio de Janeiro: Paz e Terra, 1986.

DESMARAIS, Annette. *La Vía Campesina*: globalization and the power of peasants. Londres: Pluto Press, 2007.

_____. *The WTO... will meet somewhere, sometime. And we will be there!* Ottawa: The North-South Institute, 2003.

_____. The Via Campesina: consolidating an international peasant and farm movement. *Journal of Peasants Studies*, 29(2), 2002.

DEUTSCHER, Isaac. *Stalin: uma biografia*. Rio de Janeiro: Ed. Civilização Brasileira, 2006.

DEUTSCHER, Isaac. *Trotski: o profeta banido*, 1929-1940. Rio de Janeiro: Ed. Civilização Brasileira, 2006b.

_____. *Trotski: o profeta desarmado*, 1921-1929. Rio de Janeiro: Ed. Civilização Brasileira, 2005.

DOBBS, Farrell; HANSEN, Joseph. Reunification of the Fourth International. *International Socialist Review*, 1963. Disponível em: <http://www.marxists.org/history/etol/document/swp-us/reunif.htm>

DOIMO, Ana Maria. *A vez e a voz do popular*: movimentos sociais e participação política no Brasil pós-70. Rio de Janeiro: Relume Dumará/Anpocs, 1995.

DRAINVILLE, André. The fetishism of global civil society: global governance, transnational urbanism and sustainable capitalism in the world economy. *Comparative Urban and Community Research*. n. 6, 1998.

DREIFUSS, René. *A época das perplexidades:* mundialização, globalização e planetarização. Petrópolis: Vozes, 1996.

_____. Tendências da globalização. *Revista Tempo Brasileiro*, Rio de Janeiro, n. 139, p. 97-172, out./dez. 1999.

DYSON, Lowell R. The Red Peasant International in America. *The Journal of American History*, v. 58, n. 4, 1972.

EDER, Klaus. *The new politics of class*. Londres: Sage publications, 1993.

EDELMAN, Marc. Transnational peasant and farmer movements and networks. In: GLASIUS, H. M.; KALDOR, M. (orgs.). *Global Civil Society Yearbook 2003*. Londres: Oxford University Press, 2003.

EDWARDS, Michael; GAVENTA, John. *Global Citizen Action*. Lynne Rienner Publishers, 2001.

EDWARDS, Michael. *Civil Society*. Cambridge: Polity Press, 2004.

ELEY, Geoff. *Forjando a democracia: a história da esquerda na Europa, 1850-2000*. São Paulo: Perseu Abramo, 2005.

ENGELS, Friederich. *The peasant question in France and Germany*, 1894. Disponível em: <www.marxists.org/archive/marx/works/1894/peasant-question/index.htm>.

_____. *As guerras camponesas na Alemanha*. São Paulo: Grijalbo, 1977.

_____.Contribuição à história da Liga dos Comunistas. In: MARX e ENGELS. *Obras Escolhidas*, V. III. São Paulo: Alfa-ômega, 1979.

_____. Os bakuninistas em ação. In: GUÉRIN *et al. O anarquismo e a democracia burguesa*. São Paulo: Global Editora, 1979b.

FAST, Howard. *Sacco e Vanzetti*: dois mártires da luta pela liberdade. Rio de Janeiro: Record, 1978.

FERNANDES, Rubem César (rg.). *Dilemas do socialismo*: a controvérsia entre Marx, Engels e os populistas russos. Rio de Janeiro: Paz e Terra, 1982.

FIORI, José Luís. *60 lições dos 90*: uma década de neoliberalismo. Rio de Janeiro: Record, 2001a.

_____. *Brasil no espaço*. Petrópolis: Vozes, 2001b.

_____. *Os moedeiros falsos*. Petrópolis: Vozes, 1997.

FLORINI, Ann. *The Third Force*: The Rise of Transnational Civil Society. Japan Center for International Exchange/Carnegie Endowment, 2000.

FOSTER, John W.; ANAND, Anita (orgs.). *Whose World is it anyway? Civil Society, the United Nations and the multilateral future.* Ottawa, Canada: The United Nations Association in Canada, 1999.

FOX, Jonathan; BROWN, David (Orgs). *The struggle for accountability:* the World Bank, NGOs, and grassroots movements. Cambridge: MIT Press, 1998.

FURTADO, Celso. *O capitalismo global.* 4. ed. São Paulo: Paz e Terra, 2000.

_____. *Desenvolvimento e subdesenvolvimento.* Rio de Janeiro: Fundo de Cultura, 1961.

FUKUYAMA, Francis. *O fim da história e o último homem.* Rio de Janeiro: Rocco, 1992.

GARZA, E. G. Economía, teoría y história: la CEPAL y los estilos de desarrollo. In: MARINI y MILLÁN. *La teoria social latinoamericana:* subdesarrollo y dependência. México: Ediciones el Caballito, Tomo II, 1994.

GIANNOTTI, Vito. *História das lutas dos trabalhadores no Brasil.* Rio de Janeiro: Mauad X, 2007.

GIDDENS, Anthony. *Mundo em descontrole.* Rio de Janeiro: Record, 2000.

_____. *A terceira via.* Rio de Janeiro, São Paulo: Editora Record, 1999.

_____. *As consequências da modernidade.* São Paulo: Ed. Unesp, 1991.

GOHN, Maria da Glória. *Teorias dos movimentos sociais:* paradigmas clássicos e contemporâneos. São Paulo: Edições Loyola, 2004.

_____. De Seattle a Gênova: uma radiografia dos movimentos antiglobalização. *Folha de S. Paulo,* Caderno MAIS!, 27/jan./2002.

_____. *Os sem-terra, ONGS e cidadania.* São Paulo: Cortez Editora, 1997.

GRAMSCI, Antonio. *Concepção dialética da história.* Rio de Janeiro: Civilização Brasileira, 1981.

270 FLÁVIA BRAGA VIEIRA

GRZYBOWSKI, Cândido. *Caminhos e descaminhos dos movimentos sociais no campo.* Petrópolis: Vozes; Fase, 1987.

GUÉRIN, Daniel. Irmãos gêmeos – irmãos inimigos. In: GUÉRIN *et al.* O *anarquismo e a democracia burguesa.* São Paulo: Global Editora, 1979.

HABERMAS, Jürgen. *Teoría de la acción comunicativa.* Madrid: Taurus, 1985.

HÁJEK, Milos. A discussão sobre a frente única e a revolução abortada na Alemanha. In: HOBSBAWM *et al. História do Marxismo VI*: o marxismo na época da Terceira Internacional: da Internacional Comunista de 1919 às frentes populares. Rio de Janeiro: Paz e Terra, 1985.

HÁJEK, Milos. A bolchevização dos partidos comunistas. In: HOBSBAWM *et al. História do Marxismo VI*: o marxismo na época da Terceira Internacional: da Internacional Comunista de 1919 às frentes populares. Rio de Janeiro: Paz e Terra, 1985b.

_____. *Historia de la Tercera Internacional.* Barcelona: Editorial Crítica, 1984.

HALL, Stuart. *A identidade cultural na pós modernidade.* Rio de Janeiro: DP&A, 2004.

HANAGAN, Michael et alli. (orgs.). *Challenging authority*: the historical study of contentious politics. University of Minnesota Press, 1998.

HARDT, Michael; NEGRI, Antonio. *Império.* Rio de Janeiro: Record, 2001.

HARVEY, David. *Justice, nature and the geography of difference.* Malden: Blackwell, 1996.

_____. *Condição pós-moderna.* São Paulo: Loyola, 1994.

HEGEDÜS, András. A construção do socialismo na Rússia: o papel dos sindicatos, a questão camponesa, a Nova Política Econômica. In: HOBSBAWM *et al. História do Marxismo VII*: o marxismo na época da Terceira Internacional. Rio de Janeiro: Paz e Terra, 1986.

_____. A questão agrária. In: HOBSBAWM et al. *História do Marxismo IV:* o marxismo na época da Segunda Internacional. Rio de Janeiro: Paz e Terra, 1984.

HIRST, Paul; THOMSON, Grahame. *Globalização em questão.* Petrópolis: Vozes, 1998.

HOBSBAWM, Eric. *O novo século.* São Paulo: Companhia das Letras, 2000.

_____. *Era dos extremos: o breve século XX.* São Paulo: Companhia das Letras, 1996.

HOBSBAWM, Eric. The "Moscow Line" and International Communist Policy, 1933-47. In: WRIGLEY, Chris (org.). *Warfare, diplomacy and policies.* Essays in honour of A.J.P. Taylor. Londres: Hamish Hamilton, 1986.

_____. *A Era das Revoluções (1789-1848).* Rio de Janeiro: Paz e Terra, 1982.

_____. A cultura europeia e o marxismo entre o século XIX e o século XX. In: HOBSBAWM et al. *História do Marxismo II:* o marxismo na época da Segunda Internacional. Rio de Janeiro: Paz e Terra, 1982b.

_____. *Rebeldes primitivos:* estudo sobre as formas arcaicas de movimentos sociais nos séculos XIX e XX. Rio de Janeiro: Zahar, 1970.

HOBSBAWM, Eric; RUDÉ, George. *Capitão Swing.* Rio de Janeiro: Francisco Alves, 1982.

HOUTART, François. Los movimientos sociales y la construcción de un nuevo sujeto histórico. Apresentação no *V Encuentro Hemisférico contra el ALCA y el Libre Comercio,* Havana, 15/abr./2006. Disponível em: <http://bibliotecavirtual.clacso.org.ar/ar/libros/campus/marxis/P4C3Houtart.pdf>.

_____. Another world is possible: changed landscape of the campaign for social justice. Traduzido por Gulliver Cragg de *Le Monde Diplomatique,* nov. de 2003. Disponível em: <http://globalpolicy.igc.org/ngos/socecon/initiative/2003/1103social.htm.>.

IANNI, Octavio. *A Era do Globalismo.* Rio de Janeiro: Civilização Brasileira, 1999.

_____. *Teorias da Globalização.* Rio de Janeiro: Civilização Brasileira, 1997.

_____. *A Sociedade Global.* São Paulo: Civilização Brasileira, 1996.

_____. Revoluções camponesas na América Latina. In: SANTOS, José Vicente T. (org.). *Revoluções Camponesas na América Latina.* São Paulo: Cone Editora/Editora da Unicamp, 1985.

JACKSON, George D. *Comintern and peasant in East Europe:* 1919-1930. Nova York e Londres: Columbia University Press, 1966.

JAMESON, Frederic. Notas sobre a globalização como questão filosófica. In: PRADO, J. L. A. e SOVIK, L. (rgs.). *Lugar global e lugar nenhum:* ensaios sobre democracia e globalização. São Paulo: Hacker Editores, 2001.

JOHNSTONE, Monty. Um instrumento político de tipo novo: o partido leninista de vanguarda. In: HOBSBAWM *et al. História do Marxismo VI:* o marxismo na época da Terceira Internacional: da Internacional Comunista de 1919 às frentes populares. Rio de Janeiro: Paz e Terra, 1985.

KALDOR, Mary. *La sociedad civil global:* una respuesta a la guerra. Barcelona: Tusquets Editores, 2005.

KAUTSKY, Karl. *A questão agrária.* Coleção Os Economistas, São Paulo: Nova Cultural, 1986.

KECK, Margaret; SIKKINK, Kathryn. *Activists beyond borders,* Ithaca: Cornell University Press, 1996.

KHAGRAM, Sanjeev, et alli (orgs.). *Restructuring World Politics:* Transnational Social Movements, Networks, & Norms. University of Minnesota Press, 2002.

KLANDERMANS, Bert; GOSLINGA, Sjoerd. Media discourse, movement publicity, and the generation of collective action frames: theoretical and empirical exercise in meaning construction. In: MCADAM, Doug;

MCCARTHY, John; ZALD, Mayer (orgs.). *Comparative perspectives on social movements:* political opportunities, mobilizing structures and cultural framings. Cambridge University Press, 1996.

KLANDERMANS, Bert; STAGGENBORG, Suzanne (orgs.). *Methods of social movements research.* University of Minnesota Press, 2002.

LAVALLE, Adrián. Crítica ao modelo da nova sociedade civil. *Lua Nova Revista de Cultura e Política,* n. 47, Cedec, 1999.

LENIN, Vladimir Ilyich. *The development of capitalism in Russia:* the process of the formation of a home market for large-scale industry, 1899. Disponível em: <http://www.marxists.org/archive/lenin/works/1899/devel/index.htm>.

_____. A Terceira Internacional e seu lugar na história. In: LENIN. *Obras escolhidas,* V. 4. Lisboa: Ed. Avante!, 1986.

LENIN, Vladimir Ilyich. O que é internacionalismo? In: *A revolução proletária e o renegado Kautsky.* In: LENIN. *Obras escolhidas,* V. 3. São Paulo: Alfa-Omega, 1980.

_____. O imperialismo fase superior do capitalismo. In: LENIN. *Obras escolhidas,* V. 1. São Paulo: Alfa-Omega, 1980b.

_____. *Acerca del movimiento comunista y obrero internacional.* Moscou: Ed. Progresso, 1979.

_____. *El imperialismo y los imperialistas.* Moscou: Ed. Progresso, 1979b.

LÖWY, Michael. *Nacionalismos e internacionalismos.* São Paulo: Xamã, 2000a.

_____; BENSAÏD, D. *Marxismo, modernidade e utopia.* São Paulo: Xamã, 2000b.

LUKÁCS, Gyorgy. A consciência de classe. In: VELHO; PALMEIRA; BERTELLI. *Estrutura de classes e estratificação social.* Rio de Janeiro: Zahar, 1971.

274 FLÁVIA BRAGA VIEIRA

LUXEMBURG, Rosa. *A acumulação do capital*: estudo sobre a interpretação econômica do imperialismo. Rio de Janeiro: Zahar, 1976.

MANTEGA, Guido. *Trajetória das ideias econômicas no Brasil*. São Paulo: Eaesp/FGV/NPP – relatório de pesquisa n. 27, 1997.

MARSHALL, T. H. *Cidadania, classe social e status*. Rio de Janeiro: Zahar, 1967.

MARINI, Rui Mauro. *Dialética da Dependência*. Petrópolis: Vozes; Buenos Aires: Clacso, 2000.

MARTINS, Carlos Eduardo. As ciências sociais e os desafios da globalização. Aportes, *Revista de la Facultad de Economía*, Buap, Año IX, n. 27, Set.-Dez./2004.

MARX, Karl. Prefácio à Contribuição à crítica da economia política. In: MARX e ENGELS. *Textos Escolhidos*, vol. III. São Paulo: Edições Sociais, 1977.

MARX, Karl; ENGELS, Friederich. *Demands of the Communist Party in Germany*, 1848. Disponível em: <http://www.marxists.org/archive/marx/works/1848/03/24.htm>.

_____. *Manifesto do Partido Comunista*. Organização e introdução de Osvaldo Coggiola. São Paulo: Boitempo, 1998.

MAYER, Margit. Social movement research in the United States: an european perspective. In: LYMAN, Stanford (org.). *Social movements*: critiques, concepts, case-studies. Nova York: New York University Press, 1995.

MAZOYER, Marcel. *Defendiendo al campesinado em um contexto de globalización*. Roma: FAO, 2001.

MCADAM, Doug; TARROW, Sidney; TILLY, Charles. *Dynamics of contention*. Cambridge University Press, 2001.

MCADAM, Doug; MCCARTHY, John; ZALD, Mayer (orgs.). *Comparative perspectives on social movements*: political opportunities, mobilizing structures and cultural framings. Cambridge University Press, 1996.

MCDERMOTT, Kevin; AGNEW, Jeremy. *The Comintern:* a history of international communism from Lenin to Stalin. Londres: Macmillan Press, 1996.

MEDEIROS, Leonilde Sérvolo de. Desafios propostos pelo Fórum sobre a Reforma Agrária. *Memória do Fórum Mundial sobre a Reforma Agrária.* Valência-Espanha: 5-8/dez./2004. Carta Maior, 2006.

_____. Os trabalhadores do campo e desencontros nas lutas por direitos. In: CHEVITARESE, André (org.). *O campesinato na História.* Rio de Janeiro: Relume Dumará/Faperj, 2002.

_____. Os trabalhadores rurais na política: o papel da imprensa partidária na constituição de uma linguagem de classe. In: SANTOS, Raimundo; COSTA, Luiz Flávio Carvalho (orgs.). *Política e reforma agrária.* Rio de Janeiro: Mauad, 1998.

_____. *História dos movimentos sociais no campo.* Rio de Janeiro: Fase, 1989.

MEDVEDEV, Roi A. O socialismo num só país. In: HOBSBAWM *et al. História do Marxismo VII:* o marxismo na época da Terceira Internacional. Rio de Janeiro: Paz e Terra, 1986.

MELLUCCI, A. *Challenging Codes:* collective action in the information age. Cambridge: University Press, 1996.

MERTES, Tom. Grass-roots globalism: reply to Michael Hardt. *New Left Review,* n. 17, set.-out. de 2002.

MILLS, C. Wright. *A Imaginação Sociológica.* Rio de Janeiro: Zahar Ed., 1975.

MOLNÁR, Miklós. *El declive de la Primera Internacional.* Madrid: Edicusa, 1974.

MOYO, Sam. The land and agrarian question in Zimbabwe. Trabalho apresentado na Conferência *The Agrarian Constraint and Poverty Reduction:* macroeconomic lessons for Africa. Addis Ababa, 17-18 Dez., 2004.

MOYO, Sam e YEROS, Paris. The Zimbabwe Question and the Two Lefts. *Historical Materialism*, v. 15, n. 4, 2007.

_____. *Reclaiming the land*: the resurgence of rural movements in Africa, Asia and Latin America. Londres: Zed Books, 2005.

NIEMEYER, Carolina Burle de. Via Campesina: uma análise sobre sua gênese e processo de consolidação. Paper apresentado no *II Encontro da Rede de Estudos Rurais* "Tecendo o intercâmbio: o desafio do conhecimento sobre o mundo rural". Rio de Janeiro: IFCS/UFRJ, set. de 2007.

NOVAIS, Pedro. Uma crítica ao conceito de espaço no planejamento estratégico. *Anais do VIII Colóquio internacional sobre o poder local*: "Poder local e internacionalização : desenvolvimento, (re)configurações organizacionais e estratégias de gestão". Salvador: UFBA/NPGA/Nepol, 1999.

NOVE, Alec. Economia soviética e marxismo: qual modelo socialista? In: HOBSBAWM *et al. História do Marxismo VII*: o marxismo na época da Terceira Internacional. Rio de Janeiro: Paz e Terra, 1986.

O'BRIEN, Robert et alli. *Contesting Global Governance*: multilateral economic institutions and global social movements. Cambridge University Press, 2004.

OFFE, Claus. New social movements: challenging the boundaries of institutional politics. *Social Research,* v. 52, 1985.

OHMAE, Kenichi. *O fim do Estado-nação*: a ascensão das economias regionais. Rio de Janeiro: Campus, 1996.

ORTIZ, Renato. *Mundialização e cultura*. São Paulo: Brasiliense, 2003.

PALMEIRA, Moacir; LEITE, Sérgio. Debates econômicos, processos sociais e lutas políticas. In: SANTOS, Raimundo; COSTA, Luiz Flávio Carvalho (orgs.). *Política e reforma agrária*. Rio de Janeiro: Mauad, 1998.

PATEL, Raj. Agricultural imperialism and new peasant solidarities. Presentation at the *Seminar Series of the Centre for Civil Society*. University of KwaZulu-Natal, South Africa, 2004.

POLANYI, K. *A Grande Transformação*: as origens da nossa época. Rio de Janeiro: Campus, 2000.

PORTO-GONÇALVES, Carlos Walter. *A globalização da natureza e a natureza da globalização*. Rio de Janeiro: Civilização Brasileira, 2006.

_____. A nova questão agrária e a reinvenção do campesinato: o caso do MST. In: *Biblioteca Virtual Clacso,* 2005. Disponível em: <www.bibliotecavirtual.clacso.org.ar/ar/libros/osal/osal16/AC16PortoG.pdf.>.

POULANTZAS, Nicos. *As classes sociais no capitalismo de hoje*. Rio de Janeiro: Zahar, 1975.

QUEIROZ, Maria Isaura Pereira de. *Variações sobre a técnica de gravador no registro da informação viva*. São Paulo: Ceru e FFLCH/USP, 1983.

RIBEIRO, Ana Clara Torres. Movimentos Sociais: caminhos para a defesa de uma temática ou os desafios dos anos 90. *Ciências Sociais Hoje*. São Paulo: Vértice, Anpocs, 1991.

RIBEIRO, Gustavo Lins. *Cultura e política no mundo contemporâneo*: paisagens e passagens. Brasília: Editora da UnB, 2000.

RICHARDSON, R. Dan. *Comintern Army*: the International Brigades and the Spanish Civil War. University Press of Kentucky, 1982.

RICUPERO, Rubens. Marx, profeta da globalização. *Estudos Avançados,* São Paulo, v. 12, n. 34, 1998.

RIEFF, David. The False Dawn of Civil Society. *The Nation,* 1999.

RIZZI, Franco. A Internacional Comunista e a questão camponesa. In: HOBSBAWM *et al. História do Marxismo VI*: o marxismo na época da Terceira Internacional: da Internacional Comunista de 1919 às frentes populares. Rio de Janeiro: Paz e Terra, 1985.

ROBERTSON, Roland. *Globalização*: Teoria Social e Cultura Global. Petrópolis: Vozes, 2000.

278   FLÁVIA BRAGA VIEIRA

ROSSET, Peter. Alternativa à política fundiária de mercado: reforma agrária e soberania alimentar. In: SAUER, Sérgio; PEREIRA, João Marcio Mendes (orgs.). *Capturando a terra:* Banco Mundial, políticas fundiárias neoliberais e reforma agrária de mercado. São Paulo: Expressão Popular, 2006.

SAGRA, Alicia. *A História das Internacionais Socialistas.* São Paulo: Ed. Sundermann, 2005.

SANTOS, Boaventura de Souza. *A globalização e as ciências sociais.* São Paulo: Cortez, 2005.

_____. *O Fórum Social Mundial:* manual de uso. São Paulo: Cortez, 2005b.

SANTOS, Milton. *Por uma outra globalização* – do pensamento único à consciência universal. Rio de Janeiro: Record, 2001.

_____. O tempo despótico da língua universalizante. *Folha de S. Paulo, Caderno Mais!,* 5 de novembro de 2000.

SANTOS, Theotônio dos. O desenvolvimento latino-americano: passado, presente e futuro – uma homenagem a André Gunder Frank. In: CHEW, Sing; DENEMARK, Robert (orgs.). *The underdevelopment of development:* essays in honour of André Gunder Frank. Thousand Oaks: Sage Publications, 1996.

_____. *Socialismo o Fascismo.* Buenos Aires: Ed. Periferia, 1972.

SCHERER-WARREN, Ilse. *Movimentos em cena...* e as teorias por onde andam? SC: mimeo, 1998a.

_____. Novos rumos da pesquisa sobre ações coletivas rurais. In: SANTOS, Raimundo; COSTA, Luiz Flávio Carvalho (orgs.). *Política e reforma agrária.* Rio de Janeiro: Mauad, 1998b.

_____. O caráter dos novos movimentos sociais. In: SCHERER-WARREN, Ilse; KRISCHKE, Paulo (orgs.). *Uma revolução no cotidiano?* Os novos movimentos sociais na América Latina. São Paulo: Brasiliense, 1987.

SCHWARZ, Roberto. As ideias do lugar. In: SCHWARZ, Roberto. *Ao vencedor as batatas.* São Paulo: Duas Cidades, 1992.

SEN, Jai et alli (orgs.). *The World Social Forum:* challenging empires. Nova Delhi: The Vivera Foundation, 2004. Parcialmente disponível em: <www.choike.or/nuevo_eng/informes/1557.html>.

SEOANE, José; TADDEI, Emilio. De Seattle a Porto Alegre: passado, presente e futuro do movimento antimundialização neoliberal. In: SEOANE, José; TADDEI, Emilio (orgs.). *Resistências Mundiais:* de Seattle a Porto Alegre. Petrópolis: Vozes, 2001.

SEVILLA GUZMÁN, Eduardo; MOLINA, Manoel Gonzalez de. *Sobre a evolução do conceito de campesinato.* São Paulo: Expressão Popular, 2005.

SHANIN, Teodor. A definição de camponês: conceituações e desconceituações – o velho e o novo em uma discussão marxista. *Estudos CEBRAP,* n. 26. São Paulo: Cebrap, 1980.

SHIVA, Vandana. *Biopirataria:* a pilhagem da natureza e do conhecimento. Rio de Janeiro: Vozes, 2001.

SIKKINK, Kathryn; SMITH, Jackie. Infrastructures for change: transnational organizations, 1953-93. In: KHAGRAM, Sanjeev, et alli (orgs.). *Restructuring World Politics:* Transnational Social Movements, Networks, & Norms. University of Minnesota Press, 2002.

SILVER, Beverly J. *Forças do trabalho:* movimentos de trabalhadores e globalização desde 1870. São Paulo: Boitempo, 2005.

SKLAIR, Leslie. *Sociologia do sistema-global.* Petrópolis: Vozes, 1995.

STÉDILE, J. P. Landless Battallions. *New Left Review,* n. 15, mai./jun. 2002.

STEKLOFF, J. M. *History of the First International,* 1928. Disponível em: <http://www.marxists.org/archive/steklov/history-first-international/index.htm>.

STRADA, Vittorio. A polêmica entre bolcheviques e mencheviques sobre a Revolução de 1905. In: HOBSBAWM *et al. História do Marxismo III:* o marxismo na época da Segunda Internacional – segunda parte. Rio de Janeiro: Paz e Terra, 1984.

SWEEZY, Paul. *Socialismo.* Rio de Janeiro: Zahar, 1959.

SWYNGEDOUW, Erik. Neither Global nor Local: Glocalization and the politics of scale. In: COX, Kevin (org.). *Spaces of globalization:* resserting the power of the local. Nova York: The Guilford Press, 1997.

TARROW, Sidney. *Power in movement:* social movements and contentious politics. Cambridge University Press, 1998a.

_____. Fishnets, internets and catnets: globalization and transnational collective action. In: HANAGAN, Michael et alli. (orgs.). *Challenging authority:* the historical study of contentious politics. University of Minnesota Press, 1998b.

TILLY, Charles. Political identities. In: HANAGAN, Michael et alli (orgs.). *Challenging authority:* the historical study of contentious politics. University of Minnesota Press, 1998.

_____. *From mobilization to revolution.* Londres: Addison-Wesley Publishing Company, 1978.

THOMPSON, E.P. *Costumes em comum.* São Paulo: Companhia das Letras, 1998.

THOMPSON, E.P. *A formação da classe operária inglesa* (três tomos) Rio de Janeiro: Paz e Terra, 1997.

TOURAINE, Alain. *Crítica da Modernidade.* Petrópolis: Vozes, 1997.

_____. An introduction to the study of social movements. *Social Research,* v. 52, 1985.

TROTSKI, Leon. *O Programa de Transição.* 1938. Disponível em: <http://marxists.anu.edu.au/portugues/trotsky/1938/09/prog_transicao/index.htm>.

VAINER, Carlos B. *Memorial.* Apresentado ao concurso público para Professor Titular do Ippur/UFRJ, 2005.

_____. *Lugar, região, nação, mundo*: uma leitura histórica do debate acerca das escalas da ação política. Conferência apresentada no concurso público para Professor Titular do Ippur/UFRJ, 2005b.

_____. Building Transnational Civil Society: notes from the periphery, Discussion Paper apresentado na Conferência *Building Transnational Civil Society*. Harvard University, Cambridge, jan./2001a.

_____. As escalas do poder e o poder das escalas: o que pode o poder local? *Anais do IX Encontro Nacional da Anpur*, Rio de Janeiro, 28 de maio a 1 de junho de 2001b.

_____. Pátria, empresa e mercadoria. Notas sobre a estratégia discursiva do planejamento estratégico urbano. In: ARANTES, O.; VAINER, C. B; MARICATO, E. *A cidade do pensamento único*: desmanchando consensos. São Paulo: Vozes, 2000.

_____. *Production vivrière et force de travail dans l'agriculture brésilienne*. Tese de doutorado defendida na Universidade de Paris I, 1979.

VIANNA, Aurélio (org.). A atuação internacional das ONGs brasileiras. Documento para debate, Brasília: Inesc, agosto de 2000.

_____. *A estratégia dos Bancos Multilaterais para o Brasil*, Brasília: Rede Brasil, 1998.

VIEIRA, Flávia. Braga. América Latina, desenvolvimento e ideologia. Trabalho final do Curso de Especialização em Estudos Latino-Americanos, UFJF/MST, agosto de 2005. *Revista Libertas*, Juiz de Fora, edição especial, fev. /2007. Disponível em: <www.revistalibertas.ufjf.br/artigos/edicao_especial/12_flavia.pdf>.

_____. O Movimento de Atingidos por Barragens e a Comissão Mundial de Barragens: características e limites da participação política de um movimento social na escala global. *Anais do X Encontro Nacional da Anpur*, Belo Horizonte, 2003.

282 FLÁVIA BRAGA VIEIRA

_____. *Do confronto nos vales aos fóruns globais:* um estudo de caso sobre a participação do Movimento de Atingidos por Barragens na Comissão Mundial de Barragens. Dissertação de Mestrado, UFRJ/ IFCS/PPGSA, 2001.

VIEIRA, Flávia. B. e MENEZES, Paula. Globalização desde baixo: um olhar sobre o II Encontro Internacional de Atingidos por Barragens. *Anais do I Encontro Ciências Sociais e Barragens,* Fórum de Ciência e Cultura/UFRJ, 8-10 de junho de 2005.

VIEIRA, Liszt. *Cidadania e Globalização.* Rio de Janeiro: Record, 1998.

WALLERSTEIN, I. *O fim do mundo como o concebemos:* ciência social para o século XXI. Rio de Janeiro: Revan, 2002.

_____. *Capitalismo histórico e civilização capitalista.* Rio de Janeiro: Contraponto, 2001.

_____. *The essential Wallerstein.* Nova York: The New York Press, 2000.

_____. *Unthinking Social Science:* the limits of Nineteenth-Century paradigms. Cambridge: Polity Press, 1991.

WATERMAN, Peter. *Globalization, social movements and the new internationalisms.* Londres: Continuum, 2001.

WOODCOCK, George. *História das ideias e movimentos anarquistas* – v. 2: o movimento. Porto Alegre: L&PM, 2006.

ZANOTTO, Rita. *Identidade Campesina:* a construção da CLOC como espaço de lutas e articulações. Trabalho final do Curso de Especialização em Estudos Latino-Americanos, UFJF/MST, agosto de 2005.

DOCUMENTOS

Movimento comunista internacional

Programa e Estatutos da Internacional Comunista. Portugal: Ed. Maria da Fonte, 1975.

A Internacional Comunista e a Internacional Sindical Vermelha: a luta contra a Internacional Amarela de Amsterdã, documento do III Congresso da Internacional Comunista, 1921. Disponível em: <http://www.marxists.org/portugues/tematica/1921/07/3-cong-3-internacional/int-sindical-vermelha.htm>.

International Solidarity with the Spanish Republic: 1936-1939. Moscou: Progress Publishers, 1974.

Breve Historia de la Cuarta Internacional. Publicado pelo Partido Obrero Socialista Internacionalista – POSI (sección española de la Cuarta Internacional). Disponível em: <www.posicuarta.org/posi/Documentos/HistoriaIVInternacional.pdf>.

Fórum Social Mundial

A Reinvenção do Futuro: o Fórum de Porto Alegre e sua mundialização. Publicado por: Carta Maior/Petrobrás, 2005.

Memória do Fórum Mundial sobre a Reforma Agrária. Valência--Espanha: 5-8 de dezembro de 2004. Carta Maior, 2006.

Via Campesina

VIA CAMPESINA. La voz de los campesinos y de las campesinas del mundo. Folder de divulgação, jul. 2007.

_____. Memória do Congreso Mundial de las Mujeres de La Via Campesina, Santiago de Compostela, 18-21/out./2006.

_____. Declaración de la IV Conferencia Internacional de La Via Campesina. Itaicí, Brasil, jun./2004.

_____. Declaración de la II Asamblea Internacional de Mujeres Rurales. IV Conferencia Internacional de La Via Campesina. Itaicí, Brasil, jun. 2004b.

_____. Soberania Alimentaria. Nota informativa para prensa de la IV Conferencia Internacional de La Via Campesina. Itaicí, Brasil, jun. 2004c.

_____. Reforma Agraria. Nota informativa para prensa de la IV Conferencia Internacional de La Via Campesina. Itaicí, Brasil, jun. 2004d.

_____. IV Conferência Internacional da Via Campesina: documentos preparatórios, out. 2003.

_____. NGO Forum Declaration in the World Food Summit of FAO (Rome+5). Roma, jun. 2002.

_____. Food Sovereignty and International Trade. Position paper approved at the III International Conference of Via Campesina. Bangalore, out. 2000.

_____. Biodiversidad y Recursos Genéticos. Documento de la III Conferencia Internacional de La Via Campesina. Bangalore, Índia, out. 2000b.

_____. Genero. Documento de la III Conferencia Internacional de La Via Campesina. Bangalore, Índia, out. 2000c.

_____. The right to produce and access land: position of Via Campesina on Food Sovereignty. Presented at the World Food Summit. Roma, nov. 1996.

_____. Declaración de Tlaxcala. II Conferencia Internacional de La Via Campesina. Tlaxcala, Mexico, abr. 1996b.

SÍTIOS ELETRÔNICOS

www.viacampesina.org

www.movimientos.org/cloc

www.mst.org.br

www.cpefarmers.org

www.focusweb.org

www.fian.org

www.anamuri.cl

www.fmra.org

www.nyeleni2007.org

www.forumsocialmundial.org.br

www.marxists.org

APÊNDICE A
ENTREVISTAS FEITAS PELA AUTORA COM MILITANTES DA VIA CAMPESINA

1. Entrevistas

Foram realizadas sete entrevistas gravadas, seguindo um roteiro aberto de questões com militantes da Via Campesina. A seguir, uma apresentação dos entrevistados e das entrevistas:

– Francisca Rodríguez

Dia 19/mar./2007, na casa da entrevistada, em Santiago do Chile.

Pancha, como é conhecida entre amigos e companheiros de militância, se dedica ao trabalho internacional há 20 anos. É fundadora de Anamuri e foi representante da América do Sul no CCI da Via Campesina entre os anos 2000 e 2004.

– Egídio Brunetto

Dia 23/mar./2007, durante o Congresso de Anamuri, em Santiago do Chile.

Egídio é fundador do MST e vem se dedicando há muitos anos ao trabalho internacional. É representante da América do Sul no CCI da Via Campesina desde 1996.

– Paul Nicholson

Dia 17/maio/2007, por Skype.

Paul é militante do EHNE/Ugav, do País Basco, e se dedica ao trabalho internacional desde 1986. Ajudou a fundar a CPE e é representante da Europa no CCI da Via Campesina desde sua fundação em 1993.

– Diamantino Nhampossa
Dia 25/jul./2007, por Skype.
Diamantino milita na Unac, de Moçambique, desde 1997. Atualmente é coordenador executivo da entidade e, desde que foi decidido que a V Conferência da Via Campesina seria na África, um de seus principais articuladores em escala internacional.

– Ramiro Maradiaga
Dia 07/set./2007, por Skype.
Ramiro milita na Via Campesina Centroamérica (antiga Asocode), desde 1993. É um dos responsáveis pela área de formação e articulação internacional da entidade e, por isso, acompanha a Via Campesina desde sua fundação.

– Geraldo Fontes
Dia 24/set./2007, no escritório do MST, em São Paulo.
Geraldo milita no MST desde 1987. Sempre acompanhou o trabalho internacional em paralelo a outras tarefas, mas desde 2000 está dedicado mais exclusivamente ao coletivo de relações internacionais.

– João Pedro Stédile
Dia 19/dez./2007, no escritório do MST, no Rio de Janeiro.
João Pedro é fundador do MST e um de seus principais dirigentes. Acompanha o trabalho internacional embora não seja responsável diretamente por essa atividade.

2. Conversas gravadas

Foram feitas também conversas gravadas com dois militantes, mas que não seguiram o roteiro de entrevistas. A seguir, algumas informações sobre essas conversas:

– Mafalda Galdames
Dia 21 mar. 2007, durante o Congresso de Anamuri, em Santiago do Chile.

Mafalda é uma militante antiga dos movimentos sociais chilenos e teve de sair do país durante a ditadura de Pinochet. Desde 1999 milita em Anamuri e atualmente é tesoureira e diretora da comissão de capacitação e formação da entidade. Após sua fala no Congresso, onde apresentou a experiência do Fórum de Nyéléni, no qual esteve presente, conversamos longamente sobre soberania alimentar, a Campanha das Sementes e o papel das mulheres na Via Campesina.

– Akhmad Sofyan
Dia 14 jun. 2007, durante o 5º Congresso Nacional do MST, em Brasília.

Sofyan é um militante do North Sumatra Peasant Union que é membro da FSPI da Indonésia. Trabalha na assessoria de formação e educação da organização. A conversa foi importante para que eu conhecesse um pouco da história do movimento camponês da Indonésia e da FSPI que desde 2004 é responsável pela Secretaria Operativa da Via Campesina. Mesmo não conseguindo (por dificuldades da comunicação eletrônica à distância) entrevistar o Secretário, Henry Saragih, foi possível conhecer, através dessa conversa, a dinâmica dessa organização que hoje é central na Via Campesina.

3. Outras entrevistas e conversas

Ao longo dos últimos anos, conversas informais com militantes das organizações que compõem a Via Campesina também contribuíram de forma decisiva para a realização desta pesquisa. Cabe destacar alguns desses momentos:

Convivência, em quatro etapas de aproximadamente 15 dias cada, com a turma do Curso de Especialização em Estudos Latino-Americanos (MST/UFJF) em Juiz de Fora-MG, no período de julho de 2003 a agosto de 2005. Nesse curso pude conhecer Rita Zanotto, militante do MST e responsável pela secretaria da Via Campesina América do Sul, que muito me ajudou nos contatos com os militantes da Via em outros países. Rita leu meu projeto de qualificação, fez comentários e sugestões valiosas.

Eventos da Via Campesina nas edições do Fórum Social Mundial em Porto Alegre nos anos de 2002, 2003 e 2005. Especialmente na edição de 2005, estive acampada com a Via Campesina durante toda a duração do Fórum.

Eventos do MST, com destaque para o 5º Congresso Nacional do MST, em Brasília, em junho de 2007, onde pude acompanhar reuniões e atividades da delegação internacional presente ao Congresso.

Eventos e atividades do MAB. Em especial, as atividades internacionais que acompanho em função da assessoria do Laboratório Ettern ao Movimento. Este acompanhamento permitiu que eu entrevistasse dirigentes do MAB nos anos de 1999 e 2000 para minha dissertação de mestrado, e em 2004 e 2005 para o Projeto Global Public Spaces. Nessas entrevistas havia perguntas sobre a Colc e a Via Campesina.

Em dezembro de 2003, também no trabalho de assessoria, acompanhei dirigentes do MAB no II Encontro Internacional dos Atingidos por Barragens, em Rasi Salai, Tailândia. Da mesma forma, em julho de 2002, junho de 2004 e outubro de 2005 acompanhei dirigentes do MAB no Fórum do Dams and Development Project (DDP/PNUMA), em Nairobi, Quênia. Em todos estes eventos foi possível presenciar as articulações dos movimentos sociais em escala internacional.

APÊNDICE B
LISTA DAS ORGANIZAÇÕES QUE COMPÕEM A VIA CAMPESINA

ÁFRICA 1	
1. Coalition Paysanne de Madagaskar (CPM)	Madagascar
2. Confederation Paysanne du Congo (COPACO/PRP)	RD Congo
3. Confederação das Associações de Camponeses e Cooperativas Agropecuárias de Angola (UNACA)	Angola
4. Landless Peoples Movement (LPM)	África do Sul
5. Mtandao wa Vikundi vya Wakulima Tanzania (MVIWATA)	Tanzânia
6. União Nacional de Camponeses (UNAC)	Moçambique

ÁFRICA 2	
1. Conseil National de Concertation et Cooperation des Organisations Rurales (CNCR)	Senegal
2. Coordination National de Organisations Paysannes (CNOP)	Mali
3 Coordination Togolese des Organisations Paysannes (CTOP)	Togo
4 Concertation Nationale des Organisations Paysannes en Producteurs Agricoles du Congo (CNOP)	Congo Brazzaville
5. Plateforme Paysanne du Niger (PFPN)	Niger

292 FLÁVIA BRAGA VIEIRA

AMÉRICA DO NORTE	
1. Asociación Nacional de Empresas Comercializadoras de Productores del Campo (ANEC)	México
2. Border Farm Workers Project – Proyecto de Trabajadores Agrícolas Fronterizos	México
3. Central Independiente de Obreros Agrícolas y Campesinos (CIOAC)	México
4. Coalición de Organizaciones Democráticas de Uniones Campesinas (CODUC)	México
5. Coordinadora Nacional Plan de Ayala (CNPA)	México
6 Florida Association of Farmworkers	EUA
7. Frente Democrático Campesino de Chihuahua (FDCC)	México
8 National Association of Latino Farmers and Ranchers Trade Association	EUA
9. National Family Farm Coalition (NFFC)	EUA
10. National Farmers Union (nfu)	Canadá
11 Rural Coalition	EUA
12 Unión Nacional de Organizaciones Regionales Campesinas Autónomas (UNORCA)	México
13. Union Paysanne	Quebec/ Canadá

AMÉRICA CENTRAL	
1. Asociación Agropecuaria "Monte Ararat"	El Salvador
2. Asociación de Pequeños y Medianos Productores de Panamá (APEMEP)	Panamá
3. Asociación de Trabajadores del Campo (ATC)	Nicaragua
4. Asociación de Veteranos de la Guerrilla Salvadoreña (AVEGSAL)	El Salvador
5. Asociación Nacional de Trabajadores Agropecuarios (ANTA)	El Salvador
6. Belize Association of Producer Organizations (BAPO)	Belize
7. Comité de Unidad Campesina (CUC)	Guatemala
8. Confederación Hondureña de Mujeres Campesina (CHMC)	Honduras

9. Consejo Coordinador de Organizaciones Campesinas de Honduras (COCOCH)	Honduras
10. Coordinadora Nacional de Organizaciones Campesinas (CNOC)	Guatemala
11. Coordinadora Nacional de Viudas de Guatemala (CONAVIGUA)	Guatemala
12. Coordinadora Nacional Indígena y Campesina (CONIC)	Guatemala
13. Federación de Asociaciones Cooperativas de Producción Agropecuaria (FEDECOPADES)	El Salvador
14. Federación de Cooperativas de la Reforma Agraria (FECORACEN)	El Salvador
15. Federación Nacional de Asociaciones de Cooperativas de Producción Agropecuarias (FENACOPAZ)	El Salvador
16. Fundación Promotora de Cooperativas (FUNPROCOOP)	El Salvador
17. Mesa Agropecuaria y Forestal (MAF)	Nicaragua
18. Mesa Nacional Campesina de Costa Rica (MNC-CR)	Costa Rica
19. Mesa Permanente de Mujeres Rurales (MPMR)	El Salvador
20. Unión Nacional de Productores Agropecuarios Costarricense (UNAG)	Costa Rica
21. Unión Nacional de Trabajadores Agropecuarios (UNATA)	El Salvador
22. UPA Nacional	Costa Rica

CUBA E CARIBE	
1. Asociación Central de Agricultores Luz y Esperanza de Nagua (ACALEN)	República Dominicana
2. Asociación Nacional de Agricultores Pequeños (ANAP)	Cuba
3. Confederación de Organizaciones Campesinas y Barriales del Sur (RETOÑO)	República Dominicana
4. Confederación Nacional Campesina (CONFENACA)	República Dominicana
5. Confederación Nacional de Mujeres Campesinas (CONAMUCA)	República Dominicana
6. Federación de Caficultores del Sur (FEDECARES)	República Dominicana
7. Federación de Campesinos Independientes Mamá Tingó (FECAIMAT)	República Dominicana

8. Federación de Productores del Bosque Seco (FEPROBOSUR)	República Dominicana
9. Mouvement Peyizan Papay (MPP)	Haití
10. Movimiento de Campesinos Trabajadores "Las Comunidades Unidas" (MCCU)	República Dominicana
11. Movimiento Popular Nacional Campesino de Papay (MPNKP)	Haití
12. Tet Kole ti Peyizan Ayisyen (TK)	Haití
13. WINFA – Association of Caribbean Farmers Membros: Cane Farmers Association, Grenada WINFA Dominica Local Branch, Dominica National Farmers Association, St. Lucia National Farmers Union, St. Vincent	Windward Islands

AMÉRICA DO SUL	
1. Asociación de Pequeños productores del Noreste de Córdoba (APENOC)	Argentina
2. Asociación Nacional de Mujeres Rurales e Indígenas (ANAMURI)	Chile
3. Confederación Campesina del Perú (CCP)	Perú
4. Confederación Nacional Agraria (CNA)	Perú
5. Confederación Nacional de Organizaciones Campesinas, Indígenas y Negras del Ecuador (FENACLE)	Equador
6. Confederación Nacional de Organizaciones Campesinas, Indígenas y Negras del Euador – FENOCIN	Equador
7. Confederación Ranquil	Chile
8. Confederación Sindical Unica de Trabajadores Campesinos de Bolivia (CSUTCB)	Bolivia
9. Confederación Única Nacional de Afiliados Al Seguro Social Campesino (CONFEUNASSC)	Equador
10. Consejo Andino de Productores de Coca	Bolivia
11. Consejo Asesor Indígena (CAI)	Argentina

12. Coordinador Nacional Agrario (CNA)	Colombia
13. Coordinadora Agraria Nacional Ezequiel Zamora (CANEZ)	Venezuela
14. Coordinadora de campesinos, indígenas y trabajadores rurales (COCITRA)	Argentina
15. Coordinadora Nacional de Organizaciones de Mujeres Trabajadoras Rurales e Indígenas (CONAMURI)	Paraguai
16. Federación Nacional de Cooperativas Agropecuarias (FENACOA)	Colombia
17. Federación Nacional de Mujeres Campesinas de Bolivia "Bartolina Sisa" (FNMCB)	Bolivia
18. Federación Nacional Sindical Unitaria Agropecuaria (FENSUAGRO-CUT)	Colombia
19. Mesa Coordinadora de Organizaciones Campesinas (MCNOC)	Paraguai
20. Mesa Nacional	Argentina
21. Movimento de Mulheres Camponesas (MMC)	Brasil
22. Movimento dos Atingidos por Barragens (MAB)	Brasil
23. Movimento dos Pequenos Agricultores (MPA)	Brasil
24. Movimento dos Trabalhadores Rurais Sem Terra (MST)	Brasil
25. Movimiento Campesino de Santiago del Estero (MOCASE)	Argentina
26. Movimiento Campesino Paraguayo (MCP)	Paraguai
27. Movimiento de Trabajadores sin Tierra (MST)	Bolívia
28. Movimiento Nacional Campesino e Indígena (MNCI)	Argentina
29. Organización de Lucha por la Tierra (OLT)	Paraguai
30. Pastoral da Juventude Rural (PJR)	Brasil
31. Red de Mujeres Rurales de Uruguay (RMRU)	Uruguai

SUL DA ÁSIA	
1. All Nepal Peasants Association (ANPA)	Nepal
2. Bangladesh Adivasi Samithy (BAS)	Bangladesh
3. Bangladesh Kishani Sabha (BKS)	Bangladesh
4. Bangladesh Krishok Federation (BKF)	Bangladesh
5. Bharatiya Kisan Union (BKU), Haryana	India

6. Bharatiya Kisan Union (BKU), Madhya Pradesh	India
7. Bharatiya Kisan Union (BKU), Maharashtra	India
8. Bharatiya Kisan Union (BKU), Nova Delhi	India
9. Bharatiya Kisan Union (BKU), Punjab	India
10. Bharatiya Kisan Union (BKU), Rajasthan	India
11. Bharatiya Kisan Union (BKU), Uttaranchal	India
12. Bharatiya Kisan Union (BKU), Uttar Pradesh	India
3. Karnataka Rajya Ryota Sangha (KRRS)	India
14. Kerala Coconut Farmers Association	India
15. Monlar	Sri Lanka
16. Nandya Raita Samakya, Andra Pradesh	India
17. Nepal Agricultural Labor Association	Nepal
18. Nepal National Fish Farmers Association	Nepal
19. Nepal National Peasants Women's association	Nepal
20. Tamil Nadu Farmers Association	India

LESTE e SUDESTE da ÁSIA	
1. Assembly of the Poor (AOP)	Tailândia
2. Farmer and Nature Network (FNN)	Cambodia
3. Federation of Indonesian Peasant Unions (FSPI)	Indonésia
4. Hasatil	Timor Leste
5. Japan Family Farmers Movement (Nouminren)	Japão
6. Kilusang Magbubukid ng Pilipinas (KMP)	Filipinas
7. Korean Peasant League (KPL)	Coreia do Sul
8. Korean Women Peasants Association (KWPA)	Coreia do Sul
9. Northern Peasant Federation (NPF)	Tailândia
10. Pagkakaisa para sa Tunay na Repormang Agraryo at Kaunla-rang Pangkanayunan (PARAGOS)	Filipinas
11. Panggau	Malasia
12. Vietnamese National Farmers Union (VNFU)	Vietnã

DOS PROLETÁRIOS UNIDOS À GLOBALIZAÇÃO DA ESPERANÇA   297

EUROPA	
1. Arbeitsgemeinschaft Bäuerliche Landwirtschaft (ABL)	Alemanha
2. Associazione Italiana per l'Agricoltura Biologica (AIAB)	Itália
3. Associazione Rurale Italiana (ARI)	Itália
4. Confederação Nacional da Agricultura (CNA)	Portugal
5. Confédération Nationale des Syndicats d'Exploitants Familiaux (MODEF)	França
6. Confederation Paysanne	França
7. Coordinadora de Organizaciones de Agricultores y Ganaderos (COAG)	Espanha
8. Fédération Unie de Groupements d'Eleveurs et d'Agriculteurs	Belgica
9. Frie Boender	Dinamarca
10. L'Autre Syndicat	Suíça
11. Mouvement d'Action Paysanne (MAP)	Belgica
12. Mouvement International de Jeunesse Agricole Rurale Catholique (MIJARC)	Europa
13. NEAK	Grécia
14. Nederlandse Akkerbouw Vakbond (NAV)	Holanda
15. Nordbruk	Suécia
16. Norsk Bonde – Og Smabrukarlag (NBS)	Noruega
17. Österreichische Bergbauernvereinigung (ÖBV)	Austria
18. Sindicato de Obreros del Campo de Andalucía (SOC)	Espanha
19. Sindicato Labrego Galego (SLG)	Espanha
20. Türkije Tarim ve Hay vanulik konfederasyanu (provisoriamente na região Europa)	Turquia
21. Union de Ganaderos Y Agricultores Vascos (EHNE/UGAV)	País Basco
22. Uniterre	Suíça
23. Vlaams Agrarisch Centrum (VAC)	Belgica

AGRADECIMENTOS

Agradeço em primeiro lugar ao meu orientador, Prof. Carlos Vainer, que nos últimos dez anos foi a principal influência na minha formação intelectual. Muito obrigada pelas oportunidades, pela confiança, pelo respeito, pela amizade.

Ao Conselho Nacional de Desenvolvimento científico e Tecnológico – CNPq, por ter me proporcionado a bolsa de estudos sem a qual esta tese não seria possível.

Aos professores, funcionários, pesquisadores e estudantes do Instituto de Pesquisa e Planejamento Urbano e Regional – Ippur, que me acolheram desde os tempos da graduação, e me fizeram ter certeza de que é possível produzir conhecimento universitário rigoroso e comprometido com a transformação social.

À equipe do Laboratório Estado, Trabalho, Território e Natureza – ETTERN: professores, pesquisadores, estudantes, todos decisivos na formulação de questões, reflexões e debates que levaram à elaboração desta tese. Em especial, à Daniella Soares que, além de tudo, foi minha parceira nas disciplinas e nas angústias do curso de doutorado.

Aos companheiros de militância com quem sonhei, lutei, realizei. Em especial, aos meus amigos, Guilherme Soninho e Marco Antonio Trog, que ouviram, leram, opinaram e compartilharam cada etapa desta pesquisa.

A minha família que sempre me apoiou e me ensinou o valor dos sonhos, do estudo e do trabalho. Meus pais, Cristina e Adolfo, mano Thiago, dinda Ana, vozinha Daisy, obrigado pelo amor da vida toda.

Ao Breno que juntou sua vida à minha, e acolheu dúvidas e inquietações, não me deixando fraquejar ou desistir nesses últimos anos.

A Rita Zanotto, da secretaria da Via Campesina América do Sul, que abriu as portas para que outros me recebessem em várias partes do mundo. A Karina Santana que me recebeu em Santiago do Chile para o Congresso da Asociación de Mujeres Rurales y Indígenas – Anamuri e, junto com a Pancha, abriu arquivos, documentos, histórias e reflexões.

A todos os militantes da Via Campesina que expuseram seus corações e mentes para esta pesquisa. Muito obrigada por vocês continuarem ousando na construção de um mundo melhor!

ESTA OBRA FOI IMPRESSA EM SANTA CATARINA NO VERÃO DE 2011 PELA NOVA LETRA GRÁFICA & EDITORA. NO TEXTO FOI UTILIZADA A FONTE MINION PRO, EM CORPO 10,5 E ENTRELINHA DE 14 PONTOS.